INTELLIGENZ
Training

Harald Havas

unter Mitarbeit von

Helmut W. Müller
und
Matthias Edbauer

Sonderausgabe

2002 Trautwein Lexikon-Edition
Genehmigte Sonderausgabe
© Compact Verlag München

Chefredaktion: Ilse Hell
Redaktion: Stefan Klein, Dr. Matthias Feldbaum, Esther Haffner
Redaktionsassistenz: Anton Vogel

Produktion: Martina Baur, Susana Spatz
Zeichnungen: Nina Ruzicka, Gabi Spiegl
Umschlaggestaltung: Inga Koch

Mehr Infos im Internet unter www.compactverlag.de

ISBN: 3-8174-5479-1
5454791

Vorwort

Viele Mythen ranken sich um das Thema Intelligenz. Der gefährlichste Mythos besagt, Intelligenz sei unveränderlich und angeboren. Wenn Sie diesen Nonsens ohnehin nicht glauben, überspringen Sie den Rest des Vorworts – viel Spaß mit allerlei Wissenswertem zum Thema Intelligenz, genießen Sie vor allem die amüsanten Übungen zur spielerischen Intelligenzsteigerung.

Bestimmt hat Ihnen schon einmal der Name eines bekannten Künstlers, Sportlers oder Politikers, ein Ortsname oder die Bezeichnung eines Gegenstandes „auf der Zunge gelegen". Sie wissen ganz genau, wen oder was Sie meinen. Nur der Name, der Name?! – der fällt Ihnen partout nicht ein.

Eine ganz alltägliche Situation, Psychologen sprechen dabei von einer „lingualen Hemmung", und die hat absolut nichts mit Intelligenz zu tun. Stellen Sie sich aber vor, so eine „linguale Hemmung" tritt auf, während Sie den sprachlichen Teil eines Intelligenztests bestehen müssen. Wie würde dann wohl Ihr Testergebnis aussehen? Und bestimmt hatten Sie schon mal einen wirklich miesen Tag. Vielleicht waren Sie verkatert – oder einfach schlapp und denkfaul. Ein Intelligenztest an einem solchen Tag brächte zweifellos ähnlich verheerende Ergebnisse.

Intelligenz ist also keine fixe Größe, sie variiert von Tag zu Tag, ja sogar von Minute zu Minute. Intelligenz ist schlicht die Fähigkeit, Probleme schnell und effektiv zu lösen. Wenn Sie noch nie zuvor einen Dosenöffner gesehen haben, würden Sie dann auf die Idee kommen, dieses merkwürdige Stück Metall einzusetzen, um an die Sardinen zu kommen? Weil Sie aber wissen, wie das Werkzeug Dosenöffner einzusetzen ist, stellt die Situation „Sardinen in der Dose" kein Problem für Sie dar.

Dieses Buch vermittelt systematisch Wissen über das nötige „geistige Werkzeug", um Probleme, wie sie typischerweise in Intelligenztest-Aufgaben vorkommen, schnell und effektiv zu lösen. Dabei handelt es sich zugleich um grundlegende Denk-Strategien, die auch Ihren Alltag bereichern werden. Und Sie werden sehen: Es macht sogar Spaß, immer noch intelligenter zu werden mit Hilfe solcher Tests!

Inhaltsverzeichnis

Theoretischer Teil

Übungen

Lösungen

Auswertung

Intelligenz – was ist das eigentlich?

Vielleicht haben Sie ja schon einmal einen Intelligenztest mitgemacht und wissen daher ganz genau, wie es um Ihre Intelligenz bestellt ist. Aber auch, wenn Sie noch nie einen solchen Test absolviert haben – Sie haben sicherlich einen Eindruck von Ihrer Intelligenz. Wir stoßen ständig auf ganz alltägliche Probleme. Und wir nehmen wahr, dass manche Personen die gleichen Probleme in wesentlich kürzerer Zeit erledigen als wir selbst oder andere. Personen, die Probleme besonders schnell und gründlich lösen, bezeichnen wir als intelligent. Aber wir beobachten nicht nur die anderen, wir schätzen uns auch selbst ein. Die Leistungen der anderen dienen uns dabei beständig als Maßstab. So kommt es, dass jeder von uns einen Eindruck – oder besser: eine Einschätzung – seiner eigenen Intelligenz mit sich trägt.

Intelligenz und IQ

Eine solche pauschale Einschätzung bietet auch der so genannte Intelligenzquotient oder kurz IQ. Jeder klassische Intelligenztest liefert als Resultat diese Maßzahl für Intelligenz. Ein Intelligenzquotient von 100 gilt als Durchschnitt. Wer einen höheren IQ hat, darf sich freuen, das bedeutet überdurchschnittliche Intelligenz. Je höher der IQ, desto besser natürlich. Ein IQ unter 100 ist aber auch kein Unglück. Diese simple Intelligenzmaßzahl ist keineswegs objektiv, und sie ist durchaus kritisch zu betrachten.

Schließlich zeigt schon unsere vorwissenschaftliche Erfahrung, dass wir ein und derselben Person das eine Mal überlegen, das andere Mal unterlegen sein können. Meist ist die Art der zu bewältigenden Aufgabe für diese Unterschiede ausschlaggebend: Manche Menschen rechnen beispielsweise deutlich langsamer als andere, sie sind ihnen aber auf der sprachlichen Ebene weit überlegen – oder umgekehrt.

Intelligenz ist keine einheitliche Größe, sondern umfasst eine Vielzahl unterschiedlicher Fähigkeiten und Denkleistungen. Ein IQ unter 100 bedeutet also keineswegs, dass man auf allen Gebieten gering begabt ist. Es könnte durchaus sein, dass ein neuer Einstein oder ein neuer Goethe einen solch unterdurchschnittlichen IQ aufweist. Das wird dann der Fall sein, wenn jemand einseitig eine mathematische (neuer Einstein) oder sprachliche (neuer Goethe) Hochbegabung aufweist, auf vielen anderen Gebieten allerdings unterdurchschnittliche Leistungen zeigt.

Ist Intelligenz
angeboren?

Ein Teil unserer Intelligenz, und zwar die äußersten Grenzen unserer Denkfähigkeit, ist tatsächlich angeboren. Wie neueste wissenschaftliche Erkenntnisse zeigen, wird Intelligenz immer nur von der Mutter auf das Kind vererbt, die Intelligenz des Vaters spielt keine Rolle.

Wesentlich ist, was wir mit diesen Fähigkeiten anstellen, wie intensiv wir sie nutzen und trainieren. Stellen Sie sich diese äußersten Grenzen als leeres Gefäß vor, das Sie nach Belieben mit Wasser (Intelligenz) anfüllen können. Ein Viertelliterglas, das zur Hälfte gefüllt ist, enthält deutlich mehr Wasser als eine Doppelliterflasche, bei der gerade nur der Boden mit Flüssigkeit bedeckt ist. Dieser bildhafte Vergleich ist ein anschauliches Beispiel dafür, wie unterschiedlich Menschen ihre Fähigkeiten nutzen!

Allerdings zeigten verschiedene Studien, dass auch die Intelligentesten unter uns nicht mehr als etwa zehn Prozent ihrer geistigen Kapazitäten nutzen. Wenn auch Albert Einstein nur zehn Prozent seiner Fähigkeiten nutzte – wie groß musste dann das eigentliche „Gefäß" sein? Und vor allem: Welch gewaltiger Spielraum zur Intelligenzsteigerung ergibt sich aus dieser Erkenntnis! Wenn es uns gelänge, unsere Intelligenz durch Training um nur ein paar magere Prozent zu verbessern, dann wären wir alle Geistesriesen!

Nur zehn Prozent unserer schlummernden Fähigkeiten werden genutzt – es kommt also nicht auf die angeborenen Grenzen an, sondern ganz allein darauf, wie wir mit diesem enormen restlichen Freiraum umgehen.

Intelligenz-Modelle

Im Laufe der Zeit entwickelten Psychologen eine Vielzahl unterschiedlicher Modelle, um zu veranschaulichen, was Intelligenz eigentlich ist. Da sich Intelligenz aus einer Unzahl verschiedener Fähigkeiten und Leistungen zusammensetzt, war die wichtigste Frage in diesem Zusammenhang: Aus welchen und aus wie vielen Dimensionen (oder Fähigkeiten) besteht sie?

Der Psychologe Guilford analysierte das menschliche Denken und fand gleich 120 verschiedene Intelligenz-Faktoren. Seine Kollegen hielten dies für ein zu komplexes Modell und versuchten, einfachere Modelle zu erarbeiten. So beschränkte Meili sein Modell auf vier Dimensionen, das seinen Kritikern wieder zu vereinfacht schien.

Die Forscher entdeckten bald, dass Intelligenz nicht von vornherein aus einer bestimmten Anzahl von (messbaren) Faktoren und Leistungen besteht. Es ist entscheidend, diese Vielzahl verschiedener geistiger Leistungen in sinnvollen Gruppen zusammenzufassen. Der Psychologe Thurstone katalogisierte geistige Leistungen in sieben Dimensionen und entwickelte ein sehr anschauliches Modell, das weitgehend wissenschaftlich anerkannt ist:

– Space (Raumvorstellung, z. B. Gegenstände richtig drehen und wenden)
– Verbal fluency („Wortflüssigkeit", z. B.: Welche Vogelarten, die mit dem
  Buchstaben „S" beginnen, können Sie aufzählen?)
– Verbal comprehension („Sprachgefühl", Erkennen von Nuancen, z. B.: Was
  ist der Unterschied zwischen den Begriffen „einsam" und „allein"?)
– Number (Zahlengebundenes Denken)
– Perceptual speed (Wahrnehmungsgeschwindigkeit)
– Memory (Gedächtnis, Merkfähigkeit)
– Reason (Logisches, schlussfolgerndes Denken, z. B.: Was haben Apfel und
  Orange gemeinsam?)

Die Aufgaben und Übungen in diesem Buch orientieren sich weitgehend an
dem Modell von Thurstone. Allerdings werden die Faktoren „Verbal fluency"
und „Verbal comprehension" zum Punkt „sprachgebundenes Denken"
zusammengefasst und eine weitere Dimension eingeführt, die Thurstone nicht
erwähnt, die der Sozialen Intelligenz, also der Fähigkeit, Situationen im
Umgang mit Menschen richtig einzuschätzen. Die Vernachlässigung dieses
bedeutenden Punktes wurde Thurstone häufig von seinen Kritikern
vorgeworfen.

Im Normalfall sind nicht alle Intelligenzfaktoren bei einem Menschen   Intelligenz-
gleichermaßen gut entwickelt. Es gibt „isolierte Hochbegabungen": Personen,   Dimensionen
bei denen nur eine einzige dieser Intelligenz-Dimensionen stark ausgeprägt ist.

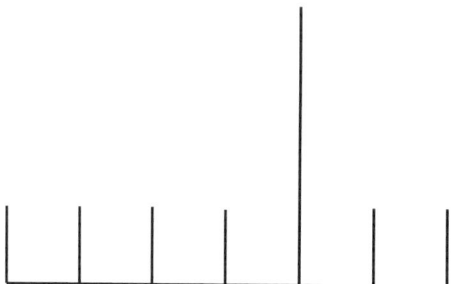

**„Isolierte Hochbegabung": Eine Dimension sehr gut entwickelt, alle
anderen schwach**

Beispiele dafür kann man häufig in diversen Fernseh-Shows sehen:
Rechenkünstler, die im Bruchteil von Sekunden die schwierigsten
mathematischen Operationen durchführen, sind fast immer „isolierte
Hochbegabungen". Im Extremfall – wenn die restlichen Dimensionen sehr
schlecht ausgeprägt sind – spricht man sogar von „Kalenderidioten": Die erste
Versuchsperson, bei der ein solch extremes Intelligenzprofil wissenschaftlich

beobachtet wurde, war tatsächlich schwachsinnig, allerdings konnte sie zu jedem beliebigen Datum innerhalb kürzester Zeit den korrekten Wochentag berechnen!

Aber natürlich kann auch ein hoch begabter und intelligenter Mensch seine Schwächen haben und in einem bestimmten Bereich eine „isolierte Minderbegabung" aufweisen.

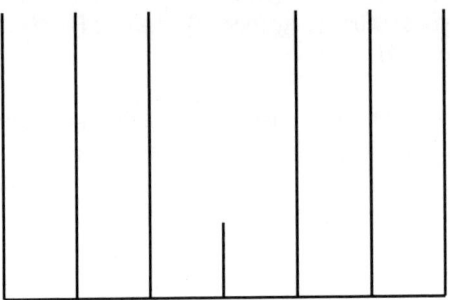

„Isolierte Minderbegabung": Eine Dimension sehr schwach entwickelt, alle anderen gut

Im Idealfall zeichnet sich der Intellekt eines Menschen dadurch aus, dass alle Intelligenzfaktoren möglichst gleichermaßen – und natürlich gleichermaßen gut entwickelt sind. Man spricht dann auch von einem „ausgewogenen Intelligenzprofil".

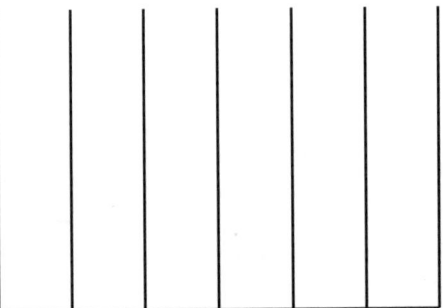

„Ausgewogenes Intelligenzprofil": Alle Dimensionen gleichermaßen gut entwickelt

Wir gratulieren: Sie sind bereits auf dem besten Weg zum „ausgewogenen Intelligenzprofil". Nutzen Sie die Übungen in diesem Buch, um vorhandene Schwächen zu bekämpfen und Stärken weiter auszubauen!

Intelligenztests – Intelligenz trainieren

„Lässt sich Intelligenz trainieren?" Diese Frage hat mehr als nur theoretische Bedeutung, wenn man vor einer Situation steht, in der ein Intelligenztest über wesentliche Entwicklungen im persönlichen Leben entscheidet. So verwenden heute immer mehr Firmen neben persönlichen Vorstellungsgesprächen auch standardisierte Tests, um etwas über die Eignung eines neuen Mitarbeiters zu erfahren. Dabei kann der gleiche Test jedoch ganz unterschiedlich interpretiert werden. Für eine Arbeitsstelle, die viel mit Rechnen zu tun hat, kann das Abschneiden im mathematischen Bereich besonders wichtig sein. Für eine Tätigkeit, die mit Kommunikation zu tun hat, ist das Testergebnis im sprachlichen Bereich entscheidend etc. Für alle, die solchen Situationen gegenüberstehen, hier zur Beruhigung noch einmal die Antwort: Ja, Intelligenz lässt sich trainieren, die Verbesserung von Testergebnissen sowieso!

In einer Testsituation ist es fast noch wichtiger, die eigentliche Fragestellung der Aufgabe schnell zu erfassen, als die tatsächliche Fähigkeit, die Aufgabe zu lösen, was lediglich Training erfordert!
Hinter einer Mathematikaufgabe verbirgt sich beispielsweise eine Frage der Logik, eine Sprach- oder Logik-Aufgabe testet vor allem die Allgemeinbildung.

Hier ein Beispiel zur Verdeutlichung:

Welche Zahl gehört nicht dazu?

a) 1848　　b) 1968　　c) 1492　　d) 1776

Auf den ersten Blick scheint es sich um eine Mathematikaufgabe zu handeln. Was könnte gefragt sein? Eine Regelmäßigkeit? Ein gemeinsamer Teiler? Nichts davon! Die wahre Aufgabe besteht hier darin, zu erkennen, dass es sich um Jahreszahlen handelt! Nach dieser logischen Erkenntnis gilt es noch, historisches Wissen zu aktivieren: Drei der Jahreszahlen stehen für berühmte Revolutionsjahre (1776 USA, 1848 Deutschland, 1968 Tschechoslowakei) die dritte (1492) steht für die Entdeckung Amerikas durch Kolumbus und passt daher nicht dazu!

Keine Sorge, nicht alle Aufgaben in Intelligenztests sind so kompliziert und (geradezu) hinterhältig. Aber auch solche Dinge kommen durchaus vor ...

Intelligenz und Intelligenztests

Aufmerksamkeit und
Lernfähigkeit

Zumeist bereitet der Aufbau der Tests den Lösenden durch langsame Steigerung der Schwierigkeit darauf vor, was eigentlich von ihm erwartet wird. Daher sind neben der eigentlichen Kompetenz zur Lösung auch noch Qualitäten wie Aufmerksamkeit und Lernfähigkeit gefragt. Steht man den Fragen ruhig und gelassen gegenüber, gelingt es oft recht leicht, dem Erfinder des Tests „auf die Schliche" zu kommen, also ein System darin zu entdecken. Wer einmal verstanden hat, wie eine Aufgabe mit einem sich drehenden Würfel zu lösen ist, der wird sich bei der nächsten, ähnlichen Aufgabe bereits um einiges leichter tun, auch wenn etwa die Drehrichtung des Würfels eine andere ist und damit die Aufgabe etwas variiert.

Vermeiden Sie am besten Panik und Aufregung, analysieren Sie die gestellte Aufgabe mit kühlem Kopf, denken Sie nicht negativ: „Du meine Güte! Das schaff' ich nie!", machen Sie sich zügig an die Lösung. Da viele der Tests auch Zeitvorgaben beinhalten, hilft es, Aufgaben, die im Moment unlösbar erscheinen, zu überspringen und an einer anderen Stelle weiterzumachen. Zum einen erhöht diese Vorgehensweise die Anzahl der gelösten Aufgaben, und zum anderen stärkt sie das Vertrauen in die eigenen Fähigkeiten und führt so auch zum souveränen Umgang mit den zuerst für zu schwer gehaltenen Fragen.

Wachsamkeit

Oft halten die Testmacher Fallen für jene bereit, die bereits glauben, alles durchblickt zu haben. So könnte auf die obige Aufgabe durchaus etwas später eine ähnliche folgen, die eine ganz andere Lösung fordert:

Welche Zahl gehört nicht dazu?

a) 1111   b) 1557   c) 1960   d) 1735

Hier mag die eine oder andere Zahl tatsächlich auch eine historische Bedeutung haben – die richtige Antwort lautet aber C. Es ist die einzige gerade unter lauter ungeraden Zahlen!

Auch Wachsamkeit ist also eine Form von Intelligenz, die so nebenbei in vielen Tests den Ausschlag geben kann.

Trainieren mit diesem
Buch

Da man nie genau im Voraus wissen kann, worauf der vor einem liegende Test hinaus will, empfiehlt es sich, auf alles – auch auf das Unvorhersehbare – vorbereitet zu sein. Darum wurde in diesem Buch auch auf eine besonders große Vielfalt der Testaufgaben geachtet. Am Anfang der jeweils einem bestimmten Bereich der Intelligenz gewidmeten Kapitel finden Sie eine Reihe von Tipps und Hinweisen, wie in Folge mit den Aufgaben umzugehen ist. Der weitere Aufbau gliedert sich dann in drei Schwierigkeitsgrade:

✚ = leicht
✚✚ = mittel
✚✚✚ = schwer

Am besten, Sie arbeiten ohne Zeitdruck einen Schwierigkeitsbereich durch und lesen anschließend die Lösungen. Das wird Ihnen helfen, den nächsten Bereich besser lösen zu können. Manche der Tests lassen sich auch öfter wiederholen.

Ihnen wird sicherlich schon im Inhaltsverzeichnis der relativ große Block an Allgemeinbildungsübungen aufgefallen sein. Dieser wurde deshalb in das Buch aufgenommen, weil Allgemeinbildungsfragen nach wie vor einen Gutteil an vielen Intelligenz- und besonders Einstellungstests ausmachen. Ob eine sehr gute Allgemeinbildung tatsächlich allein schon Ausweis für hohe Intelligenz ist, kann man sicher bezweifeln; allerdings deutet sie doch auf eine gute Merkfähigkeit hin, und diese stellt ja einen wichtigen Teil praktisch anwendbarer Intelligenz dar. Insgesamt jedoch wurden die Allgemein-bildungsfragen für den Test im Verhältnis weniger stark gewichtet als die anderen Übungsteile.

Wollen Sie das Buch zum Testen Ihrer derzeitigen geistigen Verfassung nutzen, ist Ihnen vor jedem Übungsteil bzw. bei den Übungen eine bestimmte Zeit vorgegeben; legen Sie sich also eine Stoppuhr bzw. eine Uhr mit Sekundenzeiger sowie Stifte und Papier für etwaige Skizzen u. ä. bereit. Die Auswertung am Ende des Buches bezieht sich auf alle relevanten Übungsteile zusammen, und Sie sollten, wenn Sie den Test durchführen wollen, das Buch wirklich diszipliniert von vorn bis hinten durcharbeiten, ohne zuvor in die Übungen gesehen zu haben, denn dies würde Ihr Testergebnis nur verfälschen. Nehmen Sie sich also einen halben, vielleicht auch einen ganzen Tag lang Zeit, und sehen Sie, wie es um Ihre Intelligenz bestellt ist. Die erreichten Ergebnisse sollten Sie sich jedoch nicht allzu sehr zu Herzen nehmen; gerade bei Intelligenztests spielen andere Faktoren (z. B. wie ausgeschlafen man ist) oft eine größere Rolle als die tatsächliche Intelligenz der Testperson. Auf jeden Fall können die Tests in diesem Buch Ihnen wertvolle Hinweise darauf geben, in welchem Bereich Sie besonders gut sind bzw. in welchem Sie noch mehr Übung benötigen.

Aber ganz egal, ob Sie dieses Buch als Vorbereitung auf einen Eignungstest benutzen, Ihre Fähigkeiten überprüfen und stärken wollen oder einfach Spaß am Lösen kniffeliger Aufgaben haben, wir wünschen Ihnen jedenfalls viel Freude mit dem Intelligenz-Trainingsbuch.

Intelligenztest mit diesem Buch

IQ-Extra: Soziale Intelligenz, Emotionale Intelligenz

Soziale Kompetenzen

Die Zeiten, in denen nur derjenige etwas galt, der über eine besonders hohe Bildung und viel Hintergrundwissen verfügte, sind glücklicherweise weitgehend vorbei. Mehr als früher sind es heute wieder mehr die menschlichen Qualitäten, die gefragt sind. Gefühle ausdrücken zu können, Freude zu spüren und zu zeigen, den richtigen, herzlichen Umgang mit Menschen aller Art und Nationalität zu pflegen – all das sind Eigenschaften, die wieder in Mode zu kommen scheinen. Nicht nur der „coole" Manager im Büro, nein, auch der hilfsbereite Krankenpfleger, die fürsorgliche Mutter, der freundliche Schalterbeamte sind Personen, denen zunehmend Respekt entgegengebracht wird. Und mit Recht sind es doch schließlich nicht die Wirtschaftsdaten und Produktionszahlen, die unser Leben lebenswert machen.

Ein Spiegelbild dieser Entwicklung sind oft auch neue Schlagworte, die bestimmte gefragte Fähigkeiten umschreiben. Seitdem Begriffe wie „Soziale Intelligenz" oder „Emotionsquotient" immer häufiger in Artikeln oder Talk-Shows vorkommen, gilt es auch für Angestellte und Manager als wichtig, nicht nur besonders kompetent und dynamisch, sondern auch fähig zu sein, mit Mitarbeitern und Untergebenen richtig umzugehen, sich auch in schwierigen sozialen Situationen richtig (und nicht etwa „chefmäßig") zu verhalten. Auch bei Vorstellungsgesprächen und Einstellungstests wird zunehmend auf solcherlei Qualitäten geachtet. Teilweise werden bestimmte Fragen gestellt, teilweise sind Psychotests auszufüllen, manchmal werden die Personen aber auch vor, während und nach dem Gespräch in ihrem Verhalten anderen gegenüber beobachtet.

Ein Beispiel für eine solche Frage mit sozialem Hintergrund könnte heißen: „Betreiben Sie Sport? Welchen?" Lautet die Antwort „Fußball", ließe dies vielleicht auf Teamgeist und die Fähigkeit, sich dem gemeinsamen Ziel unterzuordnen, schließen. Lautet die Antwort „Karate", kann von einer mehr einzelgängerischen, kampfbereiteren Persönlichkeit ausgegangen werden. Über die Qualifikation entscheidet dabei freilich aber erst das Umfeld: Wird ein Mitarbeiter für ein Großraumbüro, in dem die Arbeit aufgeteilt wird, gesucht, wäre die Antwort Fußball „richtig", geht es um den Job eines auf sich gestellten Außendienstmitarbeiters, wohl eher Karate. Jedenfalls lassen solche Antworten gewisse Rückschlüsse auf die sozialen und emotionalen Fähigkeiten einer Person zu, die aber sicher nicht über jeden Zweifel erhaben sind.

Kennen Sie das Klischee vom „zerstreuten Professor", einem hochintelligenten Mann, der aber nicht einmal in der Lage ist, ein Ei zu kochen oder eine Frage verständlich zu formulieren? Dieser Professor ist ein Paradebeispiel für jemanden, der nur über geringe Soziale Intelligenz verfügt. Und solche Leute gibt es wirklich: Hochschulprofessoren, die dabei versagen, eine Stellenanzeige zu verfassen, wenn sie eine Sekretärin suchen, Chefredakteure wichtiger Zeitungen, die erfolglos in bestem Hochdeutsch und mit komplizierten Schachtelsätzen ihrer ausländischen Putzfrau zu erklären versuchen, was sie von ihr wollen. Dem Ersten mangelt es an Erfahrung, wie man sich in einer bestimmten Situation (Stellenangebote), mit der sie bislang kaum etwas zu tun gehabt haben, verhält. Der zweite Typ erkennt trotz seiner sprachlichen Brillanz nicht, wieso diese Frau ihn einfach nicht versteht! Aber natürlich gibt es auch Professoren und Chefredakteure mit Sozialer Intelligenz. Das Beispiel zeigt nur, dass Intellektualität und hoher IQ nicht unbedingt bedeuten, dass sich jemand in allen Situationen klug und richtig verhält.

Soziale Intelligenz

Freilich lassen sich derlei Fähigkeiten nicht aus Büchern erlernen, man kann sie aber üben und trainieren. Hierbei hilft Ihnen Selbsterkenntnis durch Selbstbeobachtung: Wie reagiert meine Umwelt auf mich? Bin ich beliebt? Mache ich mich verständlich? Schaut man einmal über den Tellerrand und erkennt seine Mängel, kann man auf Selbsterfahrungsseminare, Gesprächs- und Kommunikationstrainings oder Gruppen aller Art zurückgreifen. Genieren Sie sich nicht, Rat bei einer Gruppe oder einem Therapeuten zu suchen, sollten Sie bei sozialen Kontakten nicht so locker sein, wie Sie es sich wünschen. Viele Firmen und Manager geben große Summen für solche Schulungen aus. Und der offensichtliche Erfolg gibt dem System recht.

Neben dem mittlerweile schon recht bekannten Schlagwort von der Sozialen Intelligenz hat sich in der letzten Zeit auch der Begriff der Emotionalen Intelligenz immer mehr durchgesetzt. Ausgehend vom so genannten „Emotionsquotienten" (EQ), ein Begriff, den der Amerikaner Goleman vorgeschlagen hat, geht es hier um die Messung und Einschätzung emotionaler, also gefühlsmäßiger, Fähigkeiten und Eigenschaften. Die Messmethoden sind zwar noch umstritten, worum es aber geht, ist klar: In einem immer dichter werdenden Netz aus sozialen und internationalen Beziehungen und wachsender neuer Anforderungen bedarf der heutige Mensch auch besonderer Fähigkeiten auf der Gefühlsebene. Die Zeiten des selbstherrlichen, gefühllosen Managertyps sind vorbei – heute lernen Spitzenkräfte in Führungspositionen auf teuren Seminaren, wieder ihre ursprünglichen Gefühle zu erleben und auszudrücken. Ebenso wichtig ist es, richtig mit den Gefühlen anderer Menschen umzugehen – „Menschlichkeit am Arbeitsplatz" wäre hier ein Schlagwort. Bei der Emotionalen Intelligenz haben Menschen mit einer herzlichen Art und einem ausgeglichenen familiären

Emotionale Intelligenz

Hintergrund natürlich Vorteile. Auch diese Fähigkeiten kann man in Seminaren oder Gruppen trainieren und erarbeiten.

Die Diskussion darüber, welche Fähigkeiten – emotionale oder doch eher intellektuelle – für den Erfolg im Leben, ob beruflich oder privat, entscheidend sind, ist in den letzten Jahren immer heftiger geworden. Neuere Studien deuten darauf hin, dass tatsächlich die höhere Emotionale Intelligenz die Erfolgreichen von den weniger Erfolgreichen trennt. In gewisser Weise ist das auch leicht einzusehen, betrachtet man sich nur den Berufssektor: Da für Tätigkeiten, mit denen man normalerweise beruflichen Erfolg assoziiert (also auch und gerade die Leitungsebene) hohe intellektuelle Zugangsvoraussetzungen, z. B. ein Studium bestehen, kann man davon ausgehen, dass in diesen Berufsfeldern ohnehin fast nur geistig zumindest überdurchschnittliche Menschen arbeiten. Wenn der Intellekt dieser Menschen also schon überdurchschnittlich ist, fallen natürlich die Intelligenzunterschiede zwischen den Einzelnen nicht mehr so stark ins Gewicht – und dann ist es nur logisch, dass es einen anderen entscheidenden Faktor geben muss: die Emotionale Intelligenz eben. Allerdings wird es noch einiger Forschungsarbeiten bedürfen, um diese Erkenntnis auf eine gesicherte Basis zu stellen. Jedenfalls sollte man, wenn man die eigene Intelligenz trainieren möchte, auch das emotionale Rüstzeug nicht außer Acht lassen. Vielleicht ist gerade dieses der Schlüssel dazu, die eigenen Lebensvorstellungen Wirklichkeit werden zu lassen.

Doch Emotionale Intelligenz hin, Soziale Intelligenz her, auch die „klassische", auf Logik und Wissen basierende Intelligenz ist nach wie vor für alle Lebensbereiche wichtig.

Logisches Denken

Im Grunde geht es bei jeder möglichen Denkaufgabe, die einem Menschen gestellt wird – egal, ob es darum geht, einen Nagel einzuschlagen oder ein Rätsel zu lösen –, in irgendeiner Weise um logisches Denken. Wer versucht, einen Nagel mit dem Holzstil des Hammers einzuschlagen, handelt unlogisch ... Bei allen Intelligenztests benötigt man zur Problemlösung zuerst einmal eine gehörige Portion Logik – meistens, um herauszufinden, was bei der Aufgabe eigentlich wirklich gefragt ist! Im engeren Sinne versteht man unter Logik-Aufgaben aber solche, bei denen aufgrund von präsentierten Fakten (logische) Schlüsse gezogen werden müssen. Ein klassisches Beispiel sind Aufgaben, bei denen aus einer Vielzahl ähnlicher Gesichter oder Formen diejenigen herauszufinden sind, die nicht dazu passen. Die Erweiterung dieser Art von Aufgaben besteht dann darin, logisch aufgebaute Reihen zu ergänzen. Da in vielen Fällen eine bestimmte, eher mathematisch orientierte Logik verlangt wird, kreative und ästhetische Lösungen („Dieses Gesicht gehört nicht dazu, denn es ist viel hässlicher als die anderen") aber als falsch gelten, soll dieses Kapitel Ihnen helfen, mit der Art und dem Aufbau solcher Testfragen vertraut zu werden. Hier noch ein paar Erläuterungen zu den einzelnen Aufgabenbereichen.

Allgemeine Hinweise

Hier geht es fast immer darum, Ähnlichkeiten in der Form oder der Struktur der vorgegebenen Figuren zu erkennen oder auf verschiedene Art zu deuten. Lassen Sie sich also nicht von dem Gesamtbild der Aufgabe ablenken, sondern konzentrieren Sie sich auf Details! Gesichter etwa sind aus Teilen aufgebaut, vermischte Figuren und Gruppen aus einzelnen (geometrischen) Symbolen. Vergleichen Sie diese Teile. Wie viele sind es jeweils? Wie verhalten sie sich zueinander (Größe, Form...)? Lesen Sie auch die Auflösungen genau durch, und vergleichen Sie Ihre Ergebnisse damit. Sie sollen auch verstehen, wieso eine Lösung die richtige ist!

Visuelle Logik

Die wichtigste Regel bei Textaufgaben lautet: Die Lösung liegt immer in den präsentierten Elementen! Erfinden Sie nichts dazu, verwenden Sie nur, was wirklich da ist, und ziehen Sie daraus logische Schlüsse. Bei Wortgruppen geht es immer um eine Übereinstimmung; diese kann inhaltlich sein, in einer bestimmten Qualität liegen oder aber auch darin, aus wie viel Buchstaben die Wörter bestehen! Versuchen Sie daher immer mehrere Lösungsansätze, und verbeißen Sie sich nicht in eine bestimmte Richtung, auch wenn sie noch so sinnvoll erscheint. Bei den Buchstabenreihen empfiehlt es sich, das Alphabet im Geist durchzugehen oder – noch besser – irgendwo zu notieren.

Denkspiele

Übungen: Visuelle Logik

Tipps

Bei solchen Übungen geht es zumeist darum, in einer Reihe von Figuren oder geometrischen Figuren, die auf den ersten Blick sehr unterschiedlich wirken können, einen gemeinsamen Zusammenhang zu erkennen und daraus weitere Schlüsse zu ziehen. In manchen Fällen geht es auch ums genaue Hinsehen oder um die Fähigkeit, in einer Form mehrere zu erkennen (Dreiecks- und Vierecksaufgaben).

Schwierigkeitsgrade

Die Testaufgaben werden in aufsteigender Reihenfolge schwieriger (➕ = leicht, ➕➕ mittel, ➕➕➕ = schwer).
Zeitvorgabe für Selbsttest: 20 Minuten.

Übung 1
Welche Figur setzt die dritte Reihe fort?

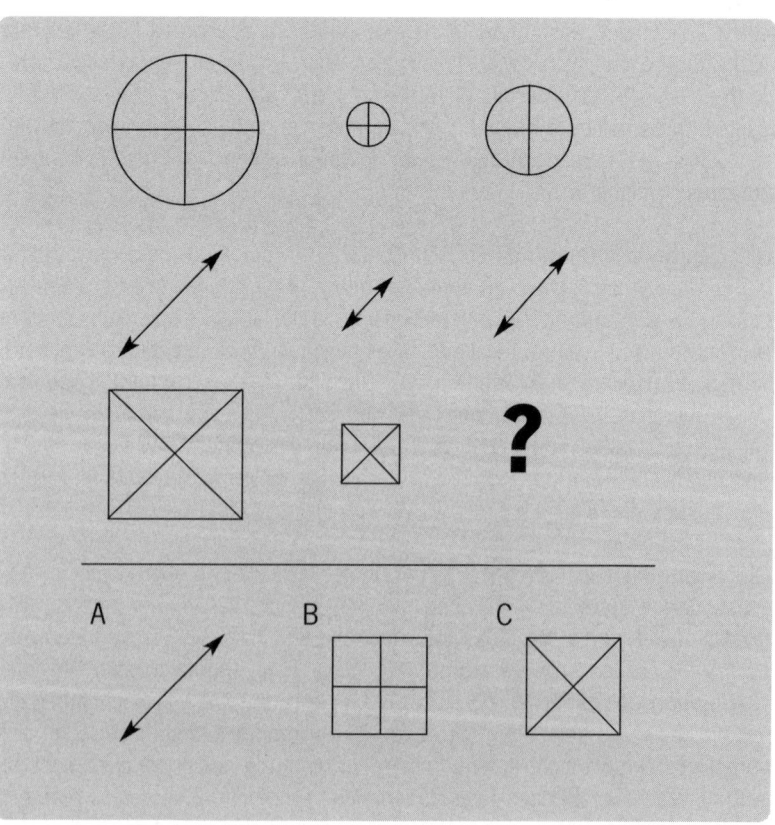

Übung 2
Welche der folgenden
Figuren gehört nicht
zu den anderen?

a)

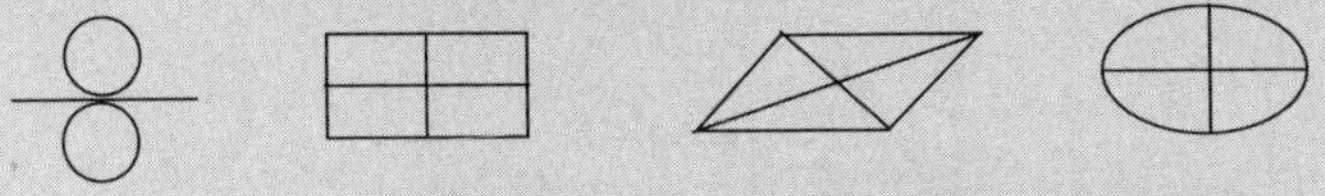

A   B   C   D

b)

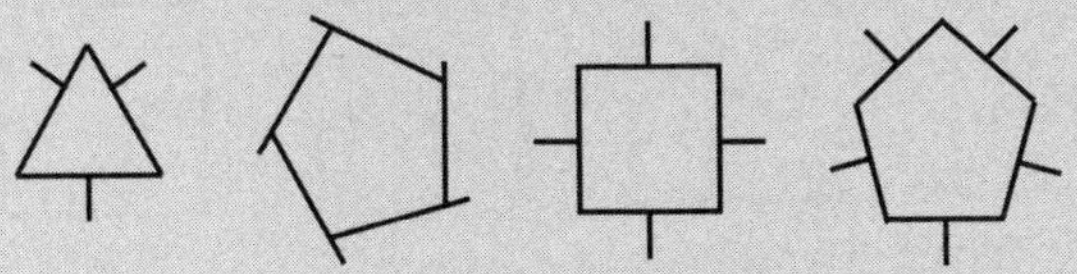

A   B   C   D

c)

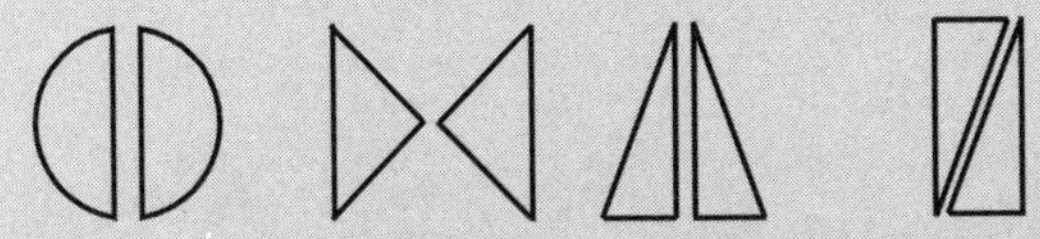

A   B   C   D

d)

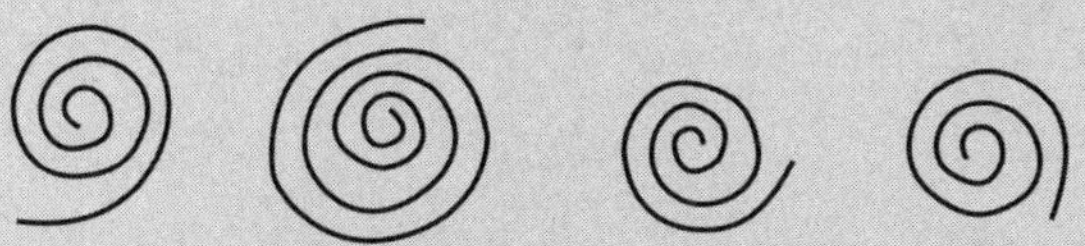

A   B   C   D

e)

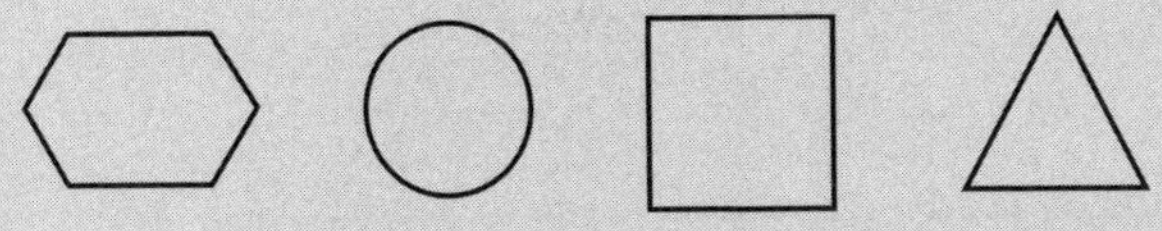

A   B   C   D

f)

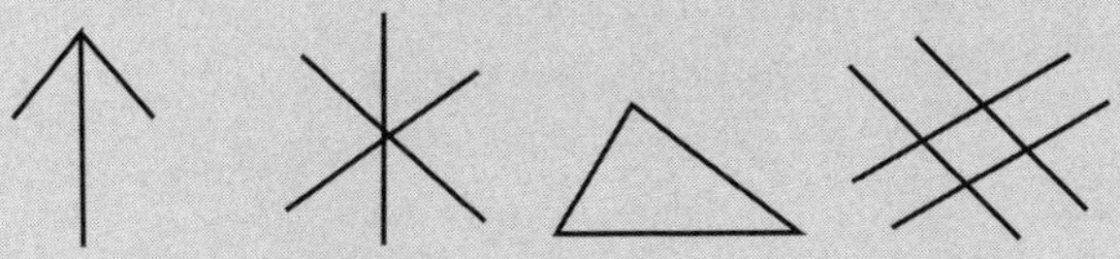

A   B   C   D

Übung 3
Welche Figur folgt als nächste?

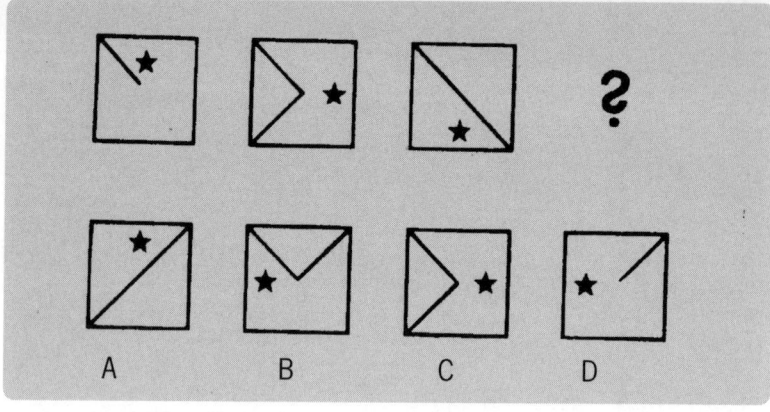

Übung 4
Welches Gesicht gehört in die dritte Reihe?

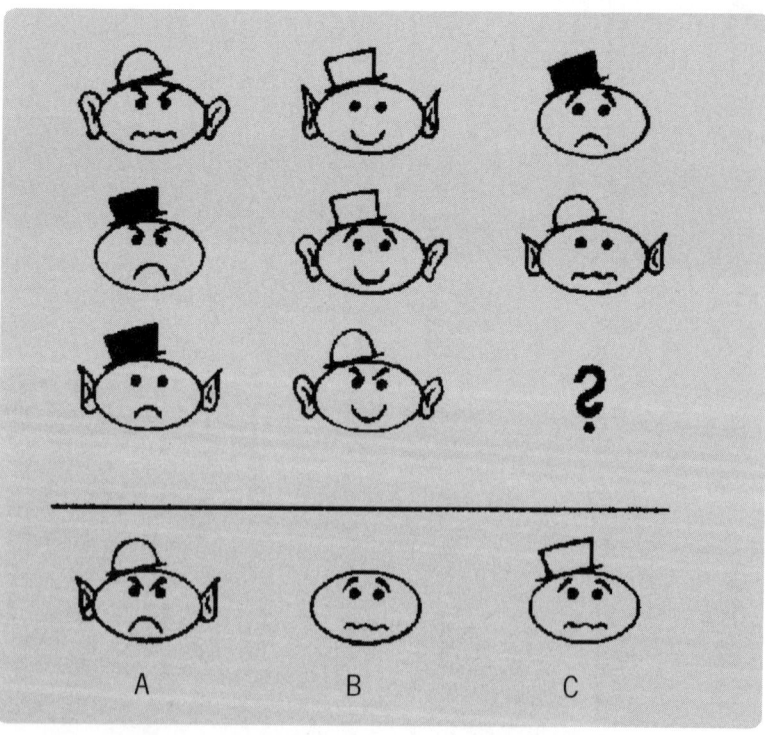

a)

b)

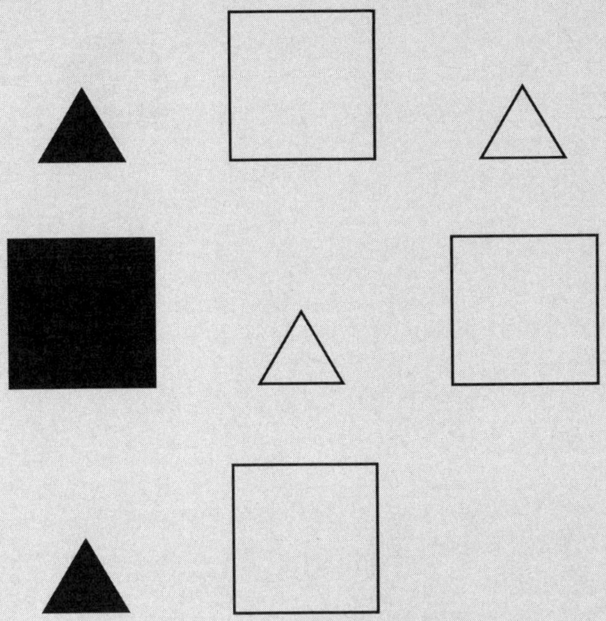

Übung 5
Welches Symbol folgt
in der Reihe?

c)

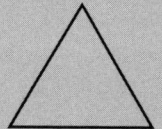 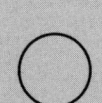 

 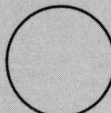

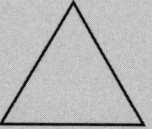

d)

   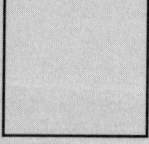

e)

f)

Übung 6
Wie viele Dreiecke kann man hier erkennen? Wie viele Vierecke kann man hier erkennen?

 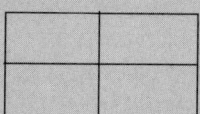

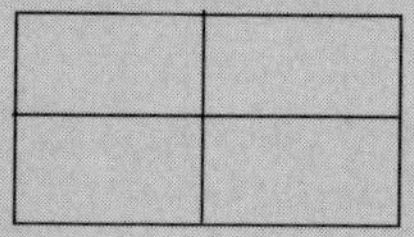

Übung 7
Welches Symbol muss in der Reihe folgen?

a)

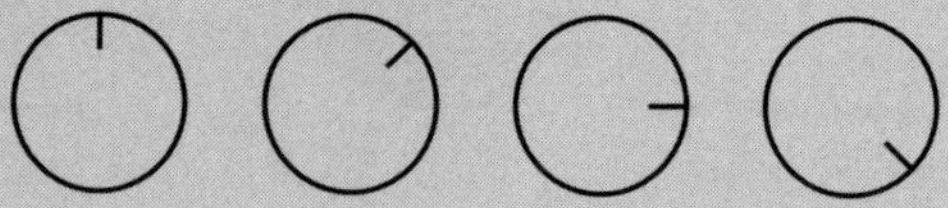

b)

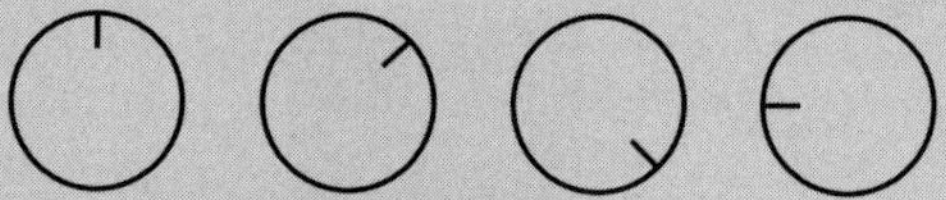

c)

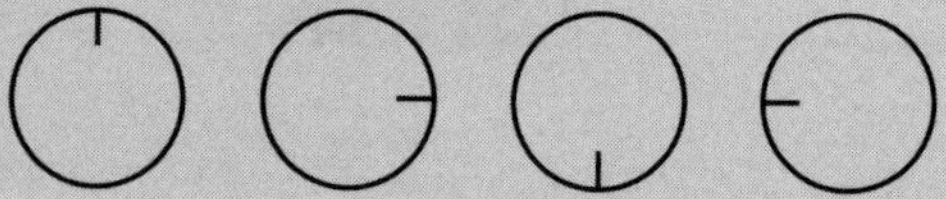

d)

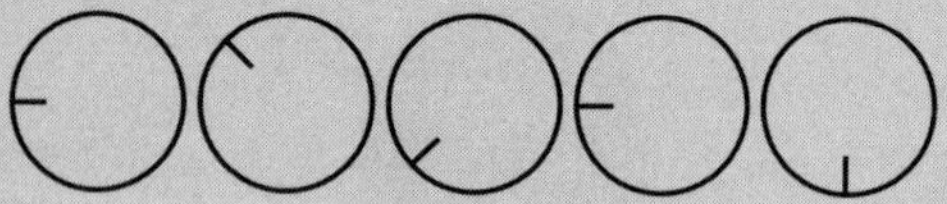

e)

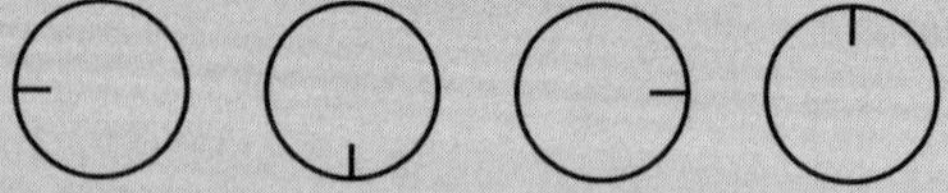

f)

g)

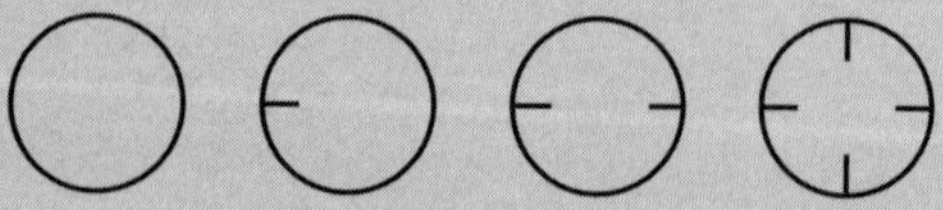

h)

Übung 8

Welche Figur passt jeweils nicht zu den anderen?

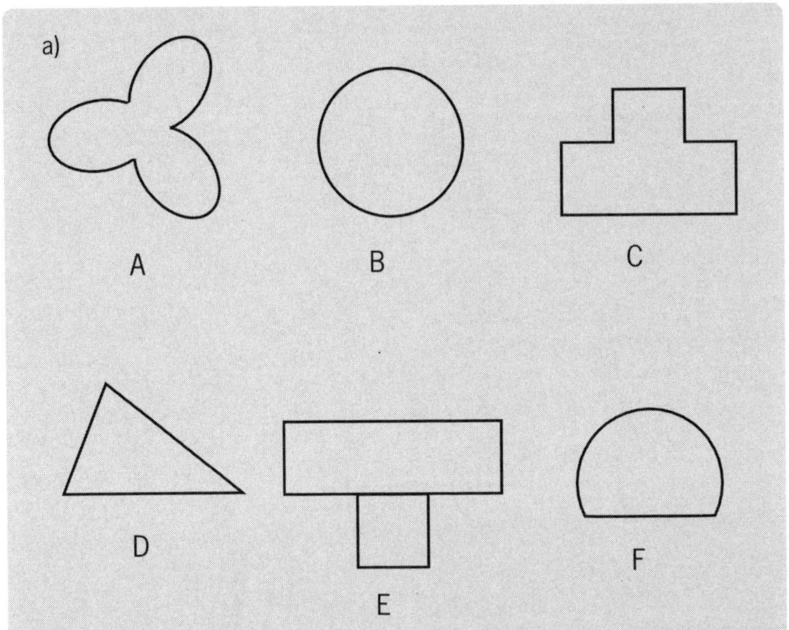

a)

A

B

C

D

E

F

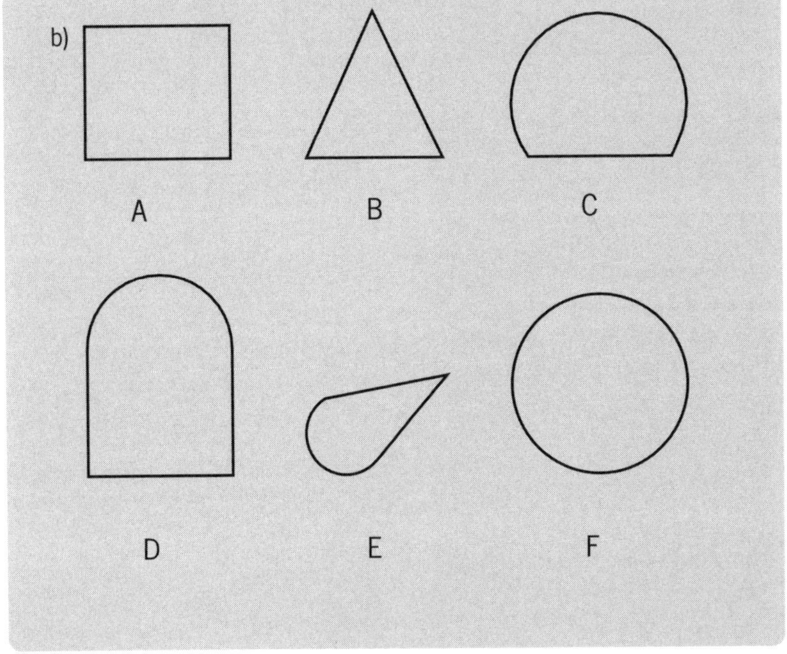

b)

A

B

C

D

E

F

c)

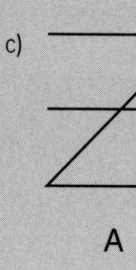

A

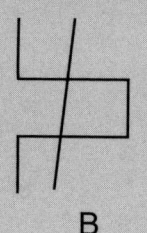

B

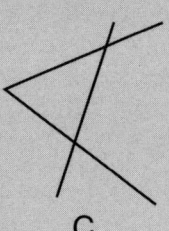

C

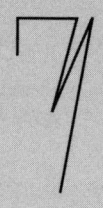

D

E

F

d)

A

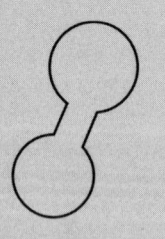

B

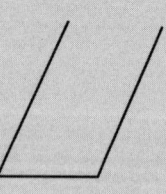

C

D

E

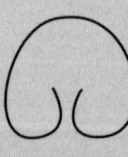

F

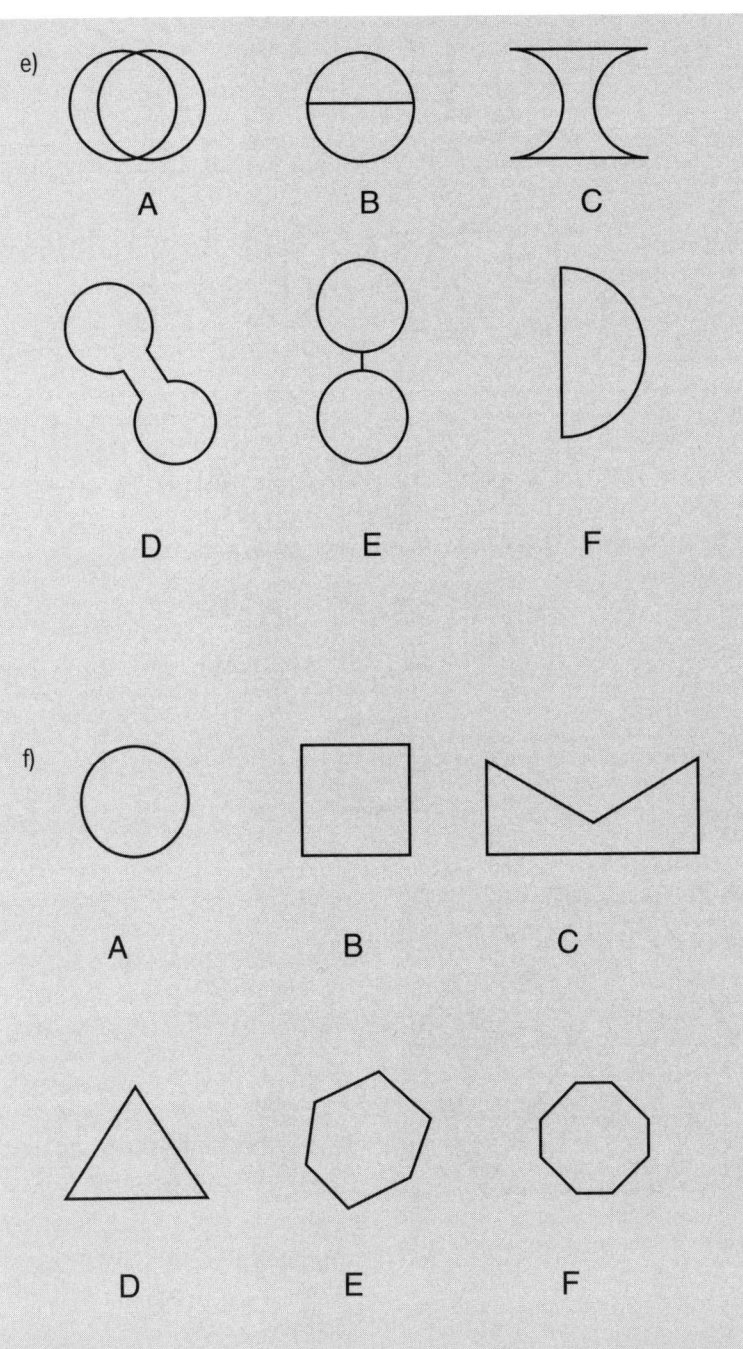

Übung 9
Welche Figur passt zu
den oberen?

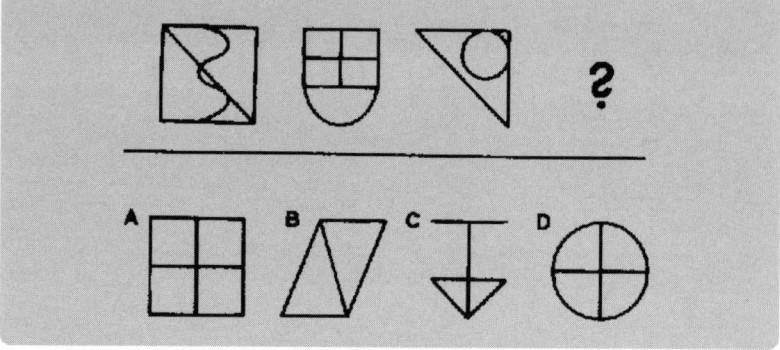

Übung 10
Welches der oberen
Negative passt zu dem
unteren Positiv?

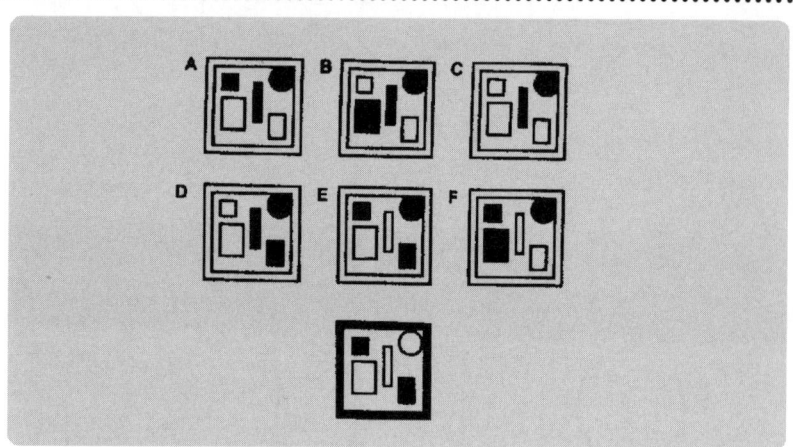

Übung 11
Wie viele Dreiecke mit
gleicher Kantenlänge
sind in diesem Hexa-
gramm zu finden?

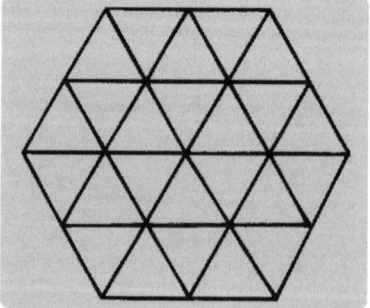

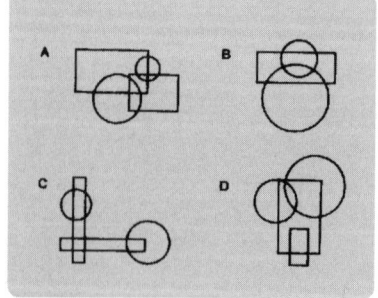

Übung 12
Welche Figur passt nicht zu den
anderen?

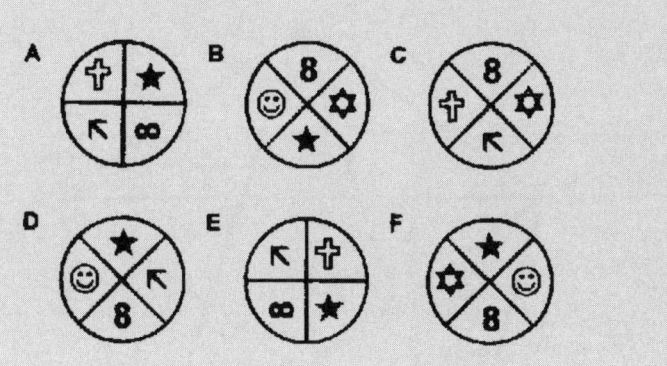

Übung 13
Welche zwei Figuren
bilden kein Paar?

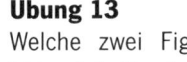

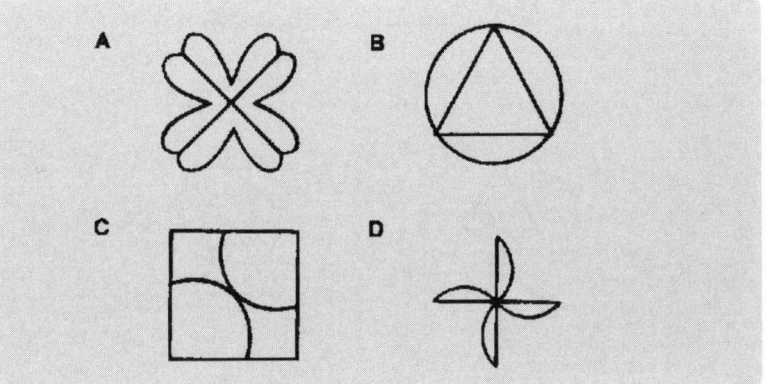

Übung 14
Welche Figur passt
nicht zu den anderen?

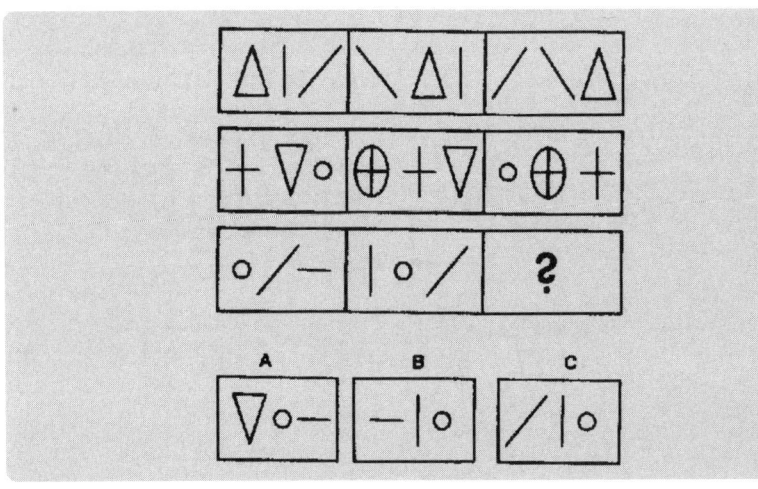

Übung 15
Welche Figuren-
kombination fehlt?

Übung 16

In diesem Penta-gramm befindet sich eine Reihe von Dreiecken. Wie viele Dreiecke sind es?

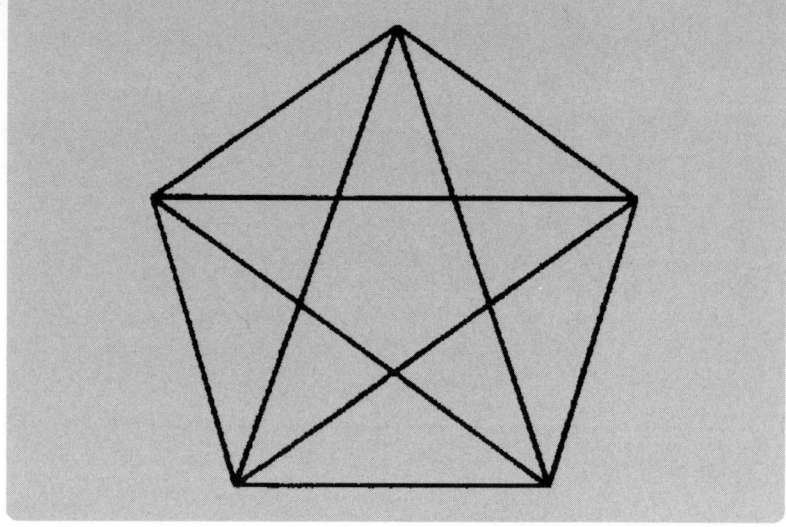

Übung 17

Welche Figur passt nicht zu den anderen?

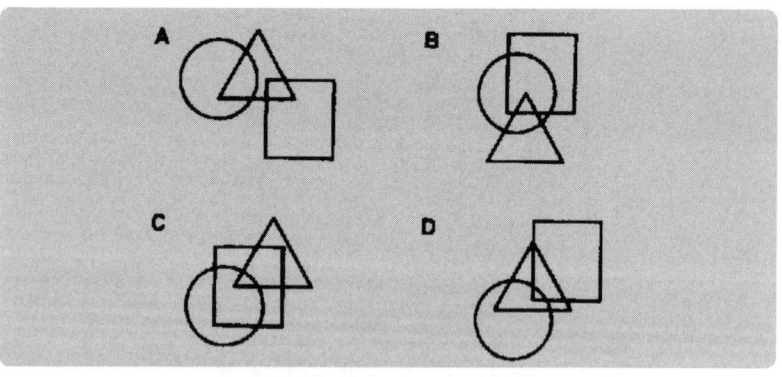

Übung 18

Welche Zeichenkombi-nation gehört nicht zu den anderen?

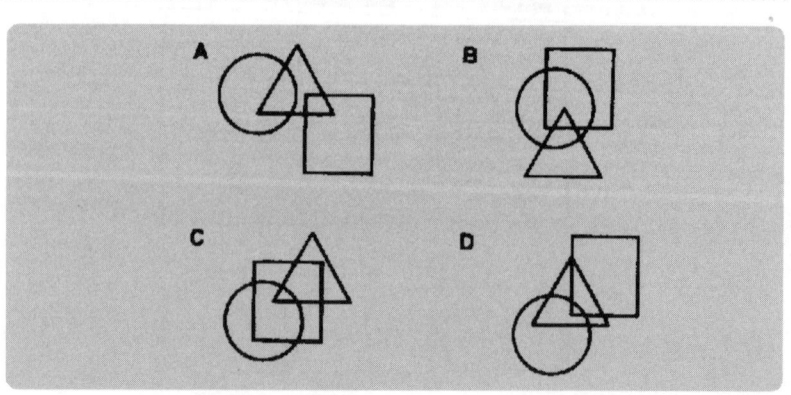

Übungen: Denkspiele

Die folgenden Aufgaben haben zum Teil mit Worten oder erzählten Geschichten zu tun, gehören aber trotzdem nicht in den Bereich des „sprachgebundenen Denkens", in dem die sprachliche Kompetenz gefordert ist. Vielmehr geht es um logische Schlüsse. Eine Reihe von Worten kann zum Beispiel einen inhaltlichen Zusammenhang haben, oder die Beziehung zwischen ihnen besteht im gleichen Anfangsbuchstaben, in der Anzahl ihrer Buchstaben etc. Bei Buchstabenreihen ist meistens ein mathematischer Zusammenhang, der von der Stellung der Buchstaben im Alphabet ausgeht, zu entdecken. Bei den Streichholzknobeleien wiederum ist das kreative Potential unseres Gehirns gefragt.
(❶ = leicht, ❶❶ = mittel, ❶❶❶ = schwer)
Zeitvorgabe für Selbsttest: 80 Minuten.

Tipps

Übung 19
In je zwei Aussagesätzen, den so genannten Prämissen, werden Beziehungen zwischen drei Elementen beschrieben. In den Fragen müssen Sie die in den Ausgangssätzen enthaltene dritte Beziehung selbst logisch erschließen.

a)   A ist leichter als C
      A ist schwerer als B
      Wer ist der Schwerste?   _____

b)   A ist größer als B
      B ist größer als C
      Wer ist der Kleinste?   _____

c)   C ist nicht so leicht wie A
      B ist nicht so schwer wie A
      Wer ist der Leichteste?   _____

d)   C ist schöner als B
      A ist hässlicher als B
      Wer ist der Schönste?   _____

e)   C ist größer als A
      B ist größer als C
      Wer ist der Größte?   _____

f)   A ist nicht so schnell wie C
      B ist nicht so schnell wie A
      Wer ist der Langsamste?   _____

g) B ist kleiner als C
C ist kleiner als A
Wer ist der Größte? _____

h) C ist nicht so hoch wie B
B ist nicht so hoch wie A
Wer ist der Niedrigste? _____

Übung 20
Beantworten Sie die Frage:

Wenn alle Bauern verheiratet sind und einige Verheiratete Rentner sind, welcher der folgenden Sätze ist dann wahr?

a) Alle Bauern sind Rentner
b) Einige Rentner sind Bauern
c) Alle Verheirateten sind Bauern
d) Einige Verheiratete sind Bauern

Übung 21
Lesen Sie die folgende Geschichte (auch mehrmals) und beantworten Sie anschließend die Frage:

Im Zirkus. Der Clown tritt auf und fällt hin, alle Zuschauer fangen an zu lachen. Nachdem er aufgestanden ist, stolpert er über einen Eimer, wieder lachen alle Zuschauer. Schließlich läuft der Clown gegen einen Pfosten, alle Anwesenden lachen, bis auf Erich. Wieso?

Übung 22
Welcher Buchstabe setzt die Reihe logisch fort?

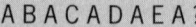

A B A C A D A E A ?

Übung 23
Stellen Sie zwei Hölzer so um, dass der Schmutz nicht mehr in, sondern außerhalb der Schaufel liegt.

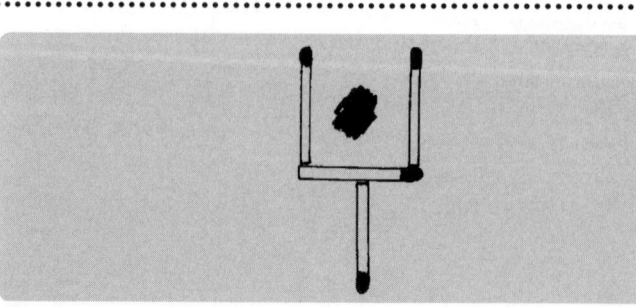

a) Behauptung: Alle Häuser sind Frösche. Alle Frösche sind Hunde.
Schlussfolgerung: Deshalb sind alle Häuser Hunde.
Stimmt oder stimmt nicht?

b) Alle Elefanten können fliegen. Alle Riesen sind Elefanten. Also können Riesen fliegen.
Stimmt oder stimmt nicht?

c) Einige Tomaten sind Autos. Einige Autos spielen Klavier. Also spielen einige Tomaten Klavier.
Stimmt oder stimmt nicht?

d) Niemand, der unter 2 m groß ist, kann Bundeskanzler werden. Alle Menschen sind 1.50 m groß. Deshalb kann niemand Bundeskanzler werden.
Stimmt oder stimmt nicht?

Übung 24
Jetzt geht es darum, dass Sie unabhängig von der Realität aus den vorgegebenen Annahmen die richtige Schlussfolgerung ziehen. Welche der Schlussfolgerungen sind richtig?

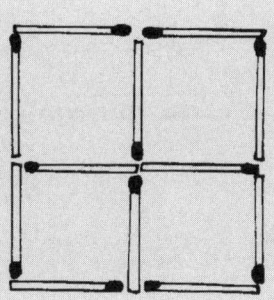

Übung 25
Stellen Sie vier Hölzer so um, dass zwei Quadrate entstehen, die sich nicht berühren dürfen.

a)   A C E G I
b)   Z X V T R
c)   A Z B Y C
d)   K L N M O P R Q
e)   D H L P T

Übung 26
Welcher Buchstabe kommt als Nächstes?

Übung 27
Legen Sie vier Hölzer
so um, dass drei
Quadrate entstehen.

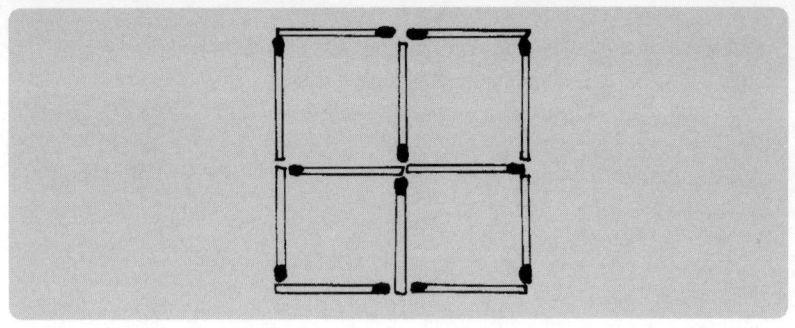

Übung 28
Entfernen Sie zwei
Streichhölzer, sodass
zwei Quadrate bleiben.

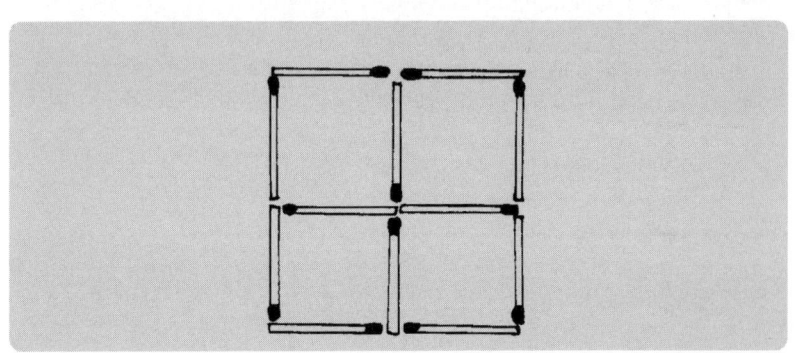

Übung 29
Welches Tier passt
nicht zu den anderen?
Warum?

SCHWEIN   SCHAF   KUH
IGEL   ZIEGE

Übung 30
Versetzen Sie ein
Streichholz, sodass ein
Quadrat entsteht.

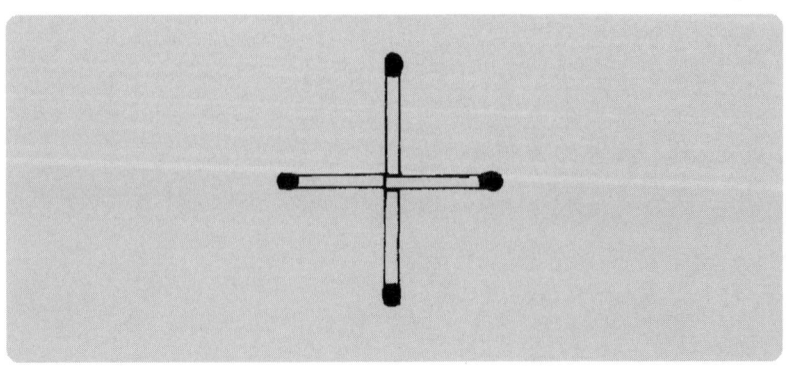

Übung 31

Drei Freunde, Axel, Bruno und Christian, fahren Motorrad. Jeder fährt auf dem Motorrade des einen Freundes und hat den Helm des anderen auf. Der Mann, der Christians Helm trägt, fährt mit Brunos Motorrad.
Wer fährt mit Axels Motorrad?

Übung 31
Beantworten Sie die Frage:

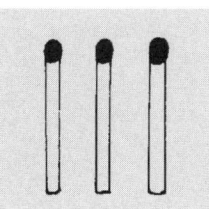

Übung 32
Legen Sie zwei Streichhölzer dazu, um daraus acht zu machen.

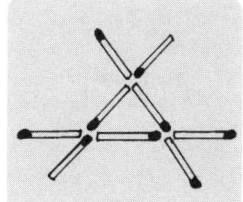

Übung 33
Legen Sie vier Hölzer so um, dass ein Muster aus fünf Dreiecken entsteht.

Herbert ist Taxifahrer. Da er meist in der Nacht unterwegs ist, besitzt er zwei warme Oberbekleidungen: einen roten Stoffmantel und eine dicke, blaue Daunenjacke. Eines Tages bemerkt Herbert, dass sein roter Mantel über und über mit kleinen Federn bedeckt ist. Da er den Mantel und die Jacke immer in zwei verschiedenen Schränken aufbewahrt, ist Herbert ratlos. Was ist geschehen?

Übung 34
Lesen Sie die folgende Geschichte und beantworten Sie anschließend die Frage:

Sie haben einen Swimmingpool, umrahmt von Birken, gebaut. Aber er ist für Ihre Familie zu klein geworden. Wie können Sie die doppelte Fläche erreichen, sodass der Pool wieder quadratisch ist und die Birken nicht gefällt werden müssen?

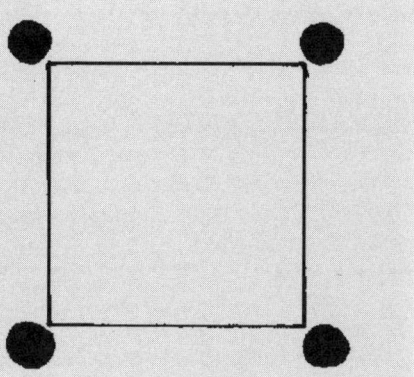

Übung 35
Beantworten Sie die Frage:

Übung 36

Welches Tier passt
nicht dazu? Warum?

HUHN   HAHN   HASE

KATZE   HUND

Übung 37

Verbinden Sie mit vier
geraden Linien, ohne
abzusetzen, alle neun
Punkte.

Übung 38

Beantworten Sie die
zwei Fragen:

Drei Damen treffen sich auf einer Party. Sie heißen Annemarie, Berta und
Christa. Eine besitzt eine Boutique, die andere ist Rentnerin, die dritte ist
Sekretärin. Die Rentnerin ist älter als Christa. Annemarie und die Sekretärin
stammen aus Augsburg, die Dritte im Bunde aus München. Die Frau, die
die Boutique besitzt, ist jünger als die Sekretärin. Christa und die Sekretärin
fahren im Sommer nach Mallorca.
Wie heißt die Sekretärin?
Wer ist die Jüngste der drei?

Übung 39

Welche zwei Buch-
staben folgen als
nächste?

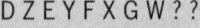

D Z E Y F X G W ? ?

Übung 40

Beantworten Sie die
Frage:

Zwei Söhne und zwei Väter gehen etwas trinken. Sie bestellen drei Gläser
Whiskey. Wie ist es möglich, dass jeder von ihnen ein Glas Whiskey trinkt?

Auf einem Tisch liegen zwei Eisenstangen von gleichem Aussehen. Eine von ihnen ist magnetisch, die andere nicht. Wie können Sie feststellen, welche magnetisch ist, ohne die Eisenstangen vom Tisch zu heben und ohne Hilfsmittel?

Übung 41
Beantworten Sie die Frage:

Name	Größe	Stadt	Postleitzahl
Albert	1,85	Augsburg	86150
Baum	1,72	Karlsruhe	76229
Mayer	1,69	Hamm	59075
Krieger	1,74	Bonn	53175
Müller	1,68	Essen	45359

Übung 42
Nach welchen Regeln sind diese Personen geordnet?

Sie haben sieben Gäste eingeladen und einen runden Kuchen besorgt. Wie können Sie ihn mit drei Messerschnitten so teilen, dass acht gleich große Teile entstehen?

Übung 43
Beantworten Sie die Frage:

CHARLIE CHAPLIN   WOODY ALLEN
AUDREY HEPBURN   GROUCHO MARX
ERROL FLYNN   CARY GRANT

Übung 44
Welcher Name gehört nicht dazu?

Drei Kollegen, Dieter, Markus, Walter, haben jeder ein eigenes Auto. Einer hat einen Porsche, einer einen VW und einer einen Honda. Dieter parkt sein Auto auf einem Parkplatz. Markus besitzt keinen Porsche. Der Honda steht immer auf der Straße. Der VW parkt nicht in der Garage.
Wer parkt welches Auto wo?

Übung 45
Beantworten Sie die Frage:

Übung 46

Lesen Sie folgende vier Aussagen. Wenn man sie nach den Gesetzen der Logik miteinander verbindet, stellt man fest, dass einer der Sätze mit den anderen drei unvereinbar ist. Welcher der vier Sätze ist es?

a) Einige Bauern sind Politiker
b) Die Unsterblichen ignorieren die Politik
c) Kein Wissenschaftler ist Bauer
d) Alle Sterblichen sind Wissenschaftler

Übung 47

Lesen Sie die folgende Geschichte und beantworten Sie die Frage:

In einer Wohnung wurde eingebrochen. Schränke wurden zerwühlt, Schubladen herausgerissen, das in dem Zimmer vorhandene Aquarium, das Fenster und der Computer zerstört. Darüber hinaus wurden Franz und Fritz tot am Boden liegend aufgefunden. Nach Aussage des Arztes wurde keine äußere Gewalt angewandt – Fritz und Franz waren erstickt. Wie ist das möglich?

Übung 48

Verbinden Sie die sechzehn Punkte in sechs geraden Zügen, und zwar ohne abzusetzen und ohne einen Punkt mehrmals zu berühren:

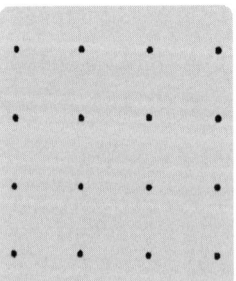

Übung 49

Verbinden Sie die sechzehn Punkte zu den gleichen Bedingungen, aber zusätzlich so, dass die letzte Linie wieder am Ausgangspunkt ankommt.

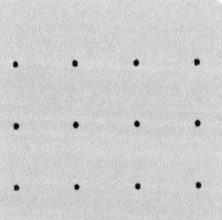

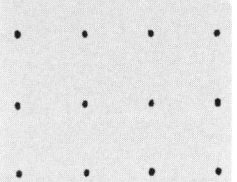

Übung 50

Verbinden Sie die zwölf Punkte mit fünf geraden Zügen, ohne abzusetzen, ohne einen Punkt zweimal zu berühren und so, dass die letzte Linie wieder am Ausgangspunkt ankommt.

SODOM　MANGAN
PARIS

SESSEL　TARTAR

Übung 51

Welches Wort passt nicht zu den anderen?

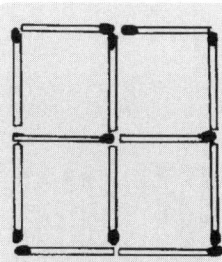

Übung 52

Legen Sie genau drei Streichhölzer so um, dass drei Quadrate von der gleichen Größe entstehen.

C E H L Q ?

Übung 53

Welcher Buchstabe folgt?

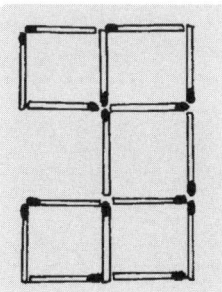

Übung 54

Die Hölzchen bilden fünf Quadrate. Legen Sie drei Hölzchen so um, dass vier Quadrate gebildet werden.

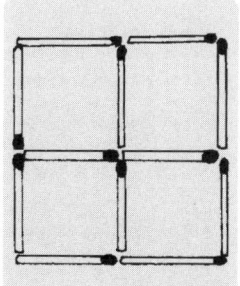

Übung 55

Sie sehen vier kleine Quadrate. Legen Sie vier Hölzchen so um, dass zehn Quadrate entstehen.

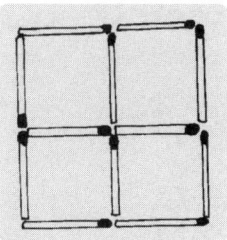

Übung 56

Sie sehen fünf Quadrate. Legen Sie vier Hölzchen so dazu, dass genau zehn Quadrate entstehen.

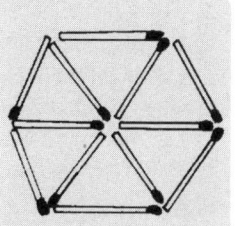

Übung 57

Sie sehen hier sechs gleichseitige Dreiecke. Legen Sie vier der Hölzchen so um, dass genau drei gleichseitige Dreiecke übrig bleiben.

Übung 58

Welcher Name passt nicht zu den anderen?

GRETA GARBO	ORSON WELLES
MICHAEL DOUGLAS	MERYL STREEP
SANDRA BULLOCK	TOM HANKS

Übung 59

Lesen Sie die folgende Geschichte und beantworten Sie anschließend die Frage:

Herr Müller, ein exzentrischer Millionär, lässt sich ein Haus bauen. Es ist mittelgroß, quadratisch, mit vier Fenstern an jeder Seite. Das Besondere aber ist – alle Fenster schauen nach Süden! Wie ist das möglich?

Übung 60

Legen Sie fünf der Hölzchen so um, dass drei gleich große Quadrate entstehen.

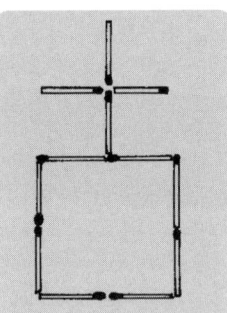

Übung 61

Wie kann man neun Hölzchen so zusammenstellen, dass sie drei gleich große Quadrate und zwei gleichschenklige Dreiecke ergeben?

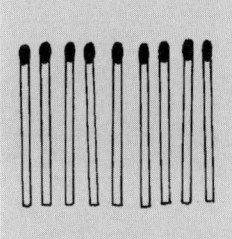

Übung 62

Lesen Sie die Beschreibung der Übung durch und lösen Sie die Aufgaben.

Stellen Sie sich vor, entlang eines Weges vor Ihnen stehen fünf Hütten, aus verschiedenem Material gebaut. Die Bewohner der Hütten sind von verschiedener Konfession, haben verschiedene Pflanzen vor ihrem Haus stehen, haben verschiedene Essgewohnheiten und hören verschiedene Arten von Musik. Lesen Sie sich die folgenden Aussagen durch:

a) Der Christ wohnt in einer Holzhütte
b) Der Mohammedaner hat eine Palme
c) In der Lehmhütte hört man Klassik
d) Die Lehmhütte steht aus Ihrer Sicht direkt neben der Ziegelhütte
e) Der Mann, der Gemüse isst, hat einen Rosenbusch
f) Der Obstesser hat eine Steinhütte
g) Der Besitzer des mittleren Hauses hört Jazzmusik
h) Der Buddhist wohnt in der ersten Hütte links

i) Der Mann, der Fleisch isst, wohnt in der Hütte neben dem Mann, der eine Sonnenblume hat

k) Der Obstesser wohnt neben dem Mann, der Veilchen hat

l) Der Mann, der Reis isst, hört Rockmusik

m) Der Hindu isst Getreide

n) Der Buddhist wohnt neben der Strohhütte

o) Einer der Männer hört Tanzmusik

p) Einer hat einen Fliederbaum

q) Der Jude hört Volksmusik

Ordnen Sie jetzt aufgrund dieser Aussage jeder der fünf Hütten die Bewohner, ihre Pflanzen, Musik- und Essgewohnheiten zu.

Holzhütte

Strohhütte

Steinhütte

Ziegelhütte

Lehmhütte

Zählen Sie, aus Ihrer Sicht gesehen, die Hütten von links nach rechts auf.

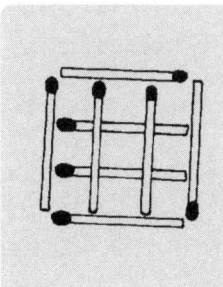

Übung 63
Die acht Streichhölzer bilden insgesamt vierzehn Quadrate. Nehmen Sie zwei Hölzchen weg, sodass nur drei Quadrate übrig bleiben.

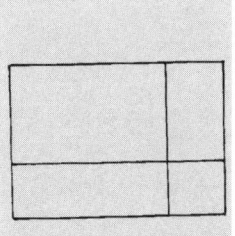

Übung 64
Wie viele Rechtecke sehen Sie insgesamt?

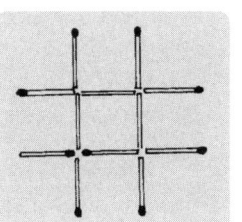

Übung 65
Wenn Sie vier Hölzchen richtig umlegen, entsteht ein Kreuz.

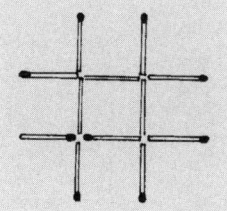

Übung 66
Legen Sie drei Hölzchen so um, dass drei gleich große Quadrate entstehen.

Übung 67

Welche Buchstaben-
kombination muss
folgen?

ML ON KJ QP IH ??

Übung 68

Lesen Sie die
Geschichte und
beantworten Sie die
Frage:

Sechs Soldaten befinden sich auf einem Sondereinsatz. Jeder der Soldaten, bis auf den Rangniedrigsten, befiehlt einem anderen, nämlich seinem direkten Untergebenen. Und jedem Soldaten, bis auf den Ranghöchsten, wird von einem anderen befohlen.
Finden Sie aufgrund der folgenden Aussagen heraus, welche Rangfolge die Soldaten haben.

a) Soldat Meier befiehlt dem Soldaten Müller, aber nicht umgekehrt
b) Die beiden Soldaten Müller befehlen sich nicht gegenseitig
c) Dem Soldaten Huber wird nicht von den Soldaten Müller befohlen
d) Soldat Lorant befiehlt und ihm wird befohlen, aber nicht von Soldat Huber und nicht von den Soldaten Müller
e) Soldat Reimers hält sich an die Befehlsstruktur

Übung 69

Welches Wort passt
nicht dazu?

WAGGON
NOTBREMSE
WEICHE
ACHSE
LOK

Übung 70

Legen Sie vier Hölz-
chen so um, dass zwei
Quadrate verschiede-
ner Größe und vier
deckungsgleiche
Dreiecke entstehen.

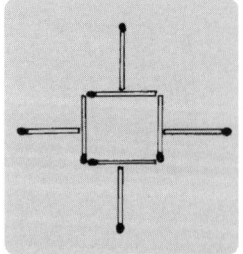

Übung 71

Legen Sie drei
Hölzchen so um, dass
vier gleichseitige
Dreiecke entstehen.

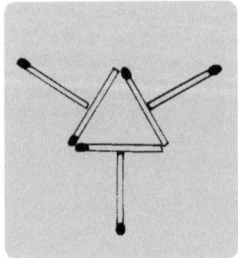

Übung 72

Legen Sie drei
Hölzchen so um, dass
drei gleich große
Dreiecke entstehen.

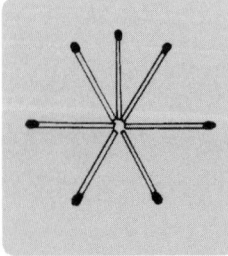

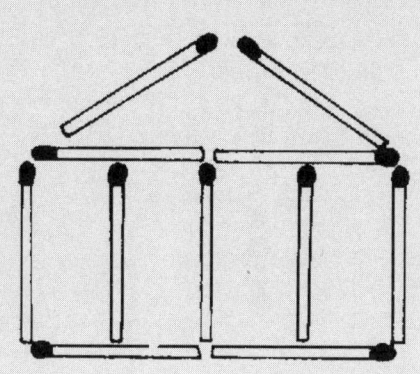

Übung 73

Wenn Sie zwei Hölzchen umlegen, entstehen elf Quadrate.

In einem leeren Zimmer wird ein Mann an der Lampe aufgehängt, mit den Fußspitzen ca. einen Meter über dem Boden baumelnd, tot aufgefunden. Der fensterlose Raum war von innen verschlossen – das Schloss hat nur nach innen ein Schlüsselloch. Im gesamten Raum, weder an noch in dem Mann wurde ein Schlüssel gefunden. Ebenso fehlte jeder Hinweis auf eine Leiter, Kiste oder Ähnliches, mit der der Mann die Schlinge an der Lampe hätte befestigen können. Auch war das Seil für einen „Lassowurf" zu kurz. Einzig unter den Füßen des Toten und unterhalb des Türschlosses fand sich je eine Wasserlache.

War es Mord oder Selbstmord? Wie wurde er ausgeführt?

Übung 74

Lesen Sie die folgende Geschichte und beantworten Sie die Fragen:

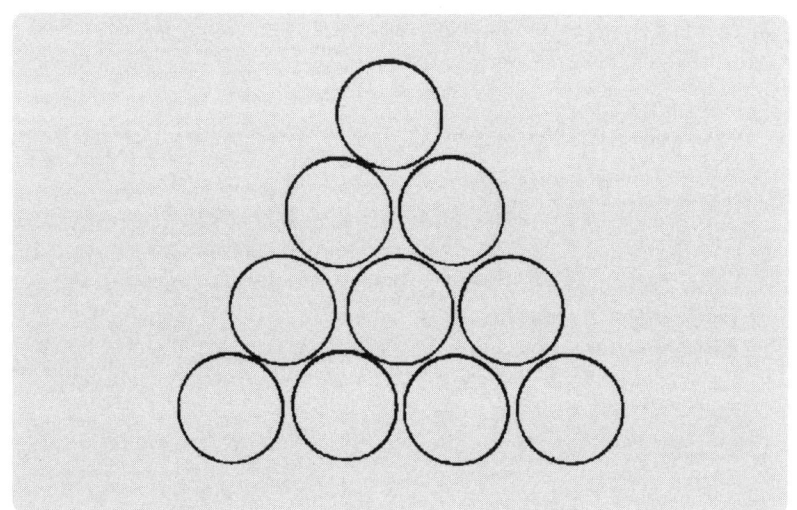

Übung 75

Verschieben Sie drei Münzen so, dass das Dreieck auf der Spitze steht.

Übung 76
Beantworten Sie die Frage:

Ein Farmer hat zur Geburt eines jeden seiner drei Söhne eine Birke auf sein quadratisches Grundstück gepflanzt.
Wie kann er sein Land so vierteln, dass jeder Sohn und er ein Stück Land von der gleichen Form mit einer Birke darauf bekommt?

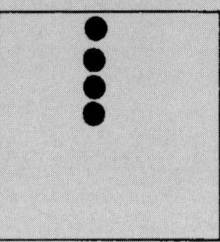

Übung 77
Ordnen Sie vier Kugeln so an, dass sie zueinander den gleichen Abstand haben.

Übung 78
Lesen Sie die Geschichte und beantworten Sie die Frage:

Tasso, Cindy und Conny sind Hunde oder Menschen. Einige können Hunde, einige können Menschen sein. Tasso und Cindy gehören zur selben Art. Tasso und Conny gehören nicht zur selben Art. Wenn Conny Mensch ist, ist Cindy auch ein Mensch. Wer ist was?

Übung 79
Lesen Sie die Geschichte und beantworten Sie die Frage:

Ein Chemiker hat nach neuen Giften geforscht und hat sich dabei vergiftet. Sein Assistent hat Folgendes über die drei Substanzen, mit denen der Chemiker experimentierte, herausgefunden: Entweder C ist ungiftig oder B ist giftig. Wenn B giftig ist, ist C ungiftig. A und C kann man nicht zusammenmischen. A kann man nicht isoliert verwenden. Wenn B giftig ist, ist auch A giftig. Welche Substanz ist oder welche Substanzen sind giftig?

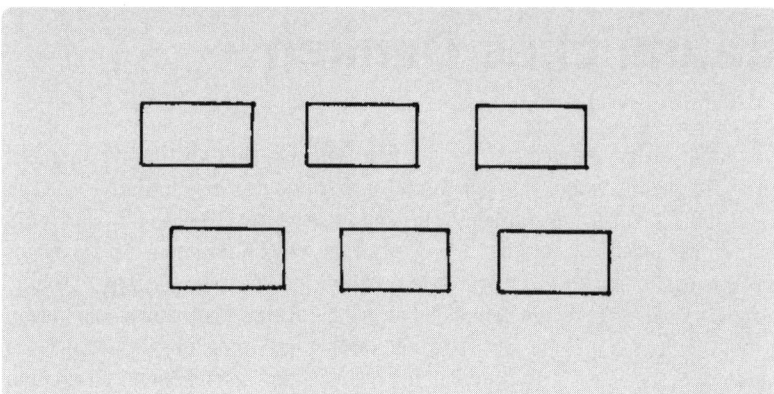

Übung 80

Sie haben sechs gleich große Quader (siehe Abbildung). Ordnen Sie die sechs Blöcke so an, dass jeder genau zwei andere Blöcke berührt. Die Berührungen müssen an den Flächen, nicht nur an den Kanten erfolgen.

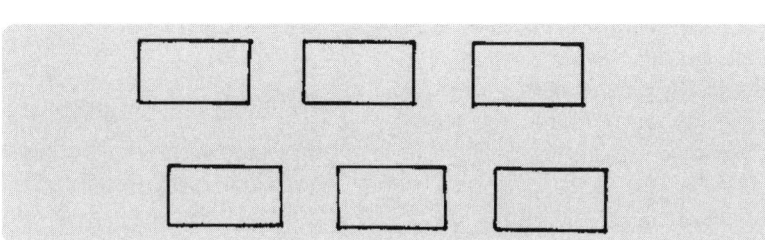

Übung 81

Ordnen Sie die sechs Blöcke übereinander so an, dass jeder jeden berührt.

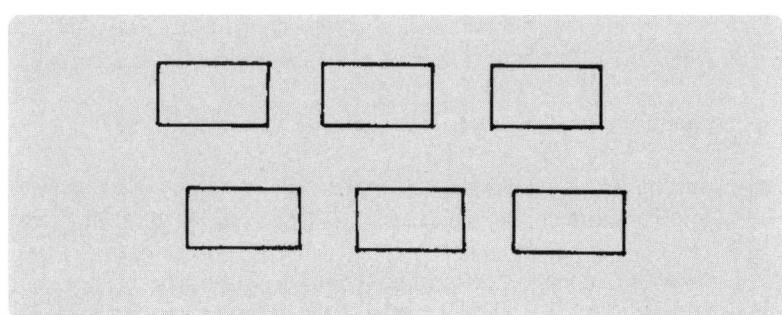

Übung 82

Ordnen Sie die sechs Blöcke so an, dass jeder genau vier andere berührt (nur Berührungen von Flächen, nicht von Kanten zählen).

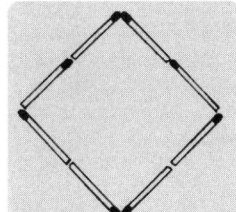

Übung 83

Legen Sie vier Hölzchen so um, dass zwei Quadrate entstehen.

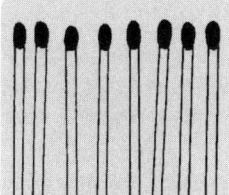

Übung 84

Legen Sie die acht Streichhölzer so, dass zwei Quadrate und acht Dreiecke entstehen.

Räumliches Denken

Allgemeine Hinweise

Die Aufgaben im Bereich des räumlichen Denkens sind im Grunde ebenfalls Logik-Aufgaben, wobei hier ein anderer Gehirnbereich gefordert wird. Die Fähigkeit, räumlich zu denken, wird teilweise vererbt, teilweise – in recht frühem Kindesalter – erworben. So weiß man, dass Menschen, die vor ihrem 6. Lebensjahr nur im Flachland gelebt haben, größte Orientierungsschwierig-aufgewachsene Menschen sehr leicht im flachen Land! Doch abgesehen davon benötigen und benutzen wir stets die räumliche Vorstellungskraft auch im täglichen Leben, im Umgang mit ganz alltäglichen Gegenständen. Auch eine Milch- oder Orangensaftpackung ist ein Quader, und wenn wir auf der Packung Frühstücksflocken nach den Zutaten oder dem Verfallsdatum suchen, verwenden wir unser räumliches Denken!

Was die folgenden Aufgaben aber schwieriger macht, ist die Abstraktion dieser Fähigkeit, die Reduzierung auf geometrische Formen, versehen mit willkürlichen Zeichen. Wie so oft bei IQ-Tests geht es also auch diesmal darum, zuerst die Scheu oder Angst vor scheinbar Schwerem, Neuem, Unbekanntem abzubauen, bevor man sich an die Lösung macht.

Ist diese Schwelle einmal überwunden, sollte man wieder mit Logik an die Sache herangehen, um so herauszufinden, wie sich ein Würfel nun zwischen Schritt 1 und 2 „bewegt" hat – und was das für die nächsten Schritte bedeutet.

Hier noch einige Hinweise für die Bearbeitung der einzelnen Bereiche:

Räumliche Vorstellung

Sollte Ihnen die Arbeit mit Würfeln und anderen geometrischen Objekten nicht vertraut sein, nehmen Sie einen normalen Spielwürfel zur Hand und betrachten Sie ihn genau. Drehen Sie ihn entlang verschiedener Achsen. Fügen Sie auch mehrere Würfel auf verschiedene Arten aneinander, um zu sehen, wie viele Flächen und Kanten dann noch zu sehen sind. Auf diese Art machen Sie sich mit räumlichen Formen vertraut. Bei den Legeaufgaben sollten Sie zuerst versuchen, die Lösung im Kopf zu überlegen. Konzentrieren Sie sich auf größere und kleinere Einheiten, Formen innerhalb von Formen. Bemühen Sie sich, flexibel in Ihrer Vorstellungskraft zu sein. Sollte es Ihnen dennoch nicht gelingen, verwenden Sie Streichhölzer oder machen Sie Skizzen, bevor Sie die Lösung nachschlagen.

Räumliche Zuordnung

Ein Tipp, der sowohl für die räumliche Vorstellung als auch für die räumliche Zuordnung gilt: Wenn Sie tatsächlich große Schwierigkeiten haben, sich Dinge räumlich vorzustellen – zerlegen Sie den Gegenstand! Auch mit zweidimensionaler Logik lassen sich die Aufgaben oft leicht lösen, etwa wenn ein Buchstabe auf einer Würfelfläche mit seiner Unterseite zu den Buchstaben auf der nächsten Seite weist, so muss das immer so bleiben, egal, wie der Würfel im Raum gedreht wird! Steht also ein A im Netzplan aufrecht neben einem B, kann die Spitze des A auch auf der Würfeloberfläche nie auf das B weisen! Durch dieses Umdenken lassen sich auch Netzplanaufgaben lösen, ohne die Figur dreidimensional „zu sehen". Alternativ oder ergänzend kann man vor oder nach dem Lesen der Lösungen die Aufgabe auch praktisch ausprobieren: Bekleben Sie einen Würfel mit Papier und notieren Sie die Symbole auf seinen Seiten. Durch Drehen und Wenden des Würfels können Sie nun das Verhalten des Objektes im Raum leichter begreifen; zugleich trainieren Sie Ihren „3-D-Muskel", Ihr räumliches Vorstellungsvermögen.

Übungen:
Räumliche Vorstellung

Tipps

Bei diesen Übungen geht es im Wesentlichen darum, sich dreidimensionale Figuren und Vorgänge im Kopf vorzustellen. Ist der jeweilige Gegenstand in seiner Form einmal erfasst, muss man ihn im Geist „drehen" und bewegen, um die jeweilige Aufgabe zu lösen. Dabei geht es weniger um geometrische Kenntnisse als um den Einsatz von Vorstellungskraft. Auch bei den Legeaufgaben kommt es vor allem darauf an, die Figur in ihrer Gesamtheit zu erfassen und daraus die nötigen Schlüsse zu ziehen, statt durch Probieren eine Lösung mehr oder weniger zufällig zu finden.
(➊ = leicht, ➊➊ = mittel, ➊➊➊ = schwer)
Zeitvorgabe für Selbsttest: 25 Minuten.

Übung 1
Welcher Würfel folgt?
Wie viele Punkte hat
ein normaler Spiel-
würfel insgesamt?

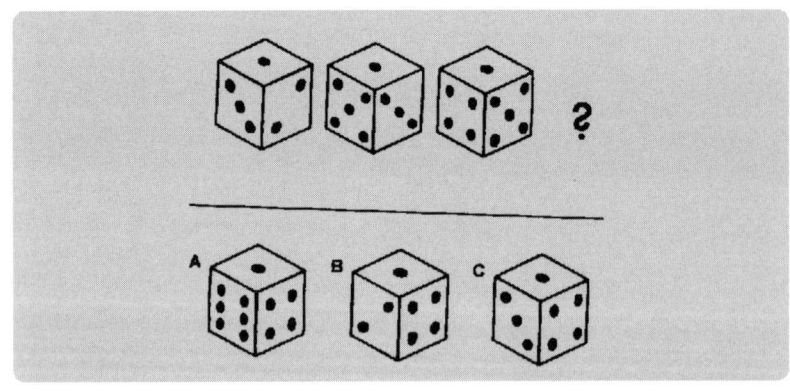

Übung 2
Welche Figur passt
nicht in die Reihe?

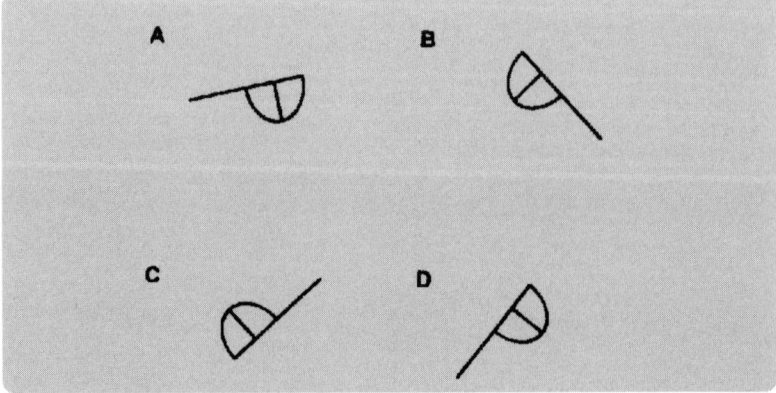

Wie viele kleine Quadrate liegen nicht an der Außenseite?

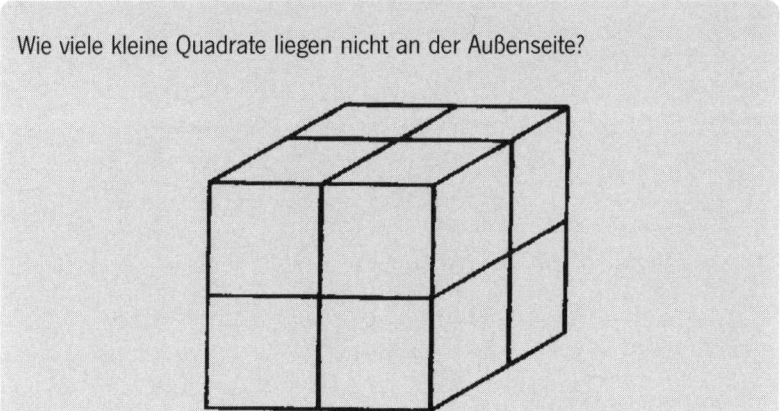

Übung 3

Stellen Sie sich einen großen Würfel vor, der aus acht gleich großen, kleineren Würfeln zusammengesetzt ist (siehe Skizze). Beantworten Sie nun, ohne weiter auf die Skizze zu sehen, die folgende Frage:

Übung 4

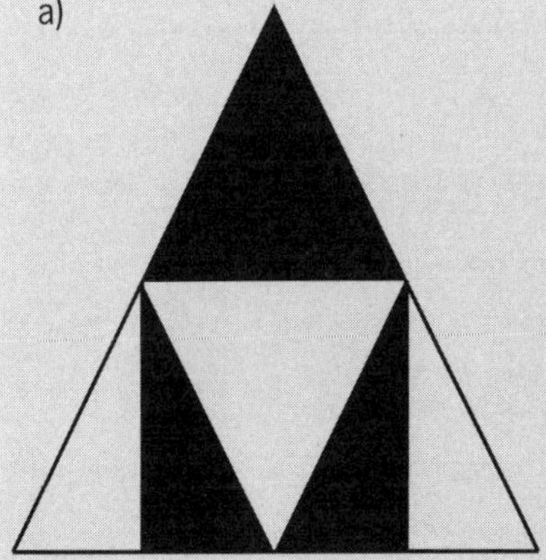

Die folgenden Flächen sind aus weißen und schwarzen Teilflächen zusammengesetzt. Welche Farbe überwiegt flächenmäßig bzw. sind die Farben gleich stark verteilt?

a)

b)

c)

d)

Übung 5
Welche der drei Linien
setzt sich in der linken
fort?

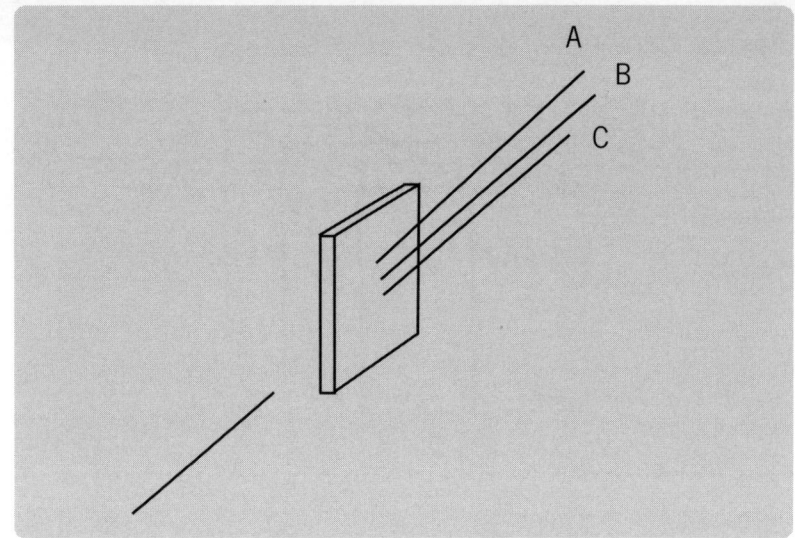

Übung 6
Welche Figur passt
nicht in die Reihe?

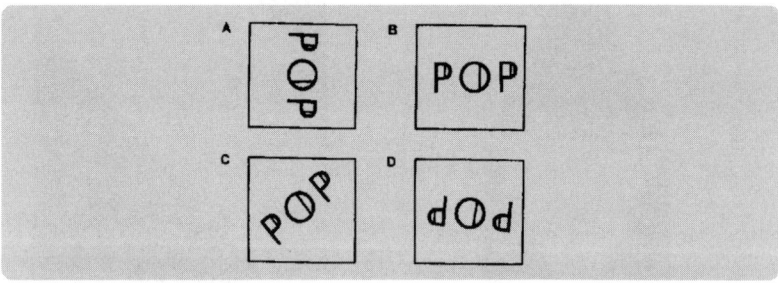

Übung 7
Nur eine der sechs
Linien geht durch
einen der beiden
Punkte. Welche?

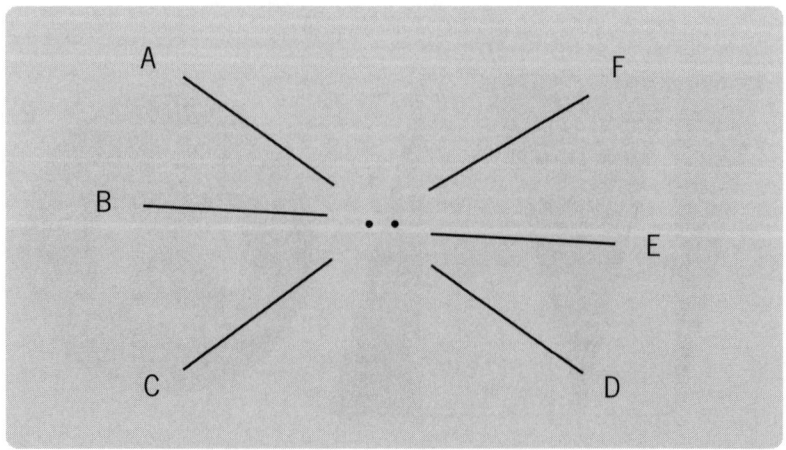

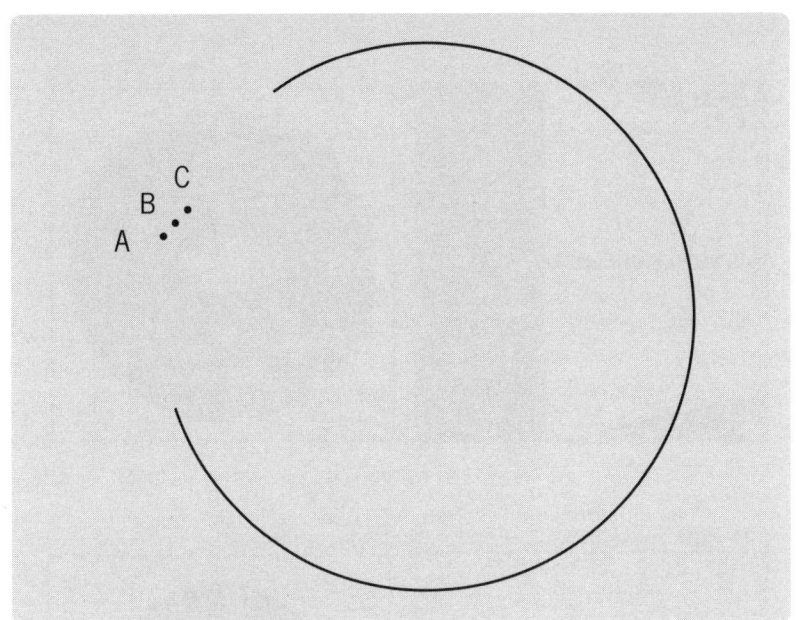

Übung 8
Durch welchen der drei Punkte geht der Kreis?

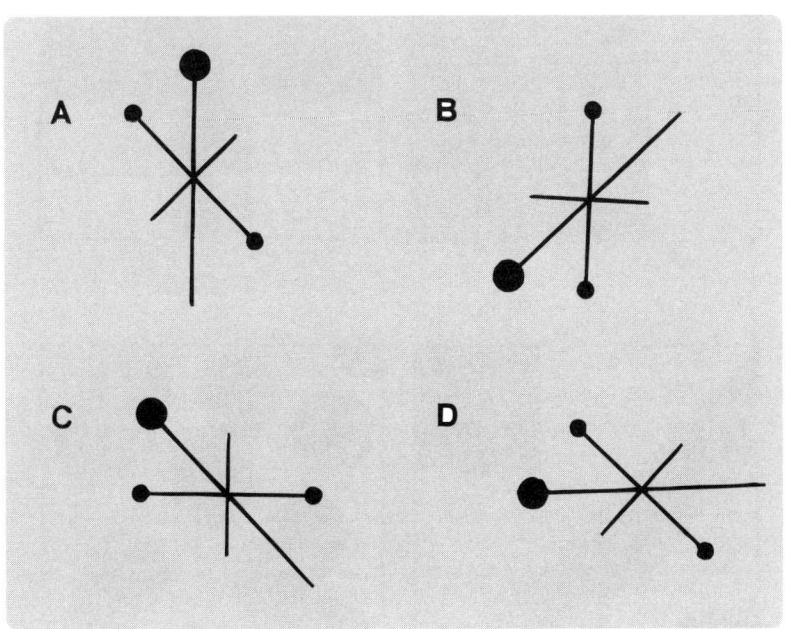

Übung 9
Welche Figur passt nicht zu den anderen?

Übung 10

Die folgenden Flächen sind wiederum aus weißen und schwarzen Teilflächen zusammengesetzt. Welche Farbe überwiegt flächenmäßig bzw. sind die Farben gleich stark verteilt?

a)

b)

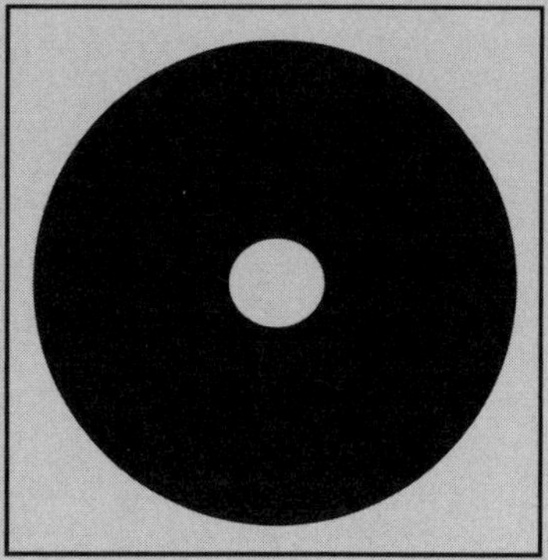

c)

d)

e)

f)

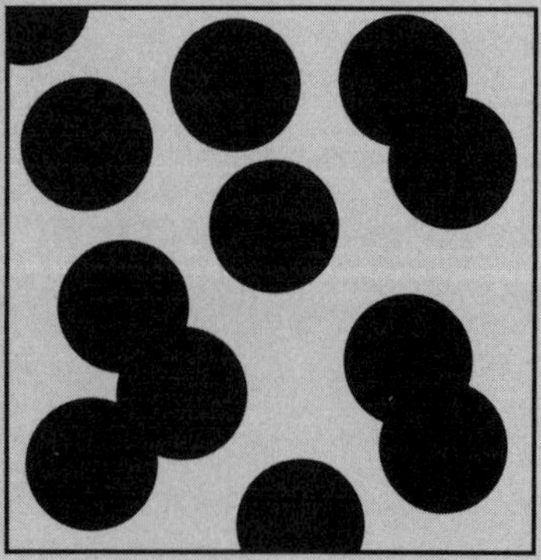

g)

h)

i)

j)

a) Aus wie vielen kleinen Quadratflächen besteht der Quader nach außen hin?

b) Kreuzen sich die Diagonalen des Quaders in einem rechten Winkel?

c) Wie viele Würfel haben gar keine Fläche nach außen?

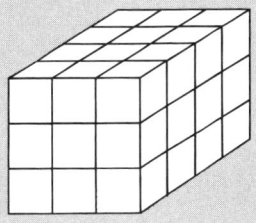

Übung 11

Stellen Sie sich einen Quader vor, der aus 36 gleichartigen kleinen Würfeln zusammengesetzt ist (siehe Skizze). Beantworten Sie nun, ohne weiter auf die Skizze zu sehen, die folgenden Fragen:

Übung 12
Welche Linie geht
durch den Punkt in der
Mitte?

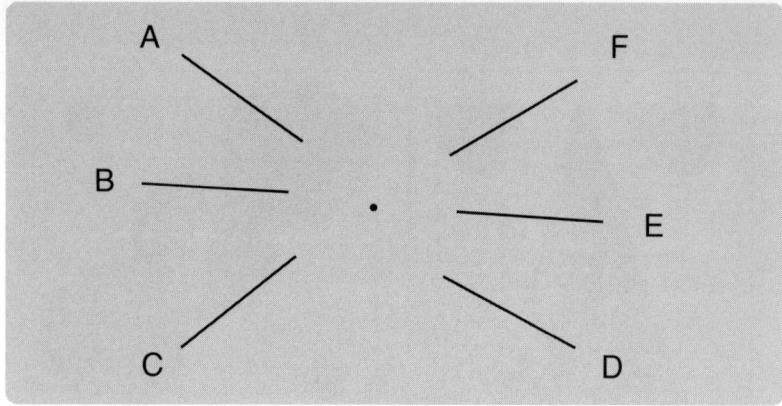

Übung 13
Durch welchen Punkt
führt der Kreis?

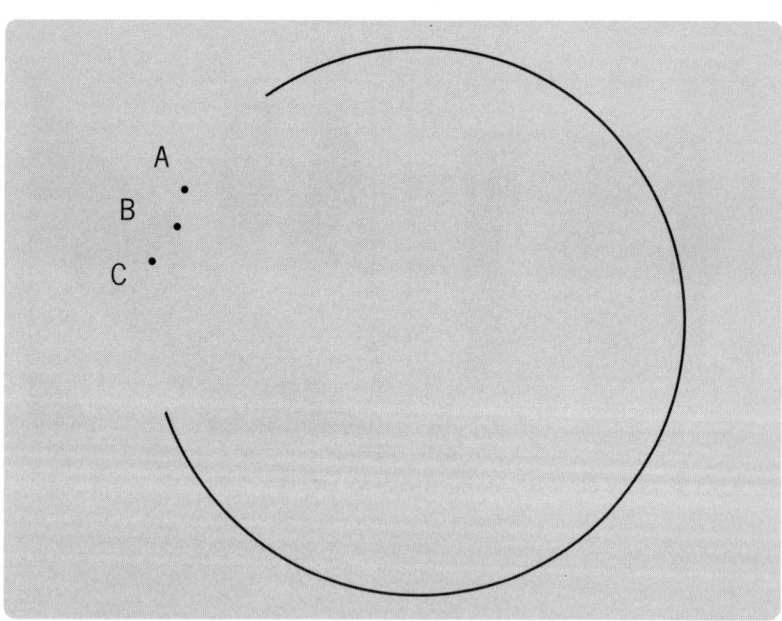

Übung 14
Welcher Würfel setzt
die Reihe fort?

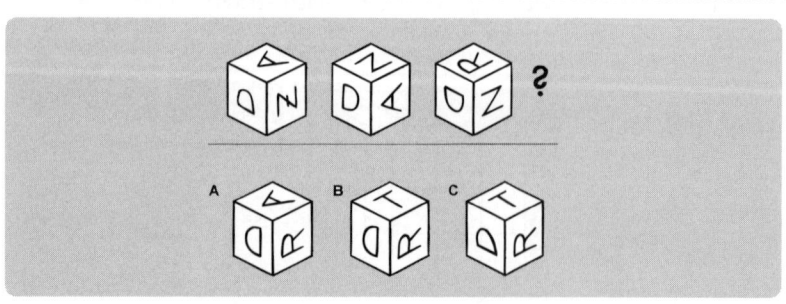

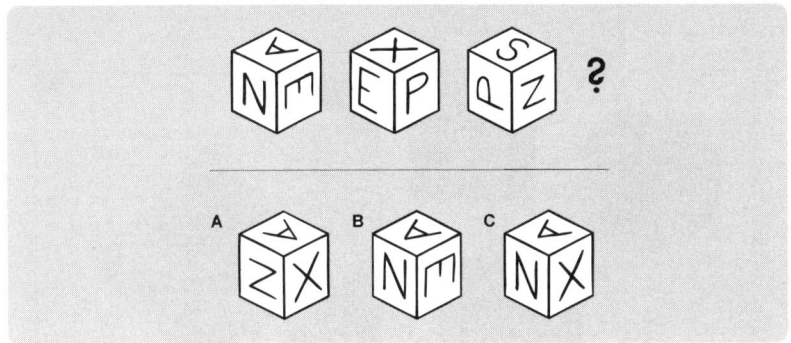

Übung 15
Welcher Würfel setzt
die Reihe fort?

Übung 16
Auf zwei verschiedene
Weisen kann man drei
Würfel so aneinander
fügen, dass jeder mit
mindestens einer
ganzen Fläche eine
Fläche eines anderen
berührt (siehe Skizze).
Auf wie viele Arten
geht das bei vier
Würfeln (Skizzen
erlaubt)?

Übung 17
Die abgebildeten
Würfel sind an den
Außenseiten bemalt,
nicht aber an den
Flächen, an denen sie
sich berühren. Wie
viele Quadrate sind
insgesamt bemalt?

Übung 18
Verformt man die hier
gezeigte Drahtfigur,
welche der unteren
Figuren entsteht dann
(Länge der Linien ist
unerheblich)?

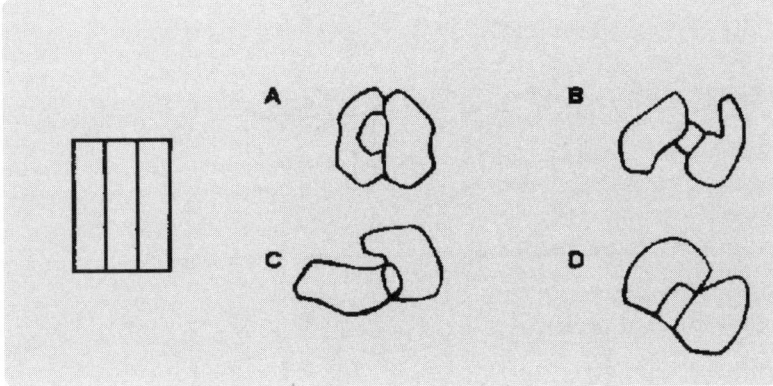

Übung 19

Diese Übung kennen Sie nun schon: Die folgenden Flächen sind aus weißen und schwarzen Teilflächen zusammengesetzt. Welche Farbe überwiegt flächenmäßig bzw. sind die Farben gleich stark verteilt?

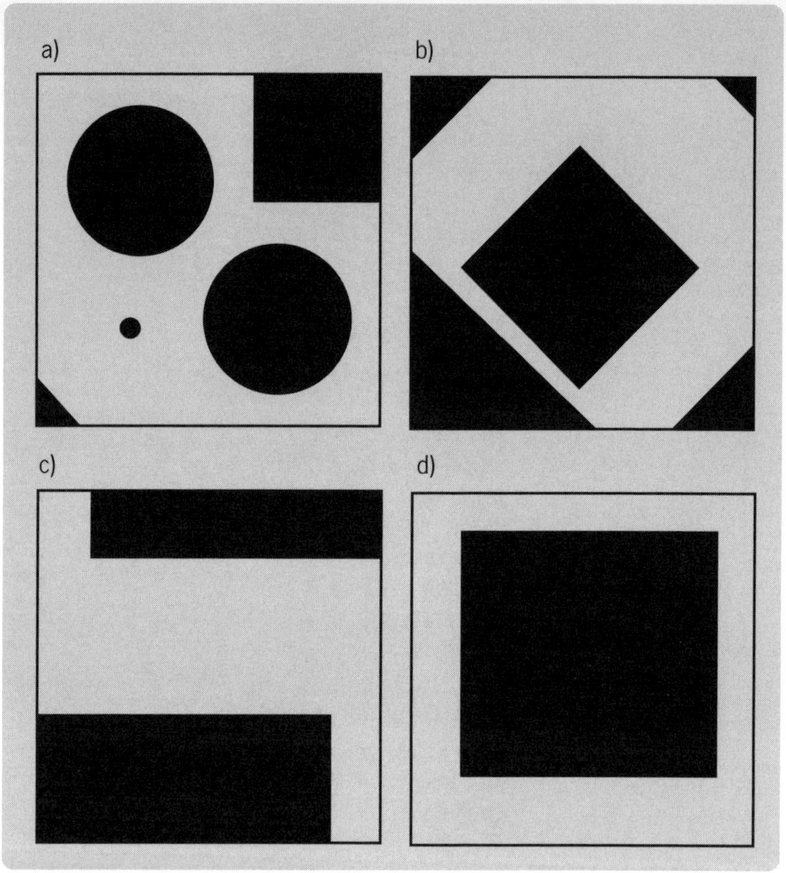

a)

b)

c)

d)

Übung 20

Welcher Würfel setzt die Reihe fort?

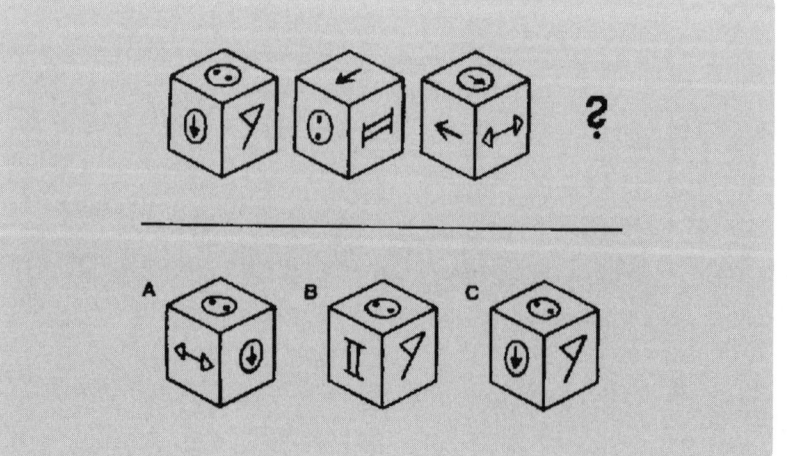

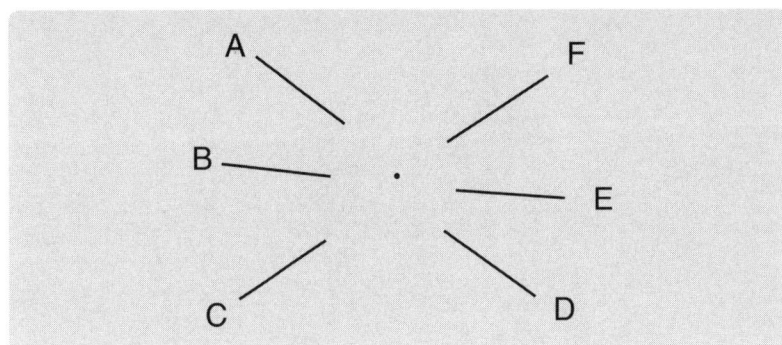

Übung 21
Welche Linie geht
durch den Punkt?

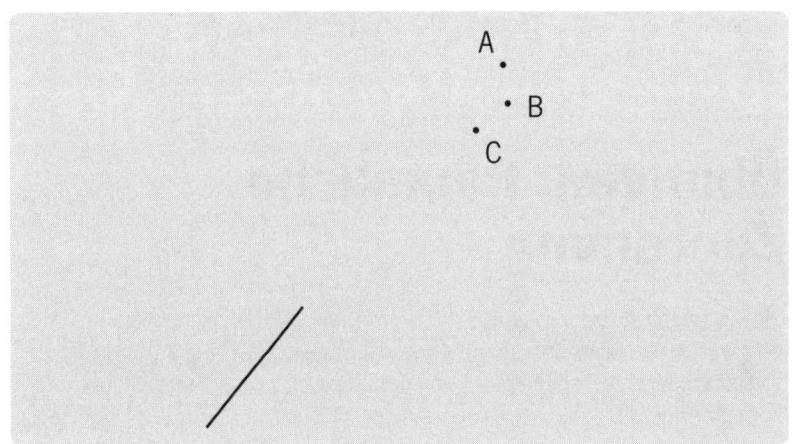

Übung 22
Durch welchen Punkt
geht die Linie?

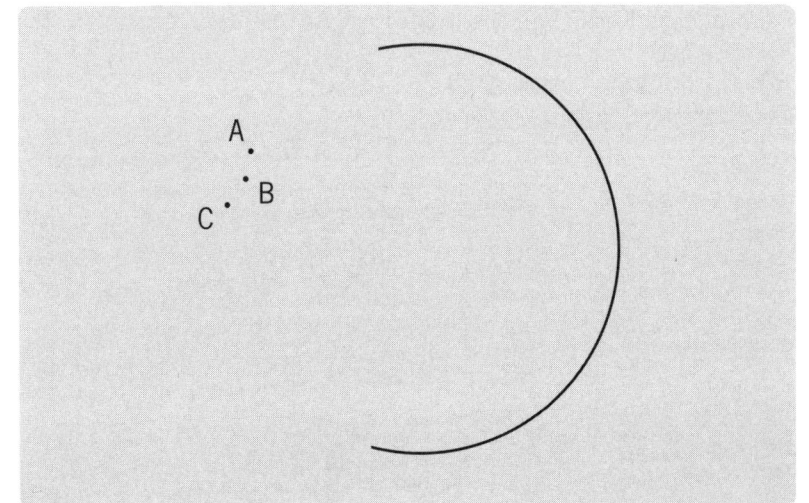

Übung 23
Durch welchen Punkt
geht der Kreis?

Übung 24
Die unten stehende Figur ist ein Stück Seil. Zieht man es auseinander, besteht es dann aus zwei unabhängigen (Skizze A) oder zwei verflochtenen Ringen (Skizze B)?

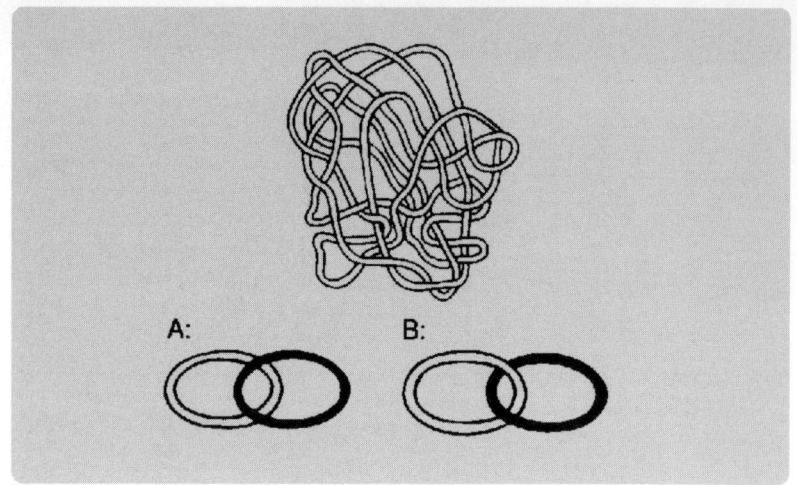

A: B:

Übungen: Räumliche Zuordnung

Tipps

Die folgenden Aufgaben sind im Wesentlichen alle Netzplanaufgaben. Dabei geht es darum, eine dreidimensionale, geometrische Figur an ihren Kanten „auseinander zu schneiden" beziehungsweise „zusammenzukleben". Bemühen Sie sich, die zweidimensionalen Flächen in Ihrem Kopf sozusagen „aufzustellen" und danach die fertigen Figuren räumlich zu sehen oder sogar zu drehen. Es ist gar nicht so schwer, und auch hier macht Übung den Meister. Bei den Tipps finden Sie noch einige Hinweise, die Ihnen die Lösung der Aufgaben erleichtern können.
(➊ = leicht, ➊➊ = mittel, ➊➊➊ = schwer)
Zeitvorgabe für Selbsttest: 25 Minuten

Übung 25
Welcher Würfel entspricht dem Netzplan?

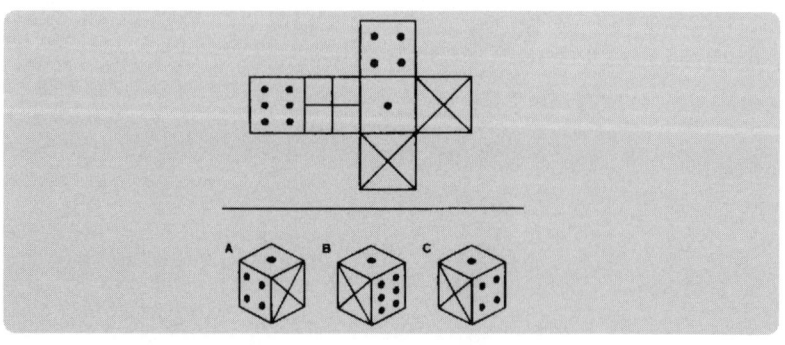

Übung 26
Welcher Würfel
entspricht dem
Netzplan?

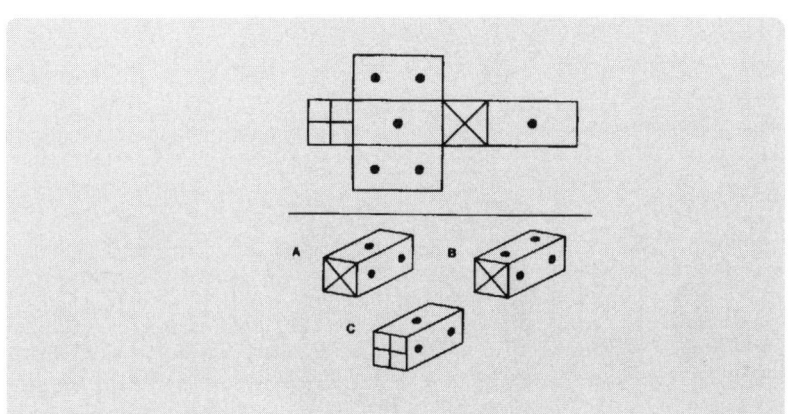

Übung 27
Welcher Quader
entspricht nicht dem
Netzplan?

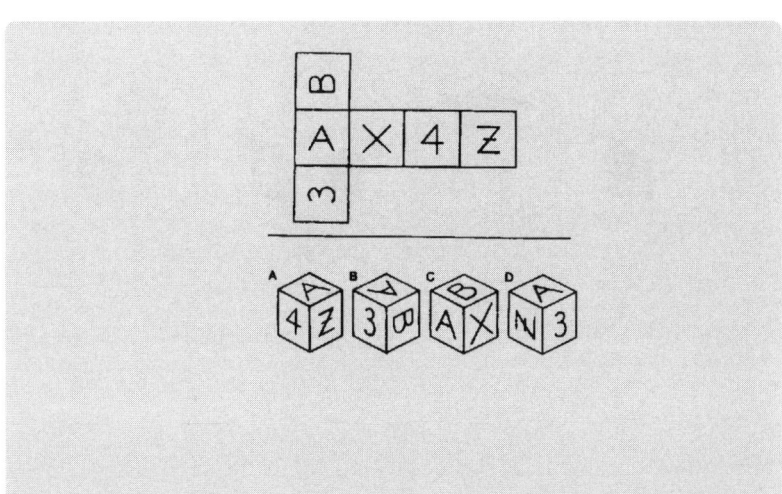

Übung 28
Welcher Würfel
entspricht dem
Netzplan?

Übung 29
Welcher Tetraeder
entspricht nicht dem
Netzplan?

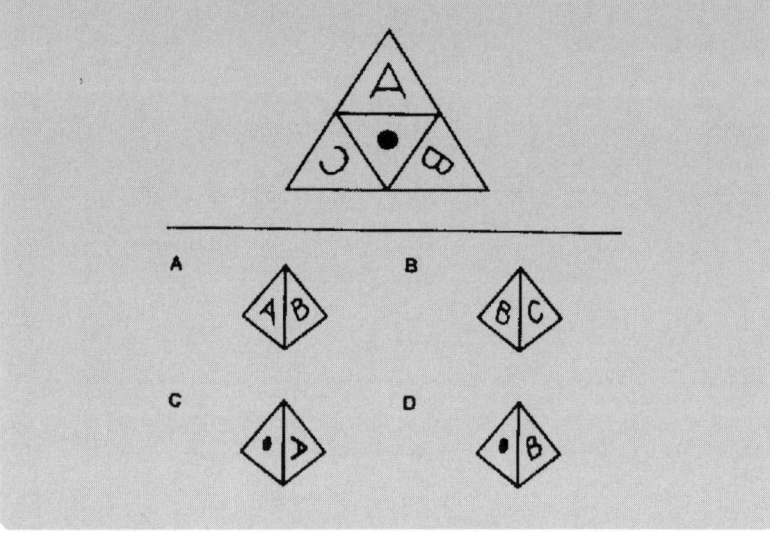

Übung 30
Welche Würfel-
abbildung stammt
nicht vom selben
Würfel wie die anderen
drei?

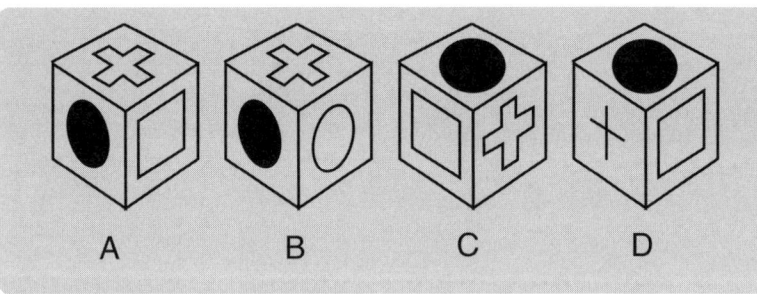

Übung 31
Welche Würfel-
abbildung stammt
nicht vom selben
Würfel wie die anderen
drei?

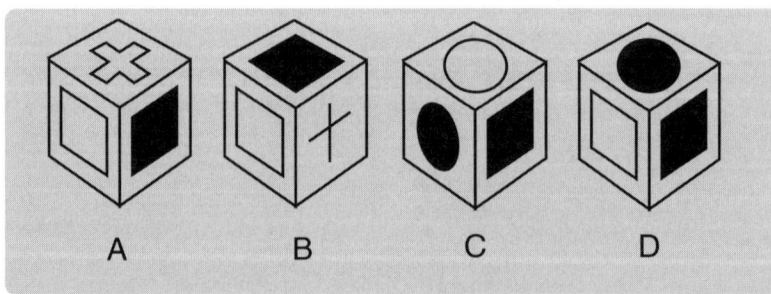

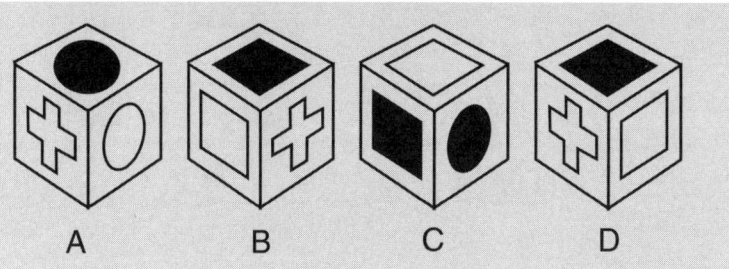

A   B   C   D

Übung 32
Welche Würfelabbil-
dung stammt nicht
vom selben Würfel wie
die anderen drei?

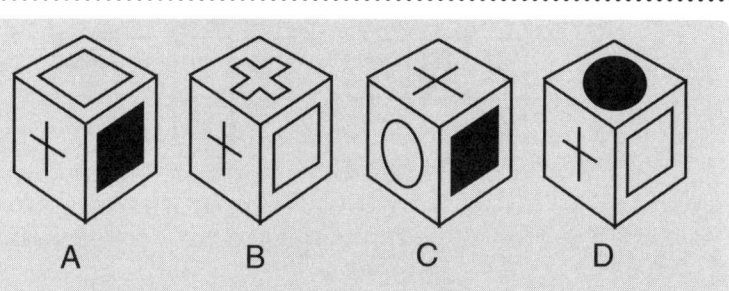

A   B   C   D

Übung 33
Welche Würfelab-
bildung stammt nicht
vom selben Würfel wie
die anderen drei?

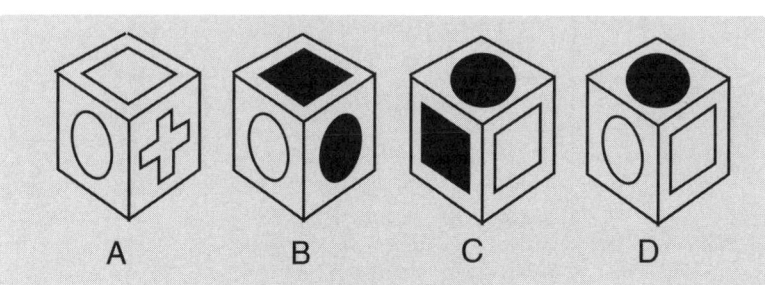

A   B   C   D

Übung 34
Welche Würfelab-
bildung stammt nicht
vom selben Würfel wie
die anderen drei?

Übung 35
Welche zwei Würfel
entsprechen dem
Netzplan?

Übung 36

Welcher der unterschiedlich geschnittenen Netzpläne ergibt nicht denselben Würfel wie die anderen drei?

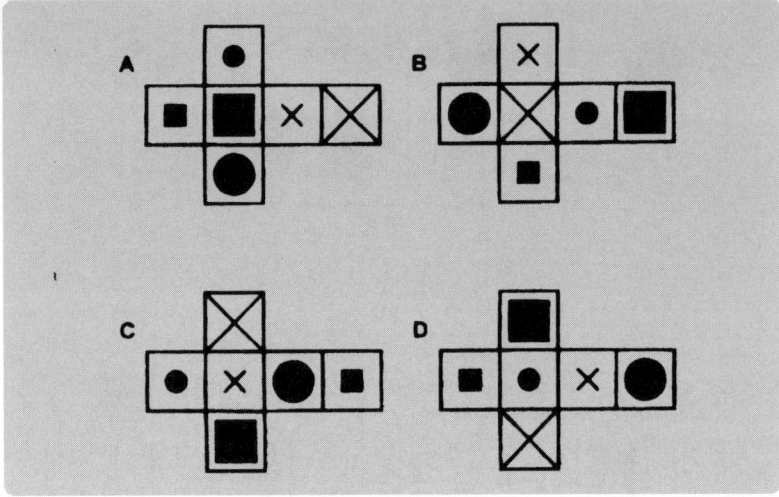

Übung 37

Welcher Netzplan ergibt nicht denselben Würfel wie die anderen drei?

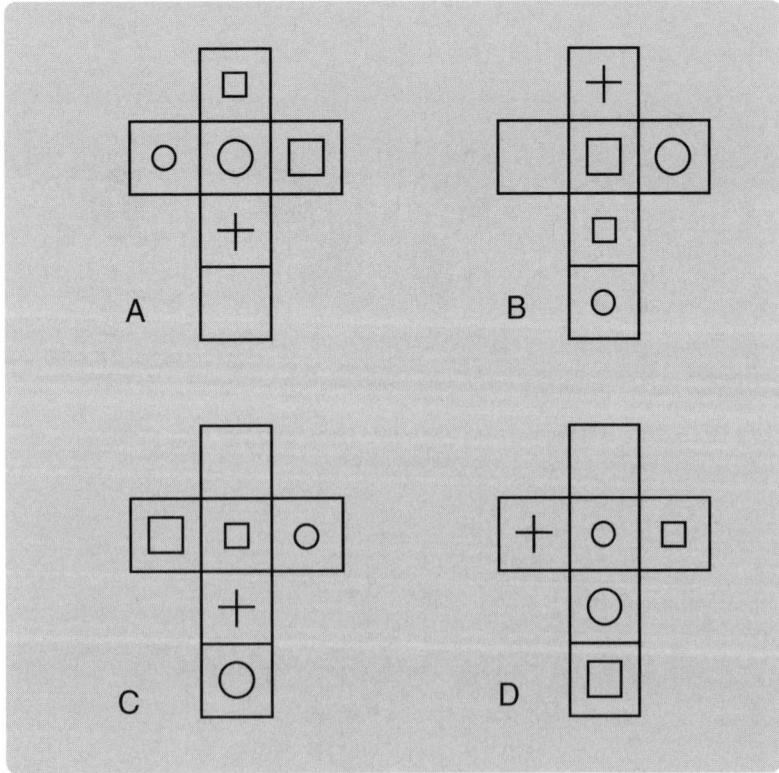

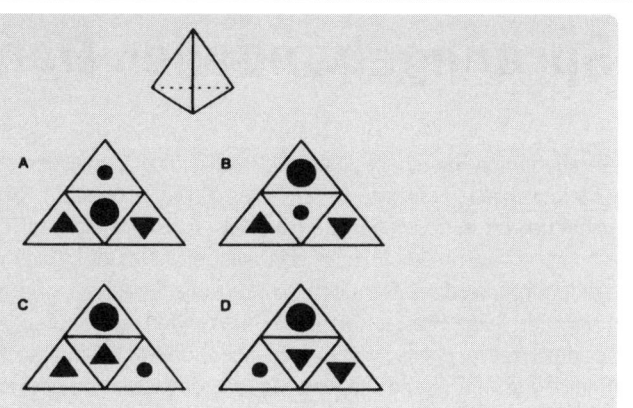

Übung 38
Welcher dieser Netzpläne ergibt nicht den gleichen Tetraeder (siehe Skizze) wie die anderen drei?

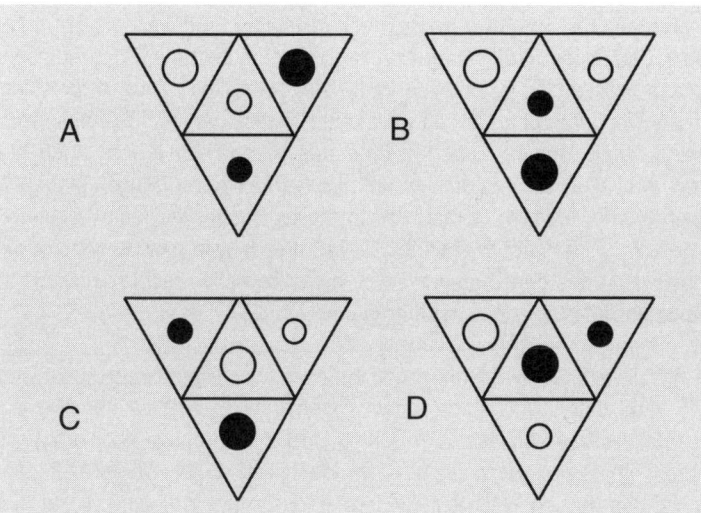

Übung 39
Welcher Netzplan ergibt nicht den gleichen Tetraeder wie die anderen drei?

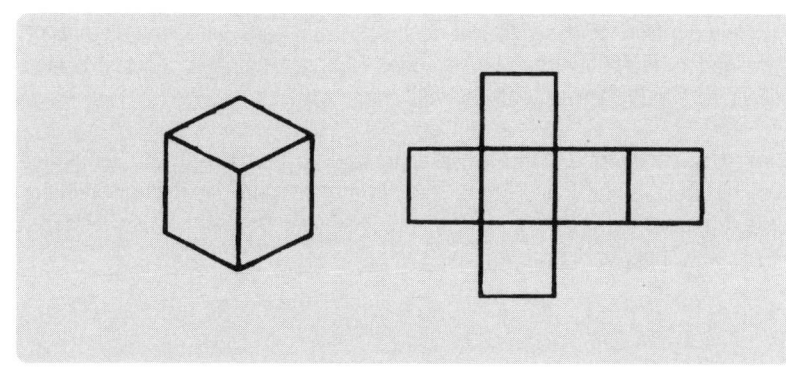

Übung 40
Neben der klassischen Methode gibt es noch zehn weitere Möglichkeiten, einen Würfel als Netzplan darzustellen. Welche? (Die Aufgabe sollte mit Papier und Bleistift gelöst werden.)

Sprachgebundenes Denken

Allgemeine Hinweise

Gerade in den Sprachaufgaben von Intelligenztests mischen sich verschiedene Anforderungen: Fast immer ist Allgemeinwissen gefragt, Sprachgefühl wird gefordert, oft auch wieder die Fähigkeit, mathematisch mit dem Alphabet zu spielen – und natürlich muss das alles erst einmal logisch erschlossen und verbunden werden! Dennoch haben viele Leute an den Sprachaufgaben besonders viel Spaß. Das ist kein Wunder, verwenden wir doch selbst gesprochene und geschriebene Sprache, und hören wir doch fast täglich im Radio oder Fernsehen etwas Neues, das unseren Wortschatz, unseren Umgang mit Sprache erweitert. Außerdem erhalten sich viele Leute eine spielerische Freude an der Sprache, wie sie jedes Kind am Beginn des Spracherwerbs hat und durch Reime, Wortspiele und Verballhornungen ausdrückt. Zahlreiche Rätselhefte, Kreuzworträtsel in Zeitungen und Aufgaben in beliebten Fernsehshows sind nur einige der „beredten" Zeugen für dieses Phänomen. Doch Achtung, obwohl viele Leute an diese Art von Test besonders locker und spielerisch herangehen (und das ist gut so), lauern auch hier Gefahren und Fallen, die Testmacher nur allzu gerne in die Übungen einbauen! Deswegen wurde auch im Sprachbereich dieses Buches auf eine besonders große Vielfalt von Aufgaben geachtet, die in ihrer langsamen Steigerung des Schwierigkeitsgrades den Übenden sanft in die (bisweilen recht merkwürdige) Denkweise der Intelligenztests einführen soll.

Wortmix

Es hilft oft, die Aufgabenstellung genau zu lesen, was eigentlich gesucht wird: Sind die gemischten Buchstaben etwa Vogelnamen, so ist es günstig, sich während des Tüftelns an den vermischten Buchstaben einige Vogelarten, die man kennt, im Stillen vorzusagen – die Identifikation der Wörter fällt dann leichter. Ist das passende Wort gefunden (ein Fisch unter Vögeln), sollte man bei Tests mit Zeitvorgaben möglichst gleich zur nächsten Aufgabe weitergehen, es ist sehr unwahrscheinlich, dass der gefundene Fisch durch neuerliches Mischen der Buchstaben vielleicht doch noch zum Vogel wird, und die Antwort ganz anders lautet! Bei den vorliegenden Übungen empfiehlt es sich jedoch, möglichst alle Wörter zu „entschütteln".

Sprichwörter/ Redensarten

Eine gute Gelegenheit, Ihrem Sprachgefühl zu vertrauen! Oft beinhalten Sprichwörter altmodische Formen der Grammatik und der Rechtschreibung, die heute nicht mehr ganz korrekt wären. „Richtiges Deutsch" muss deswegen nicht unbedingt die richtige Antwort sein!

Versuchen Sie möglichst schnell herauszufinden, ob es bei einer solchen Aufgabe um Synonyme oder um eine Buchstabenbastelei geht! Das ist meistens (nicht immer!) aus der Form der Aufgabe leicht zu ersehen. Geht es um Synonyme, also Wörter, die ähnliche oder identische Bedeutungen haben, assoziieren Sie am besten frei. Wird zum Beispiel ein Synonym für „Fahrzeug" gesucht, suchen Sie möglichst viele Begriffe für Fahrzeuge, die Ihnen spontan einfallen, es können auch scheinbar absurde Bezeichnungen sein (Fahrrad-Auto-Bahn-Skateboard...), das „kurbelt" Ihr Gehirn für weitere Assoziationen an! Wird Buchstabenmathematik verlangt, hilft wieder das Durchgehen oder Aufschreiben des Alphabets.

Klammeraufgaben

Hier ist Phantasie gefordert! Was hat eigentlich eine Fledermaus mit einem Luftballon zu tun? Nun, beide fliegen! Erdbeeren und Blut sind beide rot, ein Mixer und Feuer dienen beide der Nahrungszubereitung. Die Ähnlichkeit kann auf ganz verschiedenen Gebieten liegen, analysieren Sie daher die vorgegebenen Antworten, um abzuschätzen, auf welchem Gebiet.

Verhältnisaufgaben

Hier muss eine bestimmte Form der Übereinstimmung gefunden werden. Zwar kann es sich dabei (wie bei den Klammeraufgaben) um inhaltliche oder qualitative Zusammenhänge handeln, die „Buchstaben-Mathematik" dominiert in diesem Aufgabenbereich aber. Suchen Sie also besonders nach Übereinstimmungen von Anfangs- und Endbuchstaben, Vokalen und Anzahl der Buchstaben bei den auffälligen Worten der Sätze. Dabei hilft wieder ein geschriebenes Alphabet.

Textaufgaben

Übungen: Sprachgebundenes Denken

Tipps

Die Testaufgaben zur sprachlichen Intelligenz sind nicht, wie die vorhergehenden Kapitel, in verschiedene Bereiche gegliedert, nur der Schwierigkeitsgrad der Aufgaben steigt. Es empfiehlt sich wiederum, jeden der Schwierigkeitsbereiche einzeln anzugehen und dazwischen die Lösungen genau zu studieren. Auch hier ist es wichtiger, herauszufinden, wie die Aufgabe aufgebaut ist, als die richtige Lösung zu erraten. Vergleichen Sie die Aufgaben sorgfältig mit den Lösungen, und versuchen Sie, diese zu verstehen!

Noch einmal ein Überblick über die Art der gestellten Fragen:
Wortmix: Die verschiedenen Buchstaben müssen korrekt zusammengesetzt, dann muss die Aufgabe, teilweise mit Allgemeinwissen, gelöst werden.
Sprichwörter/Redewendungen müssen korrekt ergänzt werden.
Bei Klammeraufgaben geht es manchmal um zusammengesetzte Wörter, manchmal um das „Basteln" mit Buchstaben und Synonymen (= Wörter mit gleicher/ähnlicher Bedeutung).
Verhältnisaufgaben suchen nach einem bestimmten inneren Zusammenhang der vorgestellten Wörter.
Textaufgaben weisen auf eine Verbindung der Sätze hin, die sprachlich, qualitativ, inhaltlich oder aber auf die Schreibweise bezogen sein kann.
Zeitvorgabe für Selbsttest: 90 Minuten.

Übung 1
Welches vermischte
Wort bezeichnet
keinen Körperteil?

ANES
NUMD
SLAH
NOMD
EHZE
RHAA

Übung 2
Ergänzen Sie
dieses Sprichwort:

Morgenstund ...

a) ... hat Geld im Mund
b) ... ist ungesund
c) ... hat Gold im Mund
d) ... hat Gold im Schlund

Übung 3
Zu welcher Kategorie
gehört das folgende
vermischte Wort nicht?

RETJUIP

a) Himmelskörper b) Sterne c) Planeten

a) Tanz
   Leine, Ball, Spiel, Wurst
b) Baum
   Wiese, Schmuck, Boden, Wurzel
c) Strom
   Leitung, Schlag, Mond, Strahl
d) Heft
   Bleistift, Papier, Eintrag, Ordner
e) Apfel
   Teller, Mus, Essen, Kern
f) Buch
   Getränk, Seite, Papier, Tasse
g) Puppe
   Kleid, Spiel, Kind, Gold
h) Essen
   Gabel, Suppe, Raum, Baum
i) Computer
   Schrift, Menu, Kabel, Leine
j) Alkohol
   Getreide, Maische, Suppe, Gewicht

Übung 4

Welche Wörter der unteren Zeile stehen mit dem darüber stehenden Wort in einem Zusammenhang?

RÜCK- (.....) -SCHUH

Übung 5

Welche neuen Wörter ergeben sich jeweils mit dem linken Wortteil als Anfang sowie dem rechten als Ende?

HTCHE
IHA
ÖSTR
AWL

Übung 6

Welches Tier gehört nicht dazu?

B + (Nachtvogel) = Delle

Übung 7

Welches Wort gehört in die Klammer?

G   -
L   -
R   - (.T.E)
M   -
W   -

Übung 8

Welche Buchstaben fehlen, damit sich jeweils sinnvolle Wörter ergeben, wenn der linke Buchstabe vorangestellt wird?

Übung 9

Hier sehen Sie immer zwei Begriffspaare. In der unteren Zeile fehlt ein Teil. Bitte ergänzen Sie. Beispiel:

Vogel   Nest
Bär   ?

Gesucht ist der Begriff „Höhle".

a) Bundesrepublik   Berlin
    Russland
b) Malta   Insel
    Afrika
c) Nelke   Flora
    Löwe
d) Baum   Wald
    Gras
e) Schiff   See
    Auto
f) Tasse   Geschirr
    Gabel
g) Mensch   Säugetier
    Hai
h) Heft   Papier
    Tisch
i) Kamera   Film
    Computer
j) Fabrik   Produktion
    Handel

Übung 10

Ergänzen Sie dieses Sprichwort:

Was Hänschen nicht lernt, ...

a) ... lernt Hans niemals mehr
b) ... lernt Heinz niemals mehr
c) ... lernt Hans nimmermehr
d) ... lernt Heinz kaum mehr

Übung 11

Welcher Wortmix ergibt den Namen eines afrikanischen Staates?

a) NADLGNE
b) KRIEHNCRAF
c) GNEEWRON
d) NAAKAD
e) MOSAAIL

f) HANIC
g) DEINNI
h) LUOMKIBNE
i) NEOLP
j) TNADLIAH

a) Wald, Förster, Reh, Korn
b) Rad, Auto, Benzin, Sessel
c) Stuhl, Tisch, Rose, Bank
d) Hafer, Getreide, Gemüse, Weizen
e) Kilo, schwer, Gramm, hoch
f) Fest, Ball, Vorlesung, Tanz
g) Buch, Zeitung, Video, Magazin
h) Kohl, Mirabelle, Karotte, Salat
i) Frankreich, Italien, Europa, Portugal
j) Kind, Teenager, Mensch, Greis

Übung 12
Finden Sie das Wort, das nicht in die Gruppe gehört.
Beispiel: Eiche, Aster, Steinbock, Schilfgras;
Lösung: Steinbock muss gestrichen werden, weil er ein Tier und keine Pflanze ist.

OTR
RÜGN
LUAB
LEBG
WARZCHS

Übung 13
Welche der vermischten Wörter bezeichnen keine Grundfarben?

ELODRAP

a) Allesfresser
b) Katzen
c) Raubtier

Übung 14
Zu welcher Kategorie gehört das folgende vermischte Wort nicht?

a) Nebel – Regen
b) Ring – Brosche
c) Motorrad – Fahrrad
d) Hammer – Bohrer
e) Anzug – Bluse
f) Kirsche – Pflaume
g) Elba – Helgoland
h) Füller – Bleistift
i) Esche – Tanne
j) Polen – Ungarn

Übung 15
Fassen Sie die Begriffe in einer Zeile zu einem Oberbegriff zusammen. Beispiel: Uranus – Neptun, Oberbegriff: Planeten.

G -
W -
K - (.. T . N)
SP -
ST -

Übung 16
Welche Buchstaben ergeben zusammen mit den linken Buchstaben jeweils sinnvolle neue Wörter?

FUSS- (. . . .) -
SAISON

Übung 17
Welches Wort ergibt mit dem linken Wortteil als Anfang sowie dem rechten als Ende je ein sinnvolles neues Wort?

Übung 18
Welches vermischte Wort ist kein Baum?

INDEL
MULE
UHCEB
OSRE
NNTEA

Übung 19
Welches Wort fehlt in der Klammer?

NASE (Nacht)
WUCHT
ZUNGE (. . . . .)
SACHT

Übung 20
Welches Wort gehört in die Klammer?

B + (Farbe) = Backware

Übung 21
Wie beginnt dieses Sprichwort?

... drei.

a) Alle guten Dinge sind...
b) Aller guten Dinge ist...
c) Alle meine Entchen sind...
d) Aller guten Dinge sind...

Übung 22
Aus welchem Wortmix lässt sich nicht der Name einer europäischen Stadt bilden?

a) AGRP
b) ILNREB
c) ODNLNO
d) ISLEHNIK
e) SOMAKU
f) OGLLEHNAD
g) DUBPASTE
h) POKNEGHANE
i) NIEW
j) OLRFNZE

Übung 23
Die Punkte 1–12 sind Übersetzungen eines aztekischen Dialekts. Ihre Aufgabe ist es, aus dem Vergleich die entsprechenden aztekischen Sinneinheiten als Übersetzung für die deutschen Begriffe zu finden.

1. ikalsosol — sein altes Haus
2. ikalwewe — sein großes Haus
3. komitwewe — großer Kochtopf
4. komitcin — kleiner Kochtopf
5. ikalcin — sein kleines Haus
6. komitsosol — alter Kochtopf
7. petatsosol — alte Matte
8. petatwewe — große Matte
9. ikalmeh — seine Häuser
10. petatcin — kleine Matte
11. komitmeh — Kochtöpfe
12. petatmeh — Matten

Tragen Sie die entsprechenden aztekischen Sinneinheiten in die folgende Liste ein.

a) groß: _____
b) klein: _____
c) alt: _____
d) sein Haus: _____
e) Plural: _____
f) Matte: _____
g) Kochtopf: _____

NHAESN
TRIMAN
GROHLE
RIITGB
DIWGUL

Übung 24
Welches vermischte
Wort ist kein
männlicher Vorname?

F	-
R	-
ST	-
SCHL	- (...)
GEN	-
K	-
M	-

Übung 25
Welche Buchstaben
fehlen in der Klammer,
die in Kombination mit
den linken Buchstaben
jeweils sinnvolle neue
Wörter ergeben?

Das Hasenpanier...

a) ...erlegen
b) ...ergreifen
c) ...erschießen
d) ...ergattern

Übung 26
Wie heißt es richtig?

GAMMLER
(Teer)　FILET
RENTE　(....)
RINNE

Übung 27
Welches Wort gehört in
die Klammer?

TTFISBEIL

a) Fahrzeug
b) Schreibgerät
c) Werkzeug

Übung 28
Zu welcher Kategorie
gehört das folgende
vermischte Wort?

ERPEL verhält sich
zu ENTE wie...

a) ...WIEDEHOPF zu
　　WACHTEL
b) ...LÖWE zu TIGER
c) ...MANN zu FRAU
d) ...ROSE zu
　　ROSMARIN

Übung 29
Eine Verhältnis-
aufgabe:

T + (Eisenhaken) =
Schiff

Übung 30
Welches Wort gehört in
die Klammer?

MAN- (...) -OVE

Übung 31
Welche drei
Buchstaben müssen
eingesetzt werden,
damit sich, kombiniert
mit den vorderen und
hinteren Buchstaben,
je ein sinnvolles Wort
ergibt?

Übung 32

Im Freundeskreis erzählt jeder von seinem Urlaub. Wer erzählt als nächste/r?

Arthur radelte nach Rimini. Bertram fuhr nach Quebec. Conrad reiste nach Polen.

a) Dora flog nach Peru
b) Daniela segelte nach Oslo.
c) Günther lief nach Hause.
d) Della jobbte in Malta.

Übung 33

Welches Wort fehlt in der Klammer?

| FEIER | (FEST) | HART |
| INSEKTEN | (. . . .) | SCHWEBEN |

Übung 34

Welcher Wortmix bezeichnet kein Instrument?

VALIEKR	VILIENO
LODNEINAM	GIESSAEBG
MORTTPEE	MORTDRAO

Übung 35

Ergänzen Sie folgende Redewendung:

Die Flinte...

a) ...ins Korn schießen
b) ...ins Korn jagen
c) ...aufs Korn schmeißen
d) ...ins Korn werfen

Übung 36

Eine Verhältnis-aufgabe:

APPETIT steht im selben Verhältnis zu NAHRUNG wie MASOCHISMUS zu...

a) ...Mahlzeit
b) ...Schauder
c) ...Getränk
d) ...Qual
e) ...Fasten
f) ...Freude

a) Die viel Gehirns und das einzelnen Teile den Aufbau über Wissenschaft schon weiß des Zusammenspiel seiner.

b) Funktioniert immer noch Natur genau der das Rätsel aber Wunderwerk ungelöst funktioniert ist wie dieses.

c) Nicht und warum vergessen andere wir Ereignisse manche.

d) Gedächtnisbildung bei der auch Rolle dieser Prozess spielen soll eine.

e) Intelligenz konkurrieren alte können viele jungen durchaus mit auch der bei Menschen.

Übung 37
Ordnen Sie die Sätze.

EMP + (Tierkind) = nahe gelegt

Übung 38
Welches Wort gehört in die Klammer?

Saru	Affe	kura-shi-te	lebend
to	und	o-ri-ma-shi-ta.	waren.
kitsune	Fuchs	Aru	Eine
to	und	toki	Zeit
usagi.	Hase.	O-sha-ka	erhaben
Mukashi	alte-Zeit		Gautama
mukashi	alte-Zeit	Sama	Herr
o-mukashi	Urzeit	kono	diese
aru	ein	koto	Sache
yama	Berg	wo	(Akkusativ)
oku	Innere	o-ki-ki ni	hören-in
de	in	natte	seiend
saru	Affe	ze-hi	durchaus
to	und	ichi-do	einmal
kitsune	Fuchs	kare-na	sie
to	und	ni	(Dativ)
usagi	Hase	a-i-ta-i	treffen-wollen:
to	und	to	das
kyo	Bruder	o-omo	denken
no	(Genitiv)	na-ri-ma-shi-ta.	war-er.
yo-u	Art	So-ko de	Darauf
ni	in	O-sha-ka	Gautama
naka	Verhältnis	Sama	Herr
yoku	gut	wa-zo-to	absichtlich

Übung 39
Sie werden den Anfang einer alten japanischen Geschichte in Lautschrift lesen. Neben den japanischen Begriffen lesen Sie jeweils die deutschen Entsprechungen. Versuchen Sie, eine zusammenhängende Übersetzung des Textes schriftlich anzufertigen. Vergleichen Sie danach Ihre Übersetzung mit den drei Übersetzungsbeispielen. Wählen Sie das Beispiel aus, welches Ihrer Übersetzung noch am ehesten entspricht.

mi-suborashi-i	armselig	ya	und
ro-jin	alter-Mann	usagi	Hase
no	(Genitiv)	no	(Genitiv)
sugata	Gestalt	iru	wohnen
ni	in	tokoro	Ort
natte,	werdend,	e	zu
so-no	dieser	o-i-de	gehen
saru	Affe	ni	in
ya	und	nari-ma-shi-ta	wurde
kitsune	Fuchs		

Übersetzungsvorschläge:

a) Affe, Fuchs und Hund

In alten Zeiten lebten in guten Verhältnissen im Inneren eines Berges der Affe, der Fuchs und der Hase und dessen Bruder. Nach einiger Zeit hörte der erhabene Gautama Buddha von ihnen, und unbedingt wollte er sie treffen. Das Denken war in ihm. Daraufhin wurde der alte arme Mann absichtlich zur Gestalt eines Affen, eines Fuchses und eines Hasen, um an deren Wohnort zu gehen.

b) Der Affe, der Fuchs und der Hase

In vielen alten Zeiten lebten in einer Höhle eines Berges gut die Brüder Affe, Fuchs und Hase. Einmal hörten sie von dem erhabenen Gautama Buddha und wollten ihn unbedingt treffen. Er wusste das. Er gestaltete einen armseligen alten Mann, und ließ ihn zu dem Ort gehen, wo der Affe, der Fuchs und der Hase wohnten.

c) Der Affe, der Fuchs und der Hase

In grauer Vorzeit lebten einmal tief im Gebirge ein Affe, ein Fuchs und ein Hase in brüderlicher Eintracht. Eines Tages hörte Gautama Buddha davon, und er dachte, er wollte sie unbedingt einmal besuchen. Er verkleidete sich als ärmlicher alter Mann und begab sich an den Ort, wo der Affe, der Fuchs und der Hase wohnten.

OOHSFFNELTK
HCGAALS
NTTMOIUSR
MUGLLAI
NLEES

Übung 40
Welcher Wortmix ist
kein chemisches
Element?

FL- (. . . . . .) -BAHN

Übung 41
Welche sechs Buch-
staben gehören in die
Klammer, damit sich
zusammen mit den
linken und rechten
Buchstaben jeweils ein
sinnvolles neues Wort
ergibt?

a) Seine Leisten gürten
b) Seine Lenden gürteln
c) Seine Leisten gürteln
d) Seine Lenden gürten

Übung 42
Wie heißt die
Redewendung wirklich?

Gemüse	(Kohl)	Politiker
Nachschlüssel	(. . . .)	Schauspielerin

Übung 43
Ergänzen Sie das
fehlende Wort in der
Klammer. (Achtung:
die Punkte entspre-
chen nicht der Anzahl
der gesuchten Buch-
staben!)

SPECK verhält sich zu SCHINKEN wie...

a) FEUER zu WASSER
b) WEIN zu SCHNAPS
c) MESSER zu ZAHNSTOCHER
d) BUTTER zu MARGARINE

Übung 44
Eine Verhältnis-
aufgabe:

Übung 45

Welches Wort gehört in die Klammer?

UM	(WORT)	TV
IG	(......)	PP

Übung 46

Welches Wort gehört in die Klammer?

P + (Anfang mancher christlicher Feiertage) = Wandschmuck

Übung 47

Zu welcher Kategorie gehört folgender Wortmix?

LRTAAAEBS

a) Pazifikinsel   b) Virusart
c) Gipsart   d) Feldfrucht

Übung 48

Wer gehört dazu?

Gudrun ist Schauspielerin. Holger möchte gern Bäcker werden. Matt ist Harfinist. Nina spielt hauptberuflich Basstuba. Renate jobbt erst gelegentlich mit ihrer Violine.

a) Mario werkt als Operntenor
b) Maria stellt Gorgonzola her
c) Sandra ist Baggerführer-Azubi
d) Kunz ist am Arbeitsamt angestellt

Übung 49

Welche fünf Buchstaben fehlen in der Klammer, um mit den Buchstaben davor und danach je ein sinnvolles Wort zu ergeben?

T-(......)-LIN

Übung 50

Welches Wort, welche Wortgruppe gehört nicht dazu?

TEWS IEDS YOTSR
ESL BLARSEESIM
HMLK!AAOO
AL AAARTTVI
AAANTVKE
TASC
YRKCO RRRHOO
   WHOS

a) Augen-, Haut-
b) Tier-, Jugend-
c) Buch-, Straßen-
d) Schrift-, Körper-
e) Quark-, Mantel-
f) Ofen-, Eisen-
g) Land-, Rind-
h) Luft-, Vogel-
i) Katze-, Glas-
j) Däne-, Knochen-
k) Turm-, Taschen-
l) Bügel-, Zeichen-m
m) Ameisen-, Eis-

n) Wetter-, Wasser-
o) Bürger-, Freuden-
p) Fest-, Bauch-
q) Schnee-, Angst-
r) Post-, Kartei-
s) Park-, Sand-
t) Blinden-, Höllen-
u) Papier-, Maul-
v) Eis-, See-
w) Seelen-, Berg-
x) Knie-, Käse-
y) Helden-, Über-

Übung 51

Bei den folgenden 25 Begriffspaaren fehlt jeweils das gleiche Ende. Finden Sie das jeweilige Wort, und ergänzen Sie es. Beispiel: Fluss-, Himmel-, Lösung: Bett.

a) Musikinstrument – Teil eines Vogels
b) Insekt – Wichtiger Teil von Fahrzeugen
c) Haustier – Zustand nach durchzechter Nacht
d) Pflanze – Teil eines großen Raubtiers
e) Haustier – Umgangssprachliche Umschreibung für Glück
f) Frucht – Kopf
g) Teil eines Tieres – Pflanze
h) Entwicklungsstadium – Spielzeug
i) Etat – wirtschaftliche Einheit
j) Autotyp – Insekt
k) Krankheit – Vogel
l) Organ – Hohlraum
m) Flagge – Mundgeruch
n) Ausweis – Bergstraße
o) visuelles Dokument – Schicht

Übung 52

Finden Sie einen Begriff, der zwei verschiedene Bedeutungen hat. Beispiel: Deutscher Schriftsteller – Andere Bezeichnung für Frühling: der gesuchte Begriff ist Lenz.

a) Fleisch – Rad – Pulver – Füllung
b) Mittel – Tag – Maschine – Raum
c) Tag – Korb – Frau – Forscher
d) Verkehr – Zug – Krieg – Hauch
e) Fleisch – Dom – Haus – Schnitt
f) Kette – Ausschnitt – Krause – Tuch
g) Betrag – Schule – Vermögen – Ausgabe
h) Grube – Obst – Strick – Tür
i) Bauer – Bahn – Kuppe – Luft
j) Konferenz – Lehre – Zelle – Leitung

Übung 53

Suchen Sie bitte bei folgender Übung ein Wort, das mit den vorgegebenen zusammengesetzte Wörter ergibt. Das gesuchte Wort soll vorangestellt werden. Beispiel: Fang – Besteck – Kutter – Fabrik, Lösung: „Fisch".

Übung 54

Finden Sie das Wort, das mit dem einen vorgegebenen Wort den Schluss bildet und mit dem anderen den Anfang. Beispiel: Heimat und Zyklus. Das gesuchte Wort ist Lied. Heimatlied und Liederzyklus sind die neuen Wörter.

a)	Stich	Freiheit
b)	Auto	Bein
c)	Holz	Bauten
d)	Druck	Freiheit
e)	See	Hüpfer
f)	Bau	Frau
g)	Tanz	Box
h)	Lauf	Höhe
i)	Bibel	Team
j)	Vogel	Schneise

Zahlengebundenes Denken

„Ich war immer schlecht in Mathe!", ist ein oft gehörter Schreckensruf, wenn jemand sich unvermittelt mit einer Rechenaufgaben konfrontiert sieht. Und nicht zuletzt deswegen, weil viele Leute noch die quälende Erinnerung an peinigende Mathematikstunden vor Augen haben, sind Berufe wie Buchhalter oder Lohnrechner nicht unbedingt angesehen. Dabei kann Mathematik auch als Spiel betrachtet werden! Wenn man sich ein wenig mit den Geheimnissen der Zahlen auseinander setzt, dann verfällt man recht rasch ihrem Zauber. Das Denken in mathematischen Kategorien erweitert unser Bewusstsein und verbessert alle logischen Fähigkeiten. Allerdings kann die Freude am Zahlenspiel nicht verordnet werden. So mancher kann eben wirklich nichts mit Formeln und Brüchen, Winkeln und geschnittenen Ebenen anfangen. Für diese Personengruppe gibt es hier eine gute und eine schlechte Nachricht. Die gute zuerst: Bei Intelligenztests wird nur selten tiefgründig nach mathematischen Fähigkeiten und Kopfrechenakrobatik geforscht, es geht hauptsächlich einmal mehr um das Erkennen von logischen Problemen und deren Lösung. Die schlechte Nachricht: Ganz kommt man um's Rechnen nicht herum. Allerdings werden selten mehr als die vier Grundrechenarten benötigt, erstaunlich oft sogar nur Addieren und Multiplizieren. Manchmal geht es aber auch nur um das äußere Erscheinungsbild der Zahlen! Auch für diesen Aufgabenbereich gilt wieder: Nehmen Sie sich genügend Zeit, den Sinn der Problemstellung herauszufinden. Greifen Sie auch für einfache Additionen ruhig zu Papier und Bleistift (wenn das erlaubt ist), denn sehr oft versagen gerade in Testsituationen die grundlegendsten Fähigkeiten. Aber auch das Umstellen der Aufgabe auf einem eigenen Blatt Papier kann neue Erkenntnisse bringen.

Lesen Sie nach jedem Abschnitt die Lösungen gut durch – so erhalten Sie einen Einblick in die Art der Fragestellungen, denen Sie immer wieder begegnen werden.

Dies ist die häufigste Aufgabenart. Tatsächlich verbirgt sich auch in den anderen Aufgabentypen meist nichts anderes als solche Reihen. Das Prinzip ist immer das Gleiche: eine Reihe von Zahlen soll fortgesetzt werden. Versuchen Sie es am besten zuerst mit gleichmäßig wachsenden oder abnehmenden Abständen (1,2,3,4...), dann mit rhythmisch größer oder kleiner werdenden Abständen (1,3,6,10...). Ergibt sich auf diese Art keine sinnvolle Struktur, teilen Sie die Reihe in mehrere sich abwechselnde Reihen auf (1,10,2,9,3,8). Fast immer liegt die Lösung in einer dieser Arten von Aufgabenstellung – oder einer Kombination daraus.

Allgemeine Hinweise

Zahlenreihen

Zahlenkombinationen

In welcher Form sie auch erscheinen, als Brüche, Triplets, Sterne, Kreise, Quadrate..., es handelt sich in fast jedem Fall wieder um eine oder mehrere Zahlenreihen. Suchen Sie die optische Verbindung – Gerade, Zickzack, Drehungen im Uhrzeigersinn – und lösen Sie diese Reihen wie bereits oben beschrieben. Aber Achtung: Brüche sind so gut wie niemals wirklich echte Bruchrechnungen!

Textaufgaben

Ein Tipp: Zu besonders schweren oder nach höherer Mathematik aussehenden Aufgaben gehört meist ein logischer „Abkürzer", der Ihnen langes Rechnen erspart! Überlegen Sie immer, ob ein Testmacher tatsächlich erwarten kann, dass jemand diese Aufgabe knackt. Bevor Sie über komplizierte Logarithmen nachdenken, suchen Sie sozusagen nach der Hintertür! Wenn Sie sich die im Test geschilderte Situation schwer vorstellen können, fertigen Sie sich eine Zeichnung davon an.

Klammern

Hier werden sowohl logisches Denken als auch mathematische Fähigkeiten benötigt. In der klassischen Klammeraufgabe finden sich in der ersten Zeile zwei Zahlen, in deren Mitte eine dritte in Klammer steht. In der zweiten Zeile steht dasselbe mit einer leeren Klammer. Ihre Aufgabe besteht darin, den Zusammenhang der drei oberen Zahlen zu erkennen und unten zu ergänzen. Oft ist die Klammerzahl das Produkt der beiden äußeren: Addieren Sie die Zahlen, subtrahieren Sie sie, führen Sie mehrere Rechenoperationen hintereinander aus, vergessen Sie dabei nicht, abzuschätzen, ob daraus auch die dritte Zahl entstehen kann. Funktioniert es trotzdem nicht, lassen Sie diese schweren Aufgaben erst einmal aus.

Übungen:
Zahlengebundenes Denken

Im Folgenden geht es ausschließlich um mathematisch-logische Aufgaben, für die in den meisten Fällen Kenntnisse in den vier Grundrechenarten (Addieren, Subtrahieren, Multiplizieren, Dividieren) ausreichen. Nur wenige Aufgaben haben mit anderen Bereichen wie Quadrieren (das Multiplizieren einer Zahl mit sich selbst) oder Primzahlen (Zahlen, die nur durch sich selbst oder durch 1 dividiert werden können) zu tun. Auch die Bruchaufgaben haben (meistens!) mit echten Brüchen nichts zu tun. Gefordert ist also wieder einmal, das logische System hinter der gestellten Aufgabe zu erkennen.

Die Aufgaben sind gemischt, nehmen aber erneut im Schwierigkeitsgrad zu.

Zeitvorgabe für Selbsttest: 120 Minuten.

Tipps

a)	3	6	9	12	15	____
b)	29	24	19	14	19	____
c)	2	6	18	54	162	____
d)	1	2	4	7	11	____
e)	5	15	24	32	39	____
f)	1	2	4	8	16	____
g)	- 5	2	9	16	23	____
h)	12	11	13	12	14	____
i)	1	2	6	24	120	____
j)	320	160	80	40	20	____

Übung 1
Welche Zahl ist die nächste in der Reihe?

Übung 2

Welche Zahl ist die nächste in der Reihe?

| 1 | 3 | 5 | 7 | 9 | ? |

Übung 3

Welche Zahl gehört nicht dazu?

1   99

43   7   8

67   29

Übung 4

Lesen Sie folgende Geschichte und beantworten Sie die Frage:

Eine Schallplatte hat einen Durchmesser von 34 cm, einen nicht bespielten äußeren Rand von 2 cm und eine nicht bespielte Mittelfläche von 10 cm im Durchmesser. Wenn es 60 Rillen pro cm gibt, wie weit bewegt sich dann die Nadel während des Spielens der Platte von außen nach innen?

Übung 5

Welche Zahlen-kombination folgt?

| 8 | 7 | 6 | 5 | ? |
| 2 | 5 | 8 | 11 | ? |

Übung 6

Welche Zahl ist die nächste?

| 2 | 3 | 5 | 8 | 12 | 17 | ? |

a) 19   b) 23   c) 22   d) 25

Übung 7

Beantworten Sie die Frage:

Zehn Lindenbäume stehen in einer Reihe mit jeweils vier Meter Abstand. In welcher Entfernung stehen die beiden Endbäume zueinander?

Wenn sieben Apfelpflücker sieben Minuten brauchen, um sieben Körbe Äpfel zu pflücken, wie viele Apfelpflücker sind dann nötig, um 100 Körbe Äpfel in 100 Minuten zu pflücken?

Übung 8
Beantworten Sie die Frage:

---

17 (18) 19
12 (....) 18

a) 14   b) 22   c) 15   d) 16

Übung 9
Welche Zahl gehört in die Klammer?

17	29
15 | 18	27 | ?

a) 18   b) 30   c) 28   d) 31

Übung 10
Welche Zahl fehlt?

An einem Telegrafenmast, der 10 Meter hoch ist, klettert eine Schnecke hinauf. In einer Stunde schafft sie 4 Meter nach oben, ist dann aber so entkräftet, dass sie in der nächsten Stunde wieder 3 Meter hinunterrutscht. Nach wie viel Stunden erreicht sie die Spitze des Mastes?

a) 13   b) 20   c) 18   d) 15

Übung 11
Lesen Sie die folgende Geschichte und beantworten Sie anschließend die Frage: (Skizze erlaubt)

7	12	13	18	19	24	?

a) 27   b) 25   c) 29   d) 31

Übung 12
Welche Zahl folgt?

Übung 13
Lesen Sie die folgende Geschichte und beantworten Sie die Frage:

Bestimmte Zellen im Labor verdoppeln die Fläche, über die sie sich ausbreiten, alle 24 Stunden. Die Zeit vom Ansetzen der ersten Zelle bis zum völligen Bedecktsein des Behälters beträgt 90 Tage. An welchem Tag ist der Behälter halb bedeckt?

Übung 14
Beantworten Sie die Frage:

Gaby hat doppelt so viele Bücher wie Bernd. Zusammen haben sie 24 Bücher. Wie viele Bücher hat Bernd?

Übung 15
Welche Zahl fehlt?

a)

1	2	3
4	?	6
7	8	9

b)

2	4	8
16	?	64
128	256	512

c)

6	8	13
9	11	16
12	?	19

d)

28	30	60
58	60	120
?	116	232

e)

6	5	4
8	6	4
9	6	?

Übung 16
Welche Zahl fehlt?

256	64	16	?	1

a) 8   b) 6   c) 4   d) 2

Ehepaar Bullmann hat sechs Söhne. Jeder Sohn hat eine Schwester. Wie viele Kinder hat die Familie insgesamt?

Übung 17
Beantworten Sie die Frage:

Sie haben Geburtstag und feiern ein Fest. Vier Gäste sind eingeladen. Jeder erhebt sein Sektglas und stößt mit jedem an. Wie viele Male wird angestoßen?

Übung 18
Beantworten Sie die Frage:

37	77	47
27	67	
97	17	87

Übung 19
Welche Zahl passt nicht dazu?

„Wie alt sind Sie geworden?" fragte der Bürgermeister die Jubilarin. „Überlegen Sie!" lächelte die alte Dame. „Addieren Sie die größte einstellige Zahl und größte zweistellige Zahl und größte dreistellige Zahl. Ziehen Sie davon die kleinste vierstellige Zahl ab, dann wissen Sie mein Alter." Wissen Sie es?

Übung 20
Beantworten Sie die Frage:

Karl hat gleich viele Schwestern wie Brüder, seine Schwestern aber haben nur halb so viele Schwestern wie Brüder. Wie viele Kinder hat die Familie?

Übung 21
Beantworten Sie die Frage:

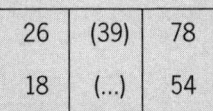

| 26 | (39) | 78 |
| 18 | (...) | 54 |

Übung 22
Welche Zahl fehlt in der Klammer?

Übung 23
Beantworten Sie die Frage:

In einer Kassette sind drei Kupfermünzen, drei Silbermünzen und drei Goldmünzen.
Wie viele Münzen muss man, ohne hinzusehen, herausnehmen, um mit Sicherheit mindestens eine Goldmünze zu bekommen?

Übung 24
Lesen Sie folgende Geschichte und beantworten Sie die Frage:

Eine Hippiekommune will auswandern. Sie haben mehrere Südseeinseln geerbt. Gehen sie einzeln auf die Inseln, so bleibt ein Hippie übrig, gehen sie paarweise, bleibt eine Insel unbewohnt.
Wie viele Inseln und Hippies sind es?

Übung 25
Welche Zahl folgt?

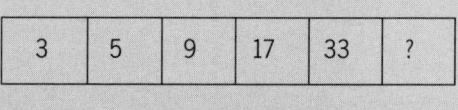

| 3 | 5 | 9 | 17 | 33 | ? |

a) 66   b) 47   c) 60   d) 65

Übung 26
Beantworten Sie die Frage:

Julian ist heute 10 Jahre jünger als Ulla. In einem Jahr ist Ulla dreimal so alt wie Julian.
Wie alt sind Ulla und Julian?

Übung 27
Beantworten Sie die Frage:

Bauer Molke hat Hühner und Kühe auf seinem Hof. Seine Tiere haben insgesamt 35 Köpfe und 94 Füße.
Wie viele Kühe und wie viele Hühner hat Bauer Molke auf dem Hof?

Übung 28
Welche Zahlenkombination muss folgen?

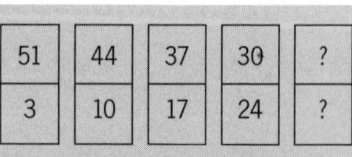

| 51 | 44 | 37 | 30 | ? |
| 3 | 10 | 17 | 24 | ? |

a) 29   b) 25   c) 23
  27   27   31

Auf einem Teich wachsen Seerosen. Am ersten Tag eine, am zweiten Tag zwei, am dritten vier, am fünften acht... Am 20. Tag schließlich ist der ganze See zugewachsen. Frage: Am wie vielten Tag war er halb zugewachsen?

a) am 10.   b) am 15.   c) am 19.

Übung 29
Lesen Sie die folgende Geschichte und beantworten Sie dann die Frage:

a) 41, 45   b) 76, 79   c) 41, 82

Übung 30
Welche sind die nächsten zwei folgenden Zahlen?

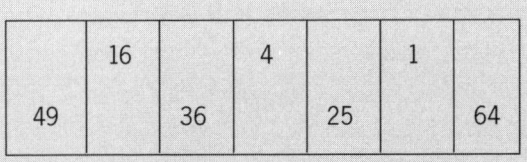

a) 9   b) 82   c) 55

Übung 31
Welche Zahl gehört dazu?

Fünf braune und vier schwarze Kühe geben in sieben Tagen so viel Milch wie vier braune und sechs schwarze Kühe in sechs Tagen.
Geben die schwarzen oder die braunen Kühe mehr Milch?

Übung 32
Lesen Sie die folgende Geschichte und beantworten Sie die Frage:

Alfred und Frieda tragen Ziegelsteine. Gäbe Frieda Alfred einen ihrer Steine, hätte er doppelt so viel wie sie. Gäbe Alfred einen Stein an Frieda, hätten beide gleich viele Steine. Wie viele Steine hat Alfred, wie viele Frieda?

Übung 33
Lesen Sie die folgende Geschichte und beantworten Sie die Frage:

Übung 34
Welche Zahlen fehlen?

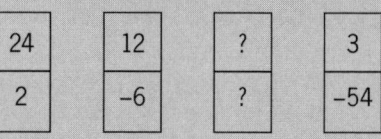

24	12	?	3
2	–6	?	–54

a) –6   b) 5   c) –8   d) 8
   18   18   –16   16

Übung 35
Beantworten Sie die folgende Frage ohne schriftliche Hilfsmittel.

Wie oft kommt die Ziffer 7 in den Zahlen von 1 bis 100 vor?

a) 10   b) 11   c) 19   d) 20

Übung 36
Beantworten Sie die Frage:

Ein Bauer muss 90 % seiner Kartoffelernte seinem Gutsherrn abliefern. Wieviel Kilo Kartoffeln muss er ernten, damit er acht Kilo behalten darf?

Übung 37
Beantworten Sie die Frage:

Vater Meier ist 62 Jahre alt, sein Sohn 36. Wie viele Jahre sind vergangen, seit sein Sohn ein Drittel so alt war wie er?

Übung 38
Welche Zahl schließt das Quadrat ab?

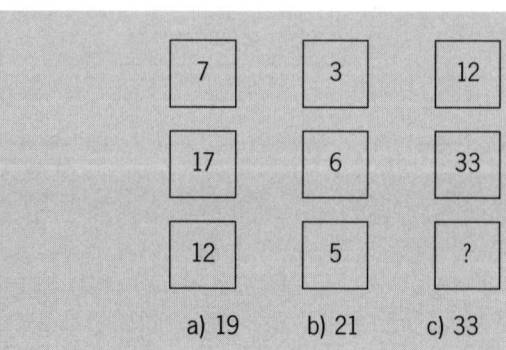

7	3	12
17	6	33
12	5	?

a) 19   b) 21   c) 33

| 66 | 117 | 78 | 201 | 9 | 21 |

a) 77   b) 97   C) 111   d) 178

Übung 39
Welche Zahl passt
dazu?

Max hat einen Job als Erbsenzähler. Dabei zählt er einen Haufen in einen Behälter hinein. Für seine Arbeit darf er ein Zehntel der gezählten Erbsen behalten. Wie viel Erbsen muss er zählen, damit sich 72 in dem Behälter finden, und wie viele Erbsen hat er dabei verdient?

Übung 40
Lesen Sie die folgende
Geschichte und
beantworten Sie dann
die Fragen:

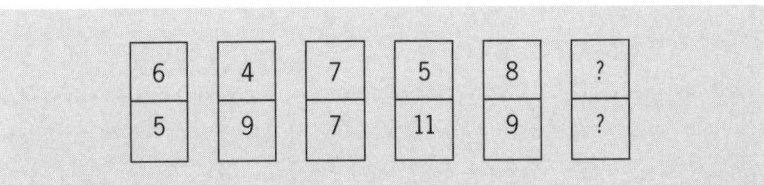

Übung 41
Welche Zahlen müssen
folgen?

Übung 42
Welche Zahl passt
nicht dazu?

Drei Kinder spielen Murmeln. Sie haben 15 Murmeln. Susanne verliert doppelt so viele wie Stefan und Stefan viermal so viele wie Sascha. Wie viele Murmeln bleiben am Ende noch übrig?

Übung 43
Beantworten Sie die
Frage:

Übung 44
Welche Zahl gehört in
die Klammer?

2751	(1569)	4320
3456	(........)	5678

Übung 45
Welche Zahl fehlt?

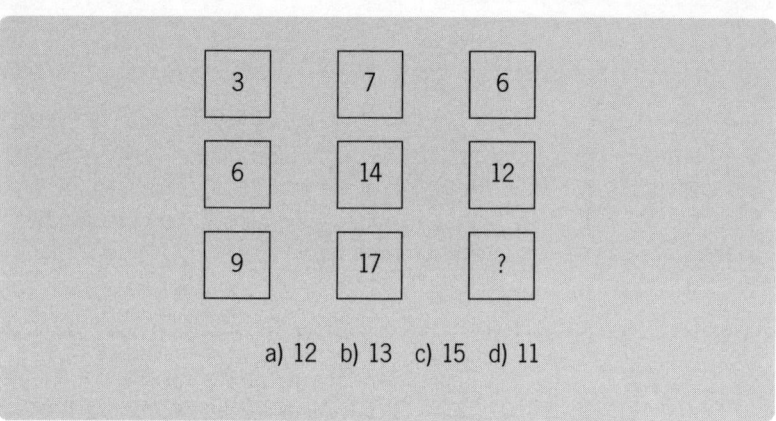

3	7	6
6	14	12
9	17	?

a) 12   b) 13   c) 15   d) 11

Übung 46
Welche Zahl muss
folgen?

3	9	5	25	21	441	?

Übung 47
Beantworten Sie die
Frage:

Großvater Lübke hat ein Viertel seines Lebens als Kind gelebt, ein Fünftel
als Jugendlicher, ein Drittel als Erwachsener und dreizehn Jahre als alter
Mann. Wie alt ist der Großvater jetzt?

Übung 48
Berechnen Sie die
Zahl (im Kopf):

Addieren Sie sechs zu zehn, multiplizieren Sie mit acht, teilen Sie durch
vier, ziehen Sie sieben ab, teilen Sie durch fünf.

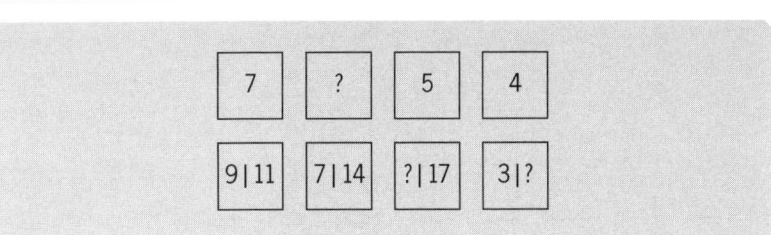

Übung 49
Welche Zahlen fehlen?

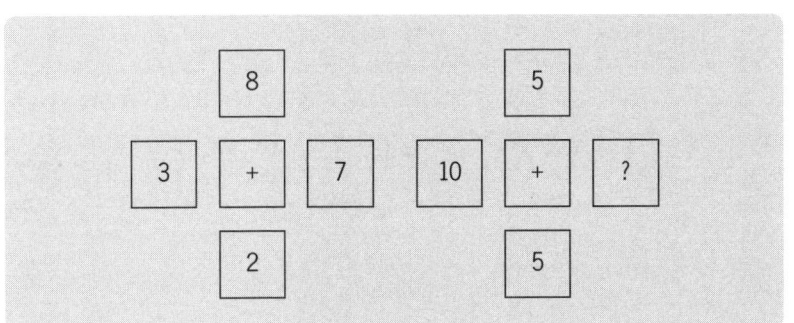

Übung 50
Welche Zahl fehlt?

Multiplizieren Sie acht mit neun, teilen Sie durch drei, addieren Sie 38, teilen Sie durch zwei, ziehen Sie elf ab und multiplizieren Sie mit fünf.

Übung 51
Berechnen Sie die Zahl (im Kopf):

Ein Anzug kostet, komplett mit passender Krawatte, 110 DM. Der Anzug allein kostet 100 DM mehr als die Krawatte. Wie viel kostet eine einzelne Krawatte?

Übung 52
Beantworten Sie die Frage:

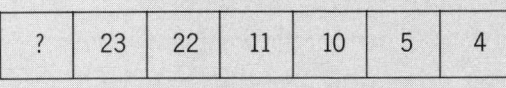

| ? | 23 | 22 | 11 | 10 | 5 | 4 |

Übung 53
Welche Zahl fehlt?

Übung 54
Welche Zahlen folgen?

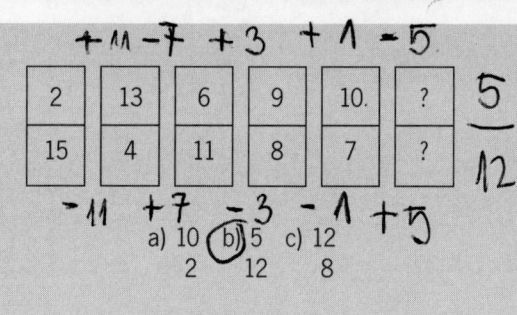

	+11	−7	+3	+1	−5	
2	13	6	9	10.	?	
15	4	11	8	7	?	

a) 10 / 2   b) 5 / 12   c) 12 / 8

Übung 55
Welche Zahl folgt?

	+6	+1	−6	+3	−1	+1	+0	−1	+2	−3	
1	7	8	2	5	4	3	3	2	4	1	?

a) 1   b) 2   c) 3   d) 4

Übung 56
Welche Zahlen erhält man, wenn man die fehlenden vier Ziffern ergänzt?
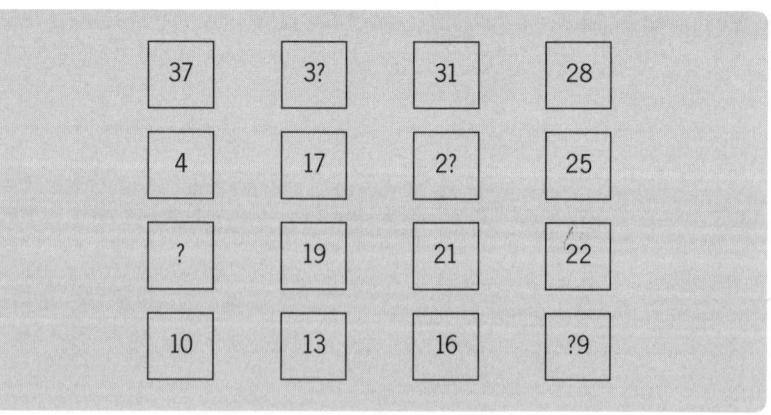

37	3?	31	28
4	17	2?	25
?	19	21	22
10	13	16	?9

Übung 57
Lesen Sie folgende Geschichte und beantworten Sie dann die Frage:

Manfred hat einen gebrauchten Manta gekauft und möchte ihn auf einer kurzen Strecke ausprobieren. Seine Freundin Gabi lässt er gleichzeitig hinterhergehen. Als Gabi 13 Schritte gemacht hat, erreicht Manfred das Ziel. Nach weiteren 91 Schritten ist Gabi bei ihm. Trotz Stöckelschuhen betrug ihre Gehgeschwindigkeit 6 km/h. Wie schnell war Manfreds Manta?

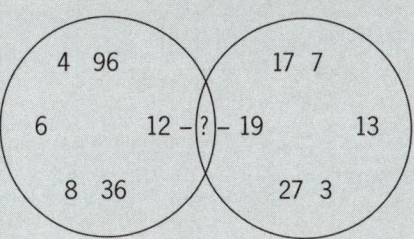

Übung 58
Welche Zahl könnte man beiden Zahlenkreisen zuordnen?

10 ← 9 x 10 = 90

Zehn Schulfreundinnen treffen sich zum Abendessen. Beim Abschiednehmen gibt jede Dame jeder anderen der Damen einen Kuss auf die Wange. Wie viele Küsse sind das insgesamt?

Übung 59
Beantworten Sie die Frage:

Ein Arbeiter braucht zwei Stunden, um ein Loch von einem Meter Länge, einem Meter Breite und einem Meter Tiefe zu graben. Wie lange braucht er, um ein Loch von zwei Meter Länge, Breite und Tiefe zu graben?

Übung 60
Beantworten Sie die Frage:

---

617   (605)   738
760   (......)   813

a) 265   b) 710   c) 250

Übung 61
Welche Zahl gehört in die Klammer?

Eine Seerose in einem Teich wuchs so schnell, dass sich die von ihr bedeckte Fläche auf dem Wasser jeden Tag verdoppelte. In 24 Tagen war der ganze Teich vollständig zugewachsen. Im nächsten Frühling waren in dem Teich statt einer Seerose zwei Seerosen von der gleichen Art wie im Vorjahr. Jede verdoppelte die von ihr bedeckte Fläche auf dem Wasser pro Tag. In wie viel Tagen wächst der Teich in diesem Jahr vollständig zu?

Übung 62
Lesen Sie folgende Geschichte und beantworten Sie die Frage:

Übung 63
Welche Zahlen fehlen?

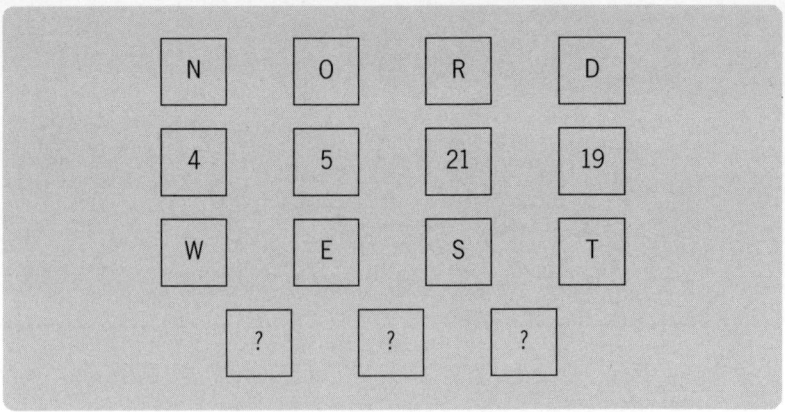

Übung 64
Berechnen Sie die
Zahl (im Kopf):

a) Addieren Sie 93 zu 137, teilen Sie durch zehn, addieren Sie 27, multiplizieren Sie mit siebzehn, ziehen Sie 640 ab und teilen Sie durch 35.
b) Multiplizieren Sie 33 mit fünf, teilen Sie durch fünfzehn, addieren Sie 36, multiplizieren mit drei, ziehen Sie 29 ab und teilen Sie durch acht.
c) Ziehen Sie 19 von 156 ab, multiplizieren Sie mit zwei, addieren Sie 26, teilen Sie durch fünfzehn, addieren Sie 29 und teilen Sie durch sieben.

Übung 65
Welche Zahl gehört in
die Klammer?

| 534 | (156) | 846 |
| 157 | (......) | 459 |

a) 69   b) 235   c) 151   d) 666

Übung 66
Welche Zahl fehlt?

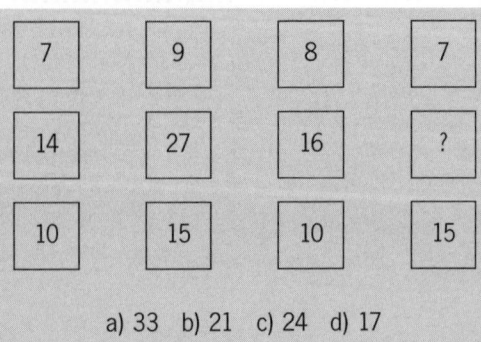

a) 33   b) 21   c) 24   d) 17

Arco, Bodo und Cindy wollen um die Wette laufen. Arco und Bodo kommen zusammen im Ziel an, wenn Arco 20 Meter Vorsprung hat. Wenn Bodo 25 Meter Vorsprung hat, kommen Bodo und Cindy zusammen im Ziel an. In welcher Entfernung zueinander müssen sich Arco und Cindy aufstellen, dass sie gleichzeitig ins Ziel kommen? Der jeweils Schnellere startet mit 100 m Abstand zum Ziel.

Übung 67
Lesen Sie die folgende Geschichte und beantworten Sie die Frage:

Wenn Sie die Zahl 13 mit der richtigen Zahl multiplizieren, kommt eine Zahl heraus, die nur aus den Ziffern 1 besteht. Mit welcher Zahl müssen Sie multiplizieren?

Übung 68
Beantworten Sie die Frage:

Übung 69
Welche Zahlenkombination passt dazu?

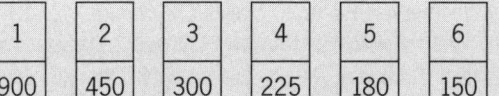

1	2	3	4	5	6
900	450	300	225	180	150

a)   7   b)   7   c)   8   d)   8

    120   125,5   112,5   120

Ein Fuchs verfolgt einen Hasen. Der Hase läuft 60 Sätze vor dem Fuchs los. Der Fuchs macht zwei Sätze, wenn der Hase drei macht. Der Fuchs schafft in drei Sätzen die gleiche Strecke, die der Hase in sieben Sätzen schafft. Wie viele Sätze braucht der Fuchs, bis er den Hasen erreicht?

Übung 70
Lesen Sie folgende Geschichte und beantworten Sie die Frage:

1	5	17	53	161

Übung 71
Welche Zahl muss folgen?

2	3	5	9	17	33	65

Übung 72
Welche Zahl muss folgen?

Gedächtnis

Allgemeine Hinweise

Ein gutes Gedächtnis und eine hohe Merkfähigkeit sind Eigenschaften, die für die praktische Anwendung von Intelligenz von großer Wichtigkeit sind. Möglichst viele Informationen immer abrufbereit zu haben, verschiedene Ansätze und Problemlösungsstrategien stets im Kopf zu haben, kann bei der Bewältigung konkreter Probleme (und bei Intelligenztests) von großer Bedeutung sein. Das Memorieren von abstrakten Dingen oder von fremden Ideen (wie einige „um die Ecke" gedachte Intelligenztestaufgaben) kann und sollte man gut trainieren.

Der Trick für ein gutes Erinnerungsvermögen besteht darin, sich Abstraktes näher zu bringen, es mit eigenen Gedanken und Assoziationen zu erfüllen. Es ist relativ schwierig, sich graphische Symbole, zu denen man keinen Bezug hat, einfach so zu merken (Viereck, Dreieck, Pyramide). Zu leicht verwechselt man etwas, zu leicht zieht man falsche Schlüsse („Da war ein Dreieck, also war wahrscheinlich auch ein Viereck zu sehen"). Das Gleiche gilt für Zahlen oder auch für Begriffe, die einem nicht so vertraut sind.

Anders verhält es sich bei Daten und Objekten, die in Form von Situationen und kleinen Geschichten präsentiert werden! Sie werden selbst merken, dass Ihnen die Aufgaben in den beiden Bereichen „optische Erinnerung" und „inhaltliche Erinnerung" unterschiedlich schwer fallen werden. Ohne Tricks und ein entsprechendes Training sind einige willkürliche Zeichen auf einem Blatt Papier bei weitem schlechter im Gedächtnis zu behalten als eine kleine Geschichte, die von Orten und Personen handelt, die in irgendeiner Weise sinnvoll miteinander in Beziehung stehen.

Inhaltliche Erinnerung

Zum Thema „inhaltliche Erinnerung" gibt es auch kaum Hilfestellungen; letztlich steckt die Hilfe in den Geschichten selbst! Das heißt, wenn Sie die Textaufgaben ruhig und entspannt durchlesen, ohne sich von der Fülle der Informationen ablenken zu lassen, müssten Sie eigentlich in der Lage sein, die Fragen zu beantworten. Zu den reinen Wissensfragen nur so viel: Beantworten Sie zuerst (schriftlich!) die Fragen, die auf Ihre Merkfähigkeit abzielen, und überlegen Sie sich die Antworten zu den Wissensfragen erst, wenn alles Erinnerte aufgeschrieben ist. Wenn Sie zuerst über logische Zusammenhänge oder Fragen des Allgemeinwissens nachdenken, vergessen Sie schnell die bloßen Fakten. Ein Tipp für die Textaufgaben: Versuchen Sie, sich beim Lesen der Aufgabenstellung (halblautes Lesen hilft übrigens vielen Menschen mehr als leises!) ein Bild von der Situation zu machen, auch wenn es sich um abstrakte Inhalte, wie beispielsweise Ihnen unbekannte Tiere oder Mineralien

handelt: Sie kennen „Gallium" nicht? Stellen Sie sich einen kleinen Gallier vor
– und sofort wird sich Ihnen das Wort unauslöschlich einprägen!

Besteht der Trick beim Textlesen darin, sich ein Bild vorzustellen, so gilt für die
optischen Aufgaben das genaue Gegenteil. Wie oben schon erwähnt, kann sich
unser Gedächtnis abstrakte Gebilde, Zahlen oder Wörter nur schwer merken.
Sie sind gefordert, Sinn in dieses Durcheinander zu bringen! Zuerst einmal hilft
es, Zahlen und Worte auszusprechen, Symbole laut zu benennen, neben der
optischen Erinnerung wird damit auch die des Gehörten aktiviert. Stellen Sie
sich ruhig kleine Handlungen vor; mit Worten geht es natürlich am leichtesten,
aber auch Zahlen oder Symbole können durch eine solche Personalisierung
„belebt" werden („Als die lustige 456 gestern spazieren ging, traf sie die etwas
schnippische 678...").

Versuchen Sie es mit Eselsbrücken und Zusammenfassungen („3 Dreiecke –
eins gerade, eins auf dem Kopf, eins schwarz gefüllt – 3 Dreiecke!"). Auch
Reime sind eine bewährte Form, um sich Dinge leichter zu merken. Natürlich
wird die Zeit der Testaufgaben nicht für all das reichen. Aber spielen Sie doch
selbst kreativ mit den gestellten Aufgaben! Versuchen Sie, sich so viel wie
möglich durch genaues Hinsehen zu merken. Wiederholen Sie den Test aber
einige Zeit später (eventuell mit doppelter Zeitvorgabe) und benutzen Sie eine
der beschriebenen Techniken, die Sie auch im Alltag einsetzen können. Das
Gedächtnis ist eine Funktion des Gehirns, die man wirklich überall gut
trainieren kann!

Optische Erinnerung

Übungen:
Optische Erinnerung

Tipps

Im folgenden werden verschiedene Arten von Figuren, Wörter oder Zahlen präsentiert. Die Aufgabe besteht jeweils darin, sich so viele wie möglich von ihnen in der vorgegebenen Zeit zu merken. Schreiben Sie anschließend alle Objekte, an die Sie sich erinnern, auf ein Blatt Papier. Legen Sie Papier und Schreibwerkzeug schon vorher bereit. Experimentieren Sie mit verschiedenen Merktechniken (siehe Tipps), und wiederholen Sie die Tests eventuell nach einigen Wochen wieder.

Die Aufgaben werden in aufsteigender Reihenfolge schwieriger:
✚ = leicht, **✚✚** = mittel, **✚✚✚** = schwer.

Übung 1
Betrachten Sie die nebenstehenden sieben Wörter 30 Sekunden lang. Notieren Sie anschließend so viele davon, wie Sie sich merken konnten.

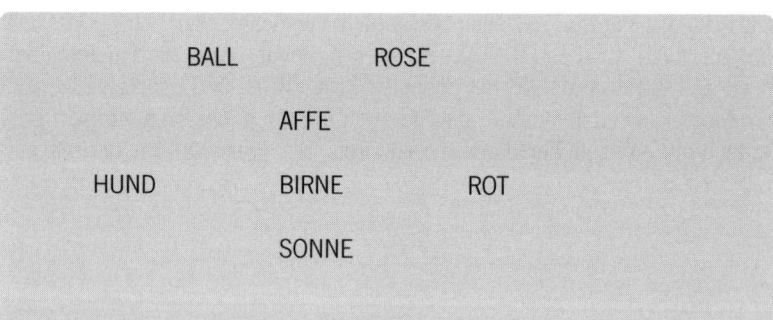

Übung 2
Betrachten Sie die folgenden sieben Symbole 30 Sekunden lang. Notieren Sie anschließend so viele davon, wie Sie sich merken konnten.

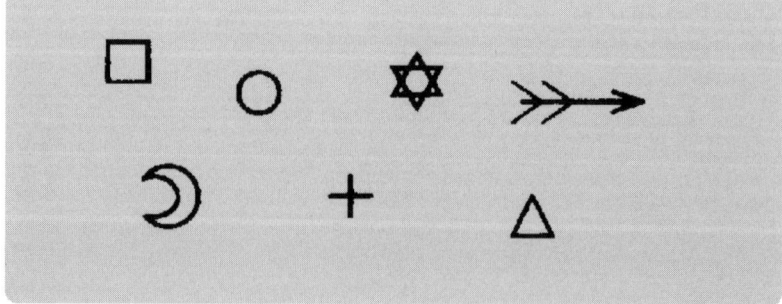

12 6 3 36 96 24

Übung 3
Prägen Sie sich die 15 Gegenstände eine Minute lang ein. Notieren Sie anschließend so viele davon, wie Sie sich merken konnten.

12   6   96

3   48

24   36

Übung 4
Betrachten Sie die nebenstehenden sieben Zahlen 30 Sekunden lang. Notieren Sie anschließend so viele davon, wie Sie sich merken konnten.

SALPETER   ROSENSTRAUCH

PETERSFISCH   AROMA

KREUZKÜMMEL THYMIAN   GERUCH

SCHWEFEL

Übung 5
Betrachten Sie die folgenden acht Wörter 45 Sekunden lang. Notieren Sie anschließend so viele davon, wie Sie sich merken konnten.

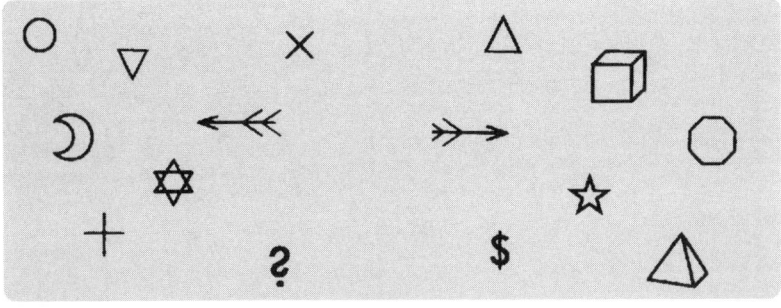

Übung 6
Betrachten Sie die folgenden 15 Symbole eine Minute lang. Notieren Sie anschließend so viele davon, wie Sie sich merken konnten. Achtung: einige Symbole sind mehrfach (gedreht) vorhanden!

Übung 7

Betrachten Sie die folgenden neun Zahlen 30 Sekunden lang. Notieren Sie die, die Sie sich merken konnten.

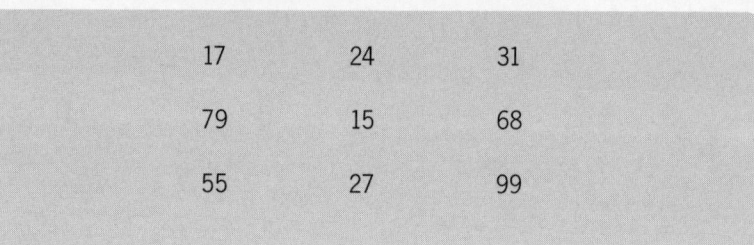

17	24	31
79	15	68
55	27	99

Übung 8

Betrachten Sie die folgenden zwölf Wörter 45 Sekunden lang. Notieren Sie anschließend so viele davon, wie Sie sich merken konnten.

KUGEL	SPHÄRE	PLANET
GLOBUS	MERIDIAN	SCHEIBE
RUND	WELTKUGEL	BALL
ZIRKEL	ERDBALL	ÄQUATOR

Übung 9

Betrachten Sie die folgenden acht Zahlen 45 Sekunden lang. Notieren Sie anschließend so viele davon, wie Sie sich merken konnten.

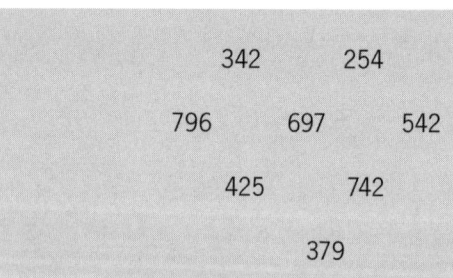

342   254
796   697   542
425   742
379

Übung 10

Betrachten Sie die folgenden 20 Symbole eine Minute lang. Notieren Sie anschließend so viele davon, wie Sie sich merken konnten. Achtung: einige Symbole sind mehrfach (gedreht, gefüllt oder leer) vorhanden!

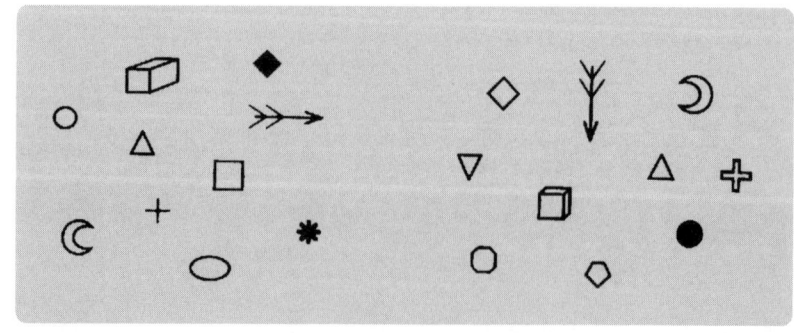

IRIDIUM	KOBALT	LILIPUT
PLATINE	ZWERG	IRAN
KOBOLD	PLATO	IRLAND
PLATIN	IRRLICHT	PLUTO

Übung 11
Betrachten Sie die folgenden zwölf Wörter 45 Sekunden lang. Notieren Sie anschließend so viele davon, wie Sie sich merken konnten.

787	294	832
847	624	948
983	762	084

Übung 12
Betrachten Sie die folgenden neun Zahlen 45 Sekunden lang. Notieren Sie anschließend so viele davon, wie Sie sich merken konnten.

Übungen:
Inhaltliche Erinnerung

Lesen Sie langsam und aufmerksam (aber immer nur einmal!) die folgenden Geschichten, und beantworten Sie im Anschluss schriftlich die Fragen.
Im Lösungsteil finden Sie jeweils die richtigen Antworten, teils, um Ihnen das Vergleichen der Antworten zu erleichtern, teils, weil in manchen Geschichten auch kleine Logikschlüsse und Wissensfragen eingebaut wurden. Am besten legen Sie sich, bevor Sie beginnen, schon Papier und Bleistift zurecht, lesen die Geschichte ruhig und entspannt durch und decken vor dem Lesen der Fragen den Text ab (✚ = leicht, ✚✚ = mittel, ✚✚✚ = schwer).
Zeitvorgabe für Selbsttest: 15 Minuten.

Tipps (handschriftlich): Kug, Ball, Egun, Erdbahn, Sphäre, Planet, Meridian, Globus, Scheibe

Übung 13

Marion geht sonst immer um spätestens 17 Uhr in den Supermarkt einkaufen, aber heute ist es schon Punkt sechs, als sie durch die Tür kommt. Glücklicherweise gibt es noch genug Milch und Brot für sie. Nur bei den Eiern hat Marion Pech: Anstatt zwölf, wie sie wollte, kann sie bloß noch ein halbes Dutzend ergattern. Orangensaft, Honig, Katzenfutter, Müsli – bald ist der Einkaufswagen von Marion gefüllt. Sie geht zur Kasse, zahlt und merkt erst daheim, dass sie in ihrer Eile die Wurst vergessen hat.

a) Was hat Marion gekauft?
b) Was hat sie nicht bekommen bzw. vergessen?
c) Um wie viel später als sonst betritt Marion den Supermarkt?

Übung 14

Robert und sein blonder Sohn Jens besuchen den Zoo. Zuerst will Jens natürlich zu den Affen. Aber auch die Löwen und Nilpferde haben es ihm angetan. Nur vor den Krokodilen fürchtet sich der Kleine ein wenig. Doch als die beiden Ausflügler nach der Elefantenfütterung Sabine, die braunhaarige Schulfreundin von Jens, beim Vogelgehege treffen, ist die gute Laune bald wieder hergestellt!

a) Wie heißt der Vater?
b) Wie heißen die Kinder und welche Haarfarbe haben sie?
c) Welche Tiere haben Vater und Sohn besucht?
d) Welche davon sind keine Säugetiere?

Übung 15

Als Maria Hans zum Essen einlud, dachte Hans, er würde Marias berühmte Knödel vorgesetzt bekommen. Denn als Franz und Monika zu Gast waren, gab es eben jene Knödel mit Sauerkraut. Doch es kam anders. Nicht nur waren auch Anneliese und Heinz eingeladen worden, wovon Hans nichts wusste, nein, es gab auch noch Scholle, eine Speise, die Maria zwar sehr schätzte, Hans aber nicht. Selbst der Apfelstrudel zum Schluss konnte ihn da kaum versöhnen.

a) Welche Personen werden in der Geschichte mit Namen erwähnt?
b) Welche Speisen werden in der Geschichte erwähnt?

Übung 16
➕➕

Sauerstoff (O), Stickstoff (N) und Wasserstoff (H) sind chemische Elemente. Auch der Kohlenstoff (C) ist ein Element und sollte nicht mit Braun- oder Steinkohle verwechselt werden. Tatsächlich besteht der menschliche Körper zu einem Großteil aus eben diesen Elementen. Dazu kommen noch einige Metalle wie Eisen (Fe) oder Zink (Zn), die aber nur in Spuren vorhanden sind und deswegen auch Spurenelemente genannt werden. All diese Elemente sind aber nicht auf der Erde entstanden, sondern vor Millionen von Jahren in heute erloschenen Sonnen.

a) Welche chemischen Elemente kommen in der Geschichte vor?
b) Wie lauten die Symbole dieser Elemente?
c) Welche anderen Stoffe werden genannt, und wieso zählt man sie nicht zu den chemischen Elementen?

Übung 17
➕➕➕

Bauer Hein pflanzt Mais, Hafer, Kartoffeln und Weizen an, Reis, Tabak und Schwarzwurzeln kultiviert er hingegen nicht. Mit Hanf und Raps, obwohl diese biologisch sinnvoll sind und der Anbau von staatlicher Seite finanziell gefördert wird, hat er bislang nur experimentiert.

a) Welche Pflanzen kultiviert Bauer Hein nicht?
b) Welche kultiviert er?
c) Welche davon waren in Europa vor 600 Jahren noch unbekannt?

Übung 18
➕➕➕

„Wissen Sie, Professor Jones, ich ziehe Fasane – rein optisch – Perlhühnern jederzeit vor", warf Dr. Smith mit seinem Dubliner Akzent ein. „Nun, zweifellos, da mögen Sie schon Recht haben, mein Lieber", entgegnete der Angesprochene, während er seine Pfeife stopfte, „Fasane sind zwar nicht ganz so bunt wie Papageien, aber Wachteln etwa schlagen sie in puncto Federkleid jederzeit. Während meiner Militärzeit unter General Walton interessierte ich mich übrigens ebenfalls für Ornithologie. Allerdings waren Kakadus mein Spezialgebiet, obwohl ich auch manchmal tagsüber wilde Kiwis beobachtete." „Interessant", ließ sich wieder der Doktor vernehmen, „und sind Ihnen da auch Schnabeltiere untergekommen?" „Natürlich nicht!", entgegnete der Professor entrüstet.

a) Von wie vielen und welchen Vogelarten war die Rede? b) Aus welchem Land stammt Dr. Smith? c) Wo war Jones in seiner Militärzeit stationiert? d) Wie hieß der General? e) Wer ist Raucher? f) Wieso ist der Professor entrüstet?

Wahrnehmungsgeschwindig-keit und praktische Intelligenz

Allgemeine Hinweise

Neben der Merkfähigkeit ist vor allem auch die Geschwindigkeit, mit der eine Problemstellung erfasst werden kann, für viele Lebens-, aber auch Testsituationen von großer Bedeutung. Für die praktische Umsetzung eines Problems sind wieder andere, nicht weniger wichtige Fähigkeiten gefordert.

Im Bereich der Wahrnehmungsgeschwindigkeit geht es in erster Linie darum, Sie mit den verschiedenen Formen der Übungen und Tests vertraut zu machen, da diese über den Bereich der Logikaufgaben hinausgehen. Wie mit den Aufgaben tatsächlich umzugehen ist, steht jeweils vor den Beispielen. Hier noch einige Tipps für die beiden Bereiche:

Wahrnehmungs-geschwindigkeit

Üben Sie die Suchaufgaben auf jeden Fall mindestens einmal im Kopf, bevor Sie zu einem Bleistift greifen! Zwar trainiert auch das Durchstreichen von Teilen der Aufgaben die Wahrnehmung, aber das reine Abzählen im Kopf übt Ihre Fähigkeiten viel effektiver. Dennoch können Sie sich auch hier helfen: Prägen Sie sich das Gesuchte vorher möglichst genau optisch ein, Ihre Augen gewöhnen sich dabei an das entsprechende Bild, und eine kleine Alarmglocke beginnt in Ihrem Kopf zu schrillen, wenn das gesuchte Objekt auftaucht. Um ein zielloses Vor- und Zurückspringen der Augen auf dem Blatt zu verhindern, fahren Sie die Zeilen mit einem Finger als objektivem Bezugspunkt langsam ab.

Bei schwierigen Aufgaben verwenden Sie am besten alle im vorigen Kapitel beschriebenen Erinnerungstechniken, um ein optimales Ergebnis zu erzielen.

Praktische Intelligenz

Bei Puzzle- oder Tangramaufgaben (Legespiele) besteht der Trick darin, größere Formen in kleinere zu teilen, oder aus kleinen Teilen größere Formen zu fügen. Was ein wenig hochtrabend klingen mag, ist tatsächlich aber der Schlüssel zu solchen Aufgaben: Wer am Objekt „kleben" bleibt, sich also nur schwer vorstellen kann, wie aus vier Dreiecken ein großes Viereck wird, für den sind solche Übungen von besonders großem Nutzen. Ebenso wie bei vielen Logikaufgaben benötigt man mehrdimensionales Denken, um „Formen in Formen" leicht erkennen zu können. Hier hilft nur Training und ein anschließendes Analysieren der gefundenen Strukturen.

Bei den Form- und Drahtbiegeaufgaben gibt es eigentlich nur einen Tipp: Seien Sie nicht zu selbstkritisch! Niemand kann einen perfekten Kreis, eine perfekte Kugel formen – versuchen Sie das gar nicht erst, denn Ästhetik ist bei diesen Aufgaben weniger gefragt. Ist ein Stück Draht eindeutig als Kreis zu erkennen, ist die Aufgabe gelöst, das Ausbessern von millimeterhohen Buckeln kostet nur Zeit oder macht sogar das bereits Erreichte zunichte!

Übungen: Wahrnehmungs-geschwindigkeit

Bei den folgenden Aufgaben mit steigendem Schwierigkeitsgrad (✚ = leicht, ✚✚ = mittel, ✚✚✚ = schwer) geht es darum, diese in möglichst kurzer Zeit zu lösen. Sie können die Tests mehrfach durchführen und damit Ihre Leistung steigern.

Tipps

Bei den Aufgaben, bei denen ein bestimmtes Symbol, bestimmte Buchstaben oder Buchstabengruppen herauszufinden sind, gibt es prinzipiell zwei Möglichkeiten:

1. das langsame Durcharbeiten und 2. das Durchstreichen. Am besten probieren Sie beide Techniken aus. Im zweiten Fall empfiehlt sich ein leicht radierbarer Bleistift, um auch diese Aufgaben öfter durchführen zu können.

Übung 1

Finden Sie unter den folgenden Buchstaben alle Vokale (a, e, i, o, u) heraus (ohne Hilfsmittel: 1,5 Minuten, mit Bleistift 45 Sekunden). Wie viele sind es?

a	b	c	m	n	o	p	q	r
s	t	u	v	w	x	y	z	d
e	f	g	h	i	j	k	s	t
u	v	w	x	y	z	d	e	f
g	h	i	j	k	l	m	n	n
o	p	q	r	s	t	u	v	w
x	y	z	d	e	f	j	k	l
q	r	s	t	u	v	w	x	y
z	d	e	f	g	h	i	j	k
l	m	n	o	p	q	r	s	t
u	v	w	x	y	z	d	e	f
g	h	i	j	a	b	c	m	n
o	p	q	r	f	g	h	i	j
a	b	c	m	n	o	p	q	r
s	t	w	u	v	w	x	y	z
d	e	f	g	h	i	j	k	j
k	l	q	r	s	t	u	v	w
x	y	z	d	e	f	g	h	i
j	k	l	m	n	o	p	q	r
s	t	u	v	w	o	s	t	u
v	w	x	y	z	d	e	f	g
h	i	l	m	n	o	p	q	r
s	t	u	v	w	x	y	z	d
e	f	g	h	i	m	j	k	l
q	r	j	k	l	g	h	i	j
k	j	k	l	q	r	s	t	u
v	w	x	y	z	d	e	f	g
h	i	j	k	l	m	n	o	p
q	r	s	t	u	v	w	x	y
z	d	e	p	q	r	s	t	u
v	w	x	y	z	d	e	f	g
h	i	j	a	b	c	m	x	y
z	d	e	f	g	h	i	t	s
u	z	w						

RICHTIG: d   d   d

Ohne Verwendung von Hilfsmitteln haben Sie für diese Aufgabe 2 Minuten Zeit; wenn Sie die d2 mit einem Bleistift durchstreichen, 1 Minute (Anmerkung: Sie können den Test natürlich auch selbst in einen d1-, p2- oder p1-Test variieren: erst gegen die Uhr suchen, danach – ohne Zeitlimit und mit Hilfsmittel – kontrollieren).

```
d  d  d  d  d  p  d  p  p  p  d  p  d  p

d  p  d  p  d  d  d  d  p  p  d  d  p  d

d  d  d  d  d  p  d  p  d  d  p  d  p  p

p  d  p  d  p  d  p  d  p  d  p  p  d  d

p  d  d  d  d  d  p  p  d  d  p  d  d  d

d  p  p  d  p  d  p  d  p  d  p  d  d  d
```

Übung 2

In folgendem „d2"-Test geht es darum, alle d-Zeichen mit zwei Punkten herauszufinden; dabei können die Punkte darüber, darunter oder sowohl als auch angebracht sein:

a)

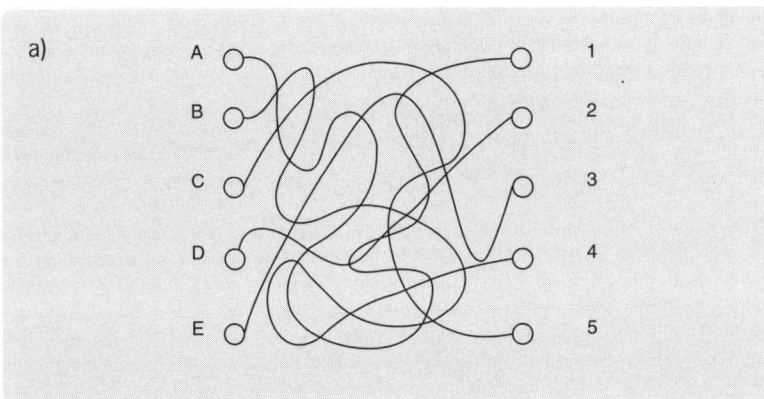

Übung 3

Bei dieser Aufgabe geht es darum, nur durch das Verfolgen der Linien mit dem bloßen Auge herauszufinden, welcher Buchstabe mit welcher Zahl verbunden ist. Für jede der folgenden Aufgaben haben Sie 30 Sekunden Zeit.

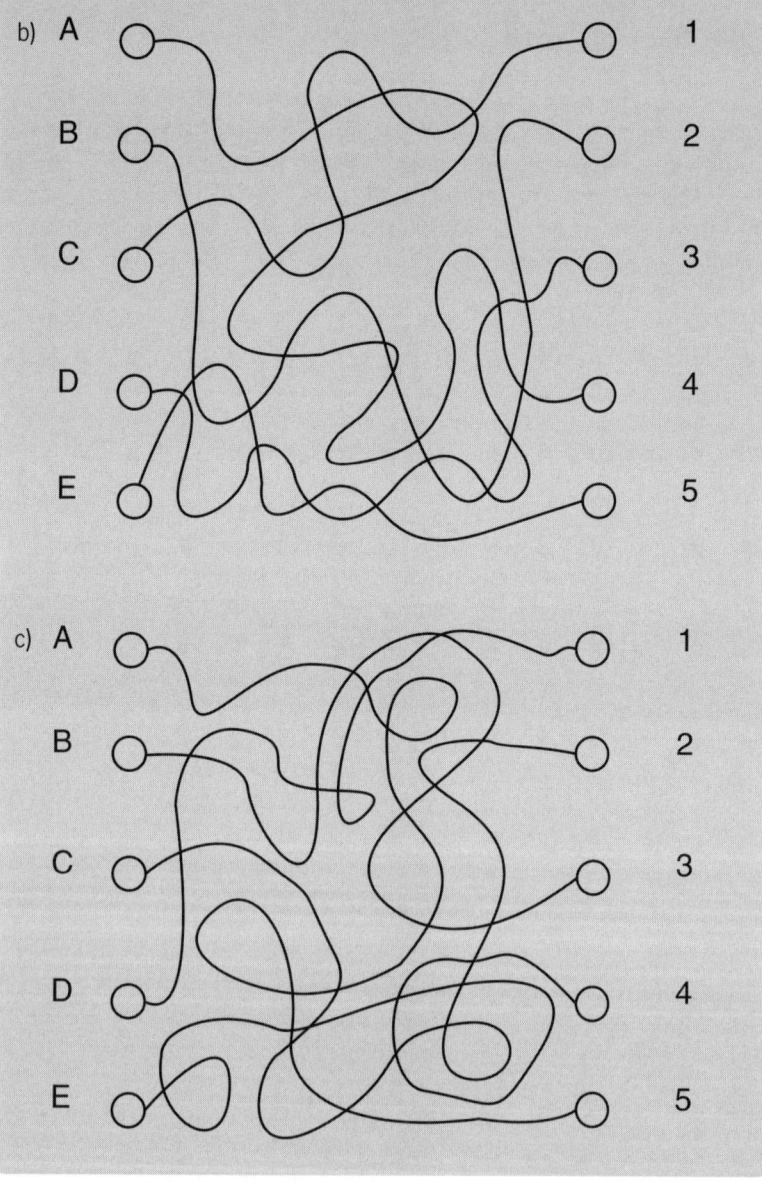

d)

e)

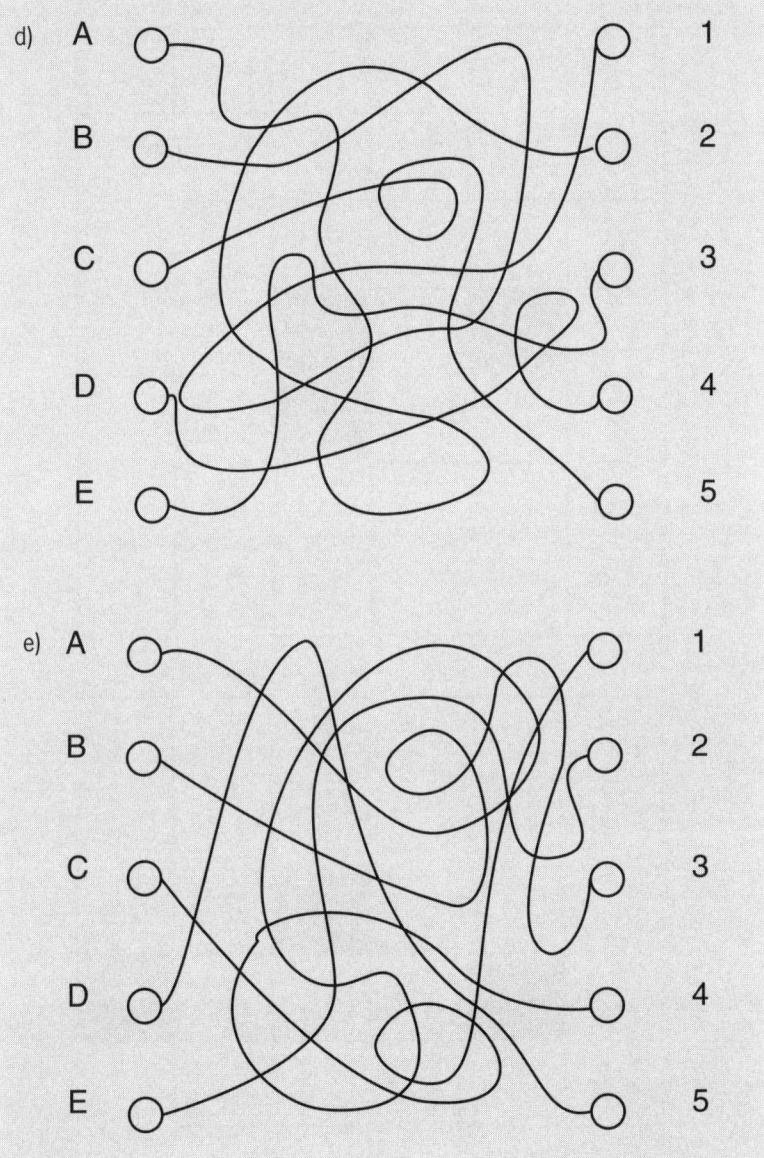

Übung 4

Versuchen Sie bei dieser Übung, so viele Zahlen wie möglich von 1–30 zu verbinden, ohne sie zu markieren. Für jede Teilaufgabe haben Sie 1 Minute Zeit.

a)

1	7	10	6

13	22	17	2	21

| 4 | 19 | 25 | 9 |

| 12 | ■ | 11 | ■ |
| 24 | 14 |

| 20 | 5 | 15 | 3 | 8 |
| 16 | 18 | 23 |

b)

| 11 | 1 | 22 | 17 | 4 |
| 18 | 7 |

| 6 | 14 | ■ | 21 | 12 |
| ■ | 19 | 10 | 24 | ■ |

| 25 | 9 | 5 | 15 |
| 13 | 16 |

| 3 | 23 | 2 | 20 | 8 |

c)

| 8 | 7 | 14 | 1 | 21 | 6 |

25 13
3   17   9   16   20

12 23
19   2   24   10
4 11

18   15   22   5

d)

| 12 | 3 | 5 | 9 |

18 13
22   14   2
7   20   6

25 10 17 24 21
15 1
4   16
19 23 8 11

Übung 5

Nehmen Sie sich für diese Aufgabe so viel Zeit, wie Sie wollen. Es geht darum, sich alle Symbole einzuprägen und danach auch alle nennen zu können. Versuchen Sie die Übung nach einigen Tagen wieder. Üben Sie verschiedene Merktechniken (Assoziationen, Reime). Ziel ist, eine möglichst geringe Merkzeit zu erreichen.

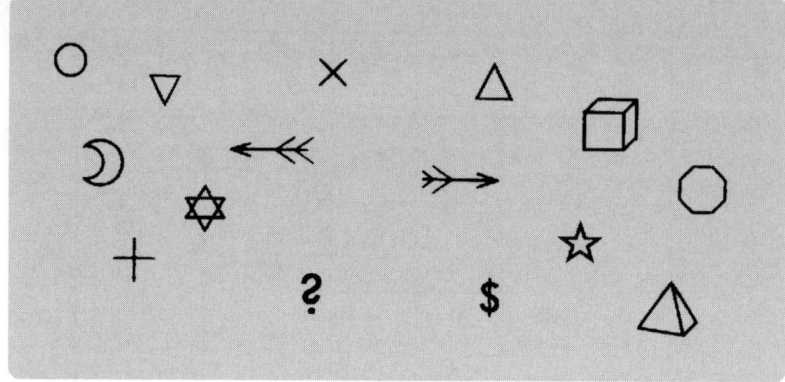

Übung 6

Finden Sie unter den folgenden Buchstaben alle Vokale (ohne Hilfsmittel: 1,5 Minuten, mit Bleistift 45 Sekunden) heraus. Wie viele sind es?

a	1	4	3	y	4	z	o	5
p	6	b	2	d	3	e	4	c
5	f	6	g	7	h	8	7	r
8	s	9	t	0	u	1	v	w
2	x	a	1	4	3	y	4	z
o	5	p	6	b	2	d	3	e
g	7	h	8	i	0	j	1	k
l	2	m	3	n	q	7	r	8
s	9	t	0	u	1	v	w	2
x	a	1	4	3	y	4	z	o
5	p	6	b	2	3	y	4	z
o	5	p	6	b	2	d	3	e
4	c	5	f	6	g	7	h	8
i	0	4	c	5	f	6	g	7
h	8	i	0	j	1	k	l	2
m	3	n	q	7	r	8	s	9
t	0	u	1	v	w	2	x	a
1	4	x	a	1	4	3	y	4
z	o	5	p	6	b	2	d	3
e	4	c	5	f	6	j	1	k
l	2	m	3	n	q	7	r	8
s	9	t	0	u	1	i	0	j

1	k	l	2	m	3	n	q	7
r	8	s	9	t	0	u	1	v
w	2	d	3	e	4	c	5	f
6	g	7	h	8	i	0	j	1
k	l	2	m	3	n	q	v	w
2	x	a	1	4	3	y	4	z
o	5	p	6	b	2	d	3	e
4	c	5	f	6	g	7	h	8
i	0	j	1	k	l	2	m	3
n	q	7	r	8	s	9	t	0
u	1	v	w	2	x			

RICHTIG: ̈d ̇d ̇d
 ̈d ̇d

Ohne Verwendung von Hilfsmitteln haben Sie für diese Aufgabe 2 Minuten Zeit; wenn Sie die d2 mit einem Bleistift durchstreichen, 1 Minute. Eigene Erweiterungen sind auch hier möglich – Sie können das Buch ja einmal auf den Kopf stellen!

d d d p q b q p b d b q d p

d d p d p q b q p b d b q d

p d d d p q b q p b d b q d

p d d d p q b b q p b d b q

d p d d d p q b q p b d b q

Übung 7

In dieser Erweiterung des „d2"- Tests finden sich neben d und p auch noch die Buchstaben b und q. Nach wie vor geht es darum, alle d-Zeichen mit zwei Punkten herauszufinden, dabei können die Punkte darüber, darunter oder sowohl als auch angebracht sein:

```
d  p  d  d  d  p  q  b  q  b  q  p  b  d

b  q  d  p  d  d  d  p  q  b  q  p  b  d

b  q  d  p  d  b  d  b  q  d  p  d  d  d

p  q  b  q  p  b  d  b  q  d  p  d  d  d

p  q  b  q  p  b  d  b  q  q  p  b  d  b

q  d  p  d  d  d  p  d  d  p  q  b  q  p

b  d  b  q  d  p  d  d  d  p  q  b  q  p

b  d  b  q  d  p  d  d  d  p  q  b  d  p

d  d  d  p  q  b  q  p  q  p  b  d  b  q

d  p  d  d  d  p  q  b  q  p  b  d  b  q

d  p  d  p  q  b  d  d  p  b  d  b  q  q

d  p  d  d  d  p  q  b  q  q  p  b  d  b

q  d  p  d  d  d  p  q  b  q  p  b  d  b
```

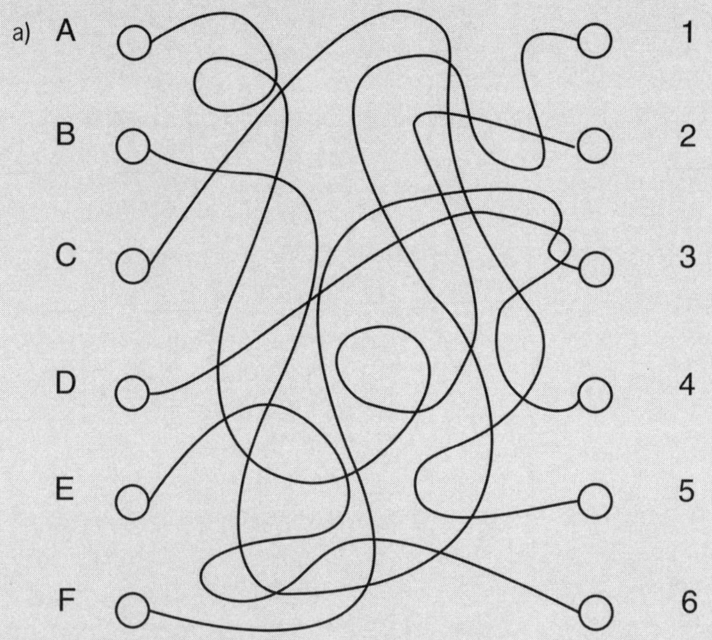

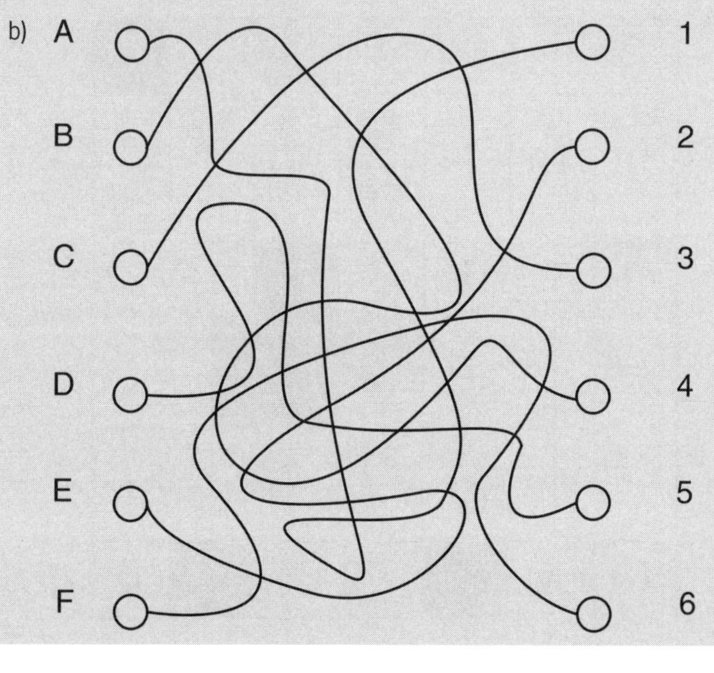

a)

A   1

B   2

C   3

D   4

E   5

F   6

b)

A   1

B   2

C   3

D   4

E   5

F   6

Übung 8

Diese Übung kennen
Sie bereits. Versuchen
Sie wieder, mit bloßem
Auge zu erkennen,
welcher Buchstabe mit
welcher Zahl
verbunden ist. Für
jede Teilaufgabe haben
Sie 1 Minute Zeit.

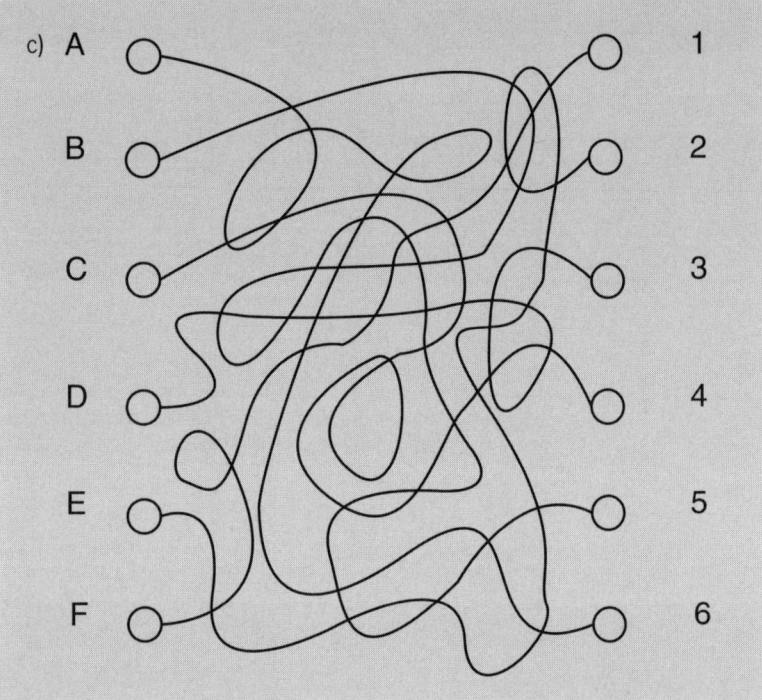

Übung 9

Auch diese Übung haben Sie in einfacherer Form bereits gemacht. Zählen Sie von 1–30, indem Sie mit dem Finger oder einem Stift (ohne zu markieren) auf die jeweilige Zahl im Kästchen zu tippen. Für jede Teilaufgabe haben Sie 1 Minute Zeit.

b)

7		27	19		6	21

| 14 | 1 | 11 | 23 | 28 | 12 |
| 29 | 8 | 2 | 25 |

20 26 30 22 17

3 13

16 18 24 5 15

4 9 10

c)

19 24 15 1 27 12

21 26 3 29 8

7 11 22

14 16 30 6 2

23 10 17

5 18 28 4 25 13

9

Übung 10

Bei der folgenden Übung finden Sie in jeder Abbildung mehrere Kreise, Striche, Dreiecke und Quadrate. Ein Kreis steht für die Zahl 1, ein Strich für die 2, ein Dreieck für die 3 und ein Quadrat für die 4. Übersetzen Sie die Symbole in ihren jeweiligen Zahlenwert und addieren Sie alle Zahlen zusammen. Für jede Teilaufgabe haben Sie 30 Sekunden Zeit.

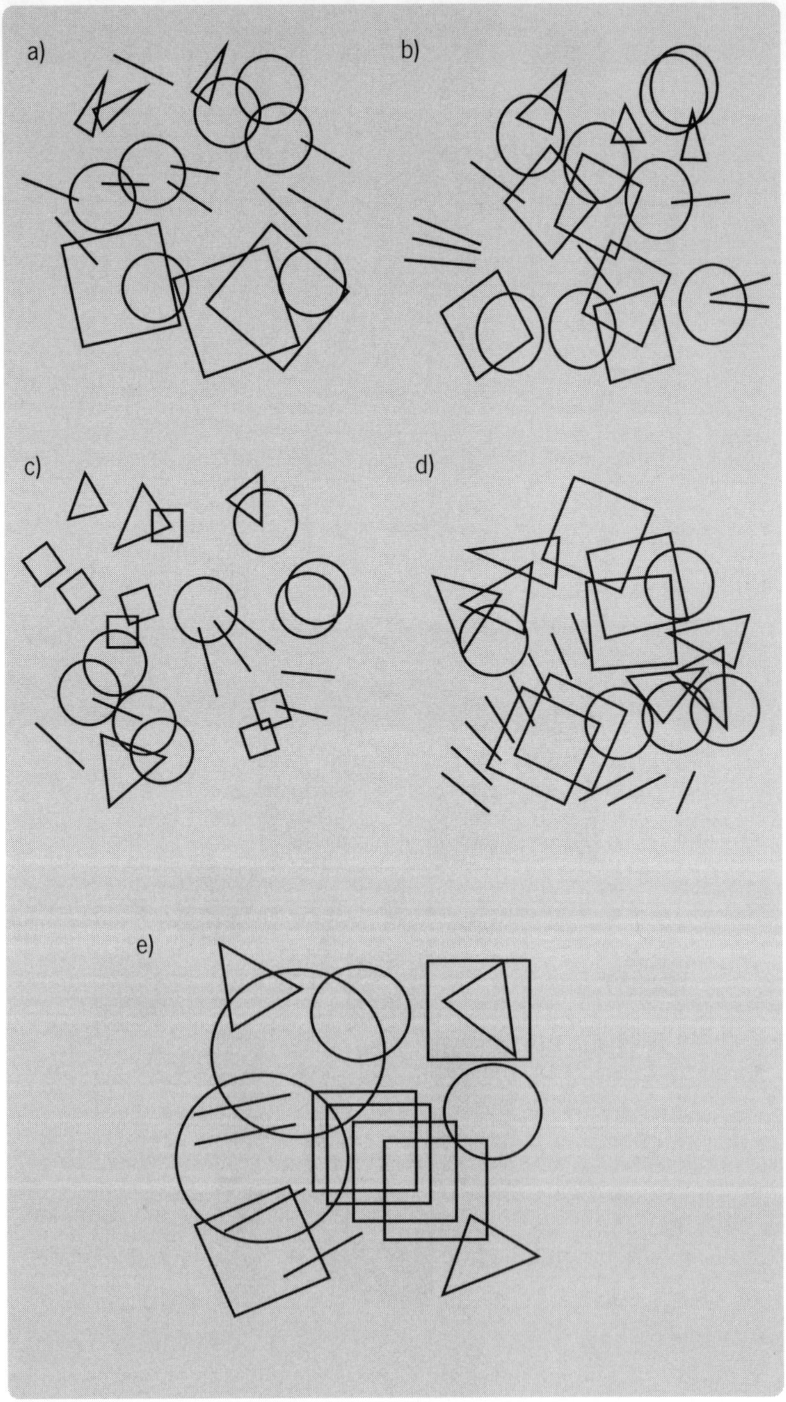

a)

b)

c)

d)

e)

a	b	d	x	v	b	z	e	f
w	q	f	r	t	s	t	t	b
y	p	w	g	b	c	r	t	h
g	d	f	c	a	w	k	o	l
p	q	f	e	s	m	k	f	t
z	u	i	o	t	c	w	x	q
a	r	n	d	m	n	n	j	l
z	v	b	g	h	s	y	x	e
i	o	v	c	f	w	r	g	f
d	b	m	l	e	s	z	u	p
b	x	v	f	w	e	h	a	q
w	s	c	t	h	i	k	e	r
f	z	h	t	g	u	j	i	k
o	l	p	m	b	n	v	c	y
x	q	r	e	t	r	s	q	c
b	n	w	m	g	j	a	i	p
d	f	r	a	w	b	m	d	t
e	u	z	h	j	t	k	s	d
f	x	v	b	a	y	q	g	b
v	b	s	d	j	k	i	o	i
z	z	j	r	e	t	u	b	a
m	i	o	k	q	s	e	s	w
b	n	j	z	r	i	a	d	d
e	f	g	b	d	t	z	u	w
c	n	l	p	s	l	m	e	r
w	t	z	a	f	u	o	z	b
a	d	u	t	p	e	i		

Übung 11

Suchen Sie unter den folgenden Buchstaben diejenigen Paare heraus, die im Alphabet aufeinander folgen (ab, ij, yz...). Ohne Hilfsmittel haben Sie dazu 1 Minute, mit Bleistift 2 Minuten Zeit.

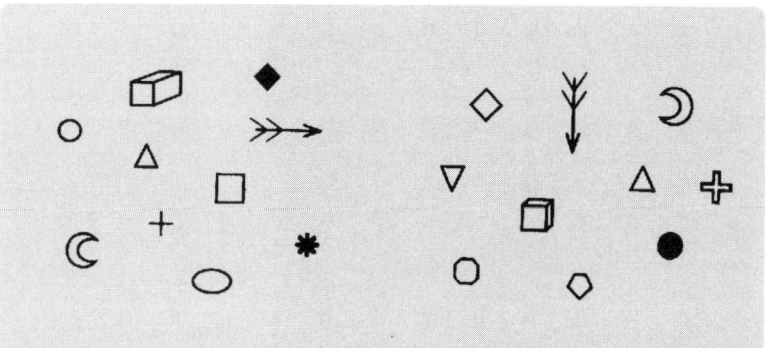

Übung 12

In dieser Aufgabe geht es wieder darum, sich alle Symbole einzuprägen und nennen zu können. Ziel ist, durch Übung eine möglichst geringe Merkzeit zu erreichen.

Übung 13

In dieser Variante des „d2"-Tests finden sich auf den nächsten Seiten neben den Buchstaben d, p, b und q mit keinem, einem oder zwei Punkten auch solche mit drei oder vier Punkten. Wieder sollen alle d-Zeichen mit zwei Punkten herausgefunden werden:

RICHTIG: d d d

Ohne Hilfsmittel haben Sie für diese Aufgabe 5 Minuten Zeit; wenn Sie die d2 mit einem Bleistift durchstreichen, 3 Minuten. Üben Sie mehrfach, erweitern Sie selbst die Testaufgaben!

d p q d b q d b p d b d d p
q d p q d b q d b b q d b q
b q d b b q p q d p d b d d
p q d p q d b q d b b q p q
d p d b d d p q d p q d b q
d b b q p q d p q d d d b d
d p q d p q d b q d b b q p
q d p d b d d p q d p q d d
b b q p q d p d b d d p q d
p q d p q d p d b d d p q p
q d p q d b q d b b b q p q

d	p	d	b	d	d	p	q	d	p	q	d	b	q
d	b	b	q	p	q	d	p	d	b	d	d	p	q
d	p	q	d	b	q	d	b	b	q	p	q	d	p
d	b	d	d	d	b	q	d	b	b	q	p	q	d
p	d	b	d	d	p	q	d	p	b	b	q	p	q
d	p	d	b	d	d	p	q	d	p	q	d	b	q
d	b	b	q	p	q	d	p	d	b	d	d	p	q
d	p	q	d	b	q	d	q	q	d	b	q	b	d
d	p	q	d	p	q	b	q	d	b	b	q	p	p
q	d	p	q	q	d	p	d	b	d	d	p	q	d
p	q	d	b	q	d	d	p	q	d	b	q	d	b
b	q	p	b	d	d	p	q	d	p	q	q	d	p
q	d	b	q	d	b	b	q	p	q	p	q	d	b

```
·· · · ·· ·· ·   ·   ·· · ··
q d b b q p q d p d b d d p
·· ··  ·  · ·  ·      ·  ·· ·
·· · ·   ··   · ·  ·  ·· ·
q d p q d b q d b b q p q d
 ··  ·   · ·  ··    ·  ·· · ··
·· · ·    ·  · ·  · ·· ·  ··
p d b b q p q d p d b d d p
· ··  ·  ·· ·   ··    ·   ·
q d b q d b d d p q d p q d
·· · ··   ··  · ·· ·  ··   ·

·· · · ·  ·· ·  · ·· ·· · ··
b b b q p q d p d b d d p q
 ·· · · ··   ·· · ·   ·· · ·
·· · · ·  ·· ·  ·· ·  ·· · ·
d p q d b q d b b q p q d d
·· · ·   · ·· · · · · ·· ··
```

Übung 14

Verfolgen Sie erneut mit bloßem Auge die Linien und finden Sie heraus, welcher Buchstabe mit welcher Zahl verbunden ist. Für jede Teilaufgabe haben Sie 1 Minute Zeit.

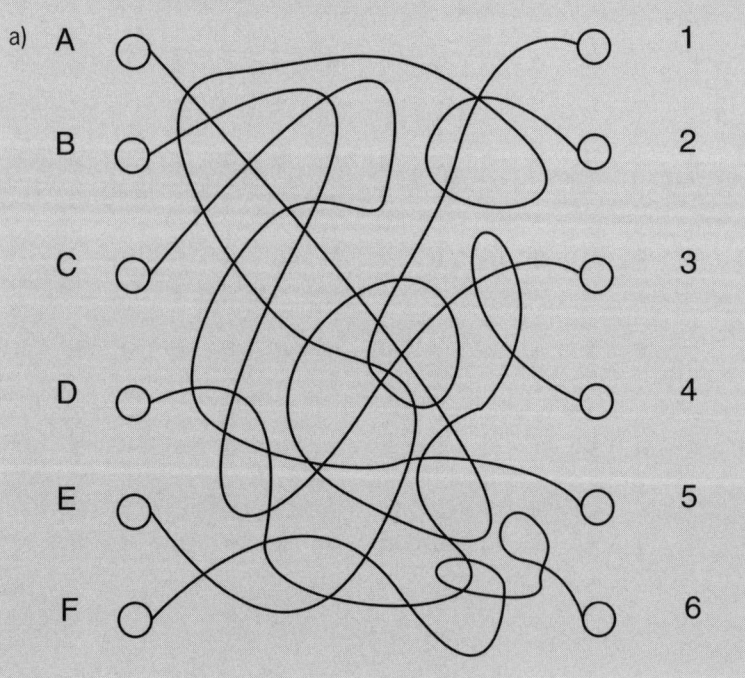

b)

c)

Übung 15

Zählen Sie von 1–35, indem Sie mit dem Finger oder einem Stift (ohne zu markieren) auf die jeweilige Zahl im Kästchen tippen. Für jede Teilaufgabe haben Sie 1 Minute Zeit.

a)

b)

c)

25	18	1	10	2
13	31	9	21		33	17
7	34		27	6	35
	28			15	11
22		5	32	20
16	30	12		29
		19	26
8	24	4	23	14	3

a)

Übung 16

Jede der folgenden Abbildungen enthält Kreise, Striche, Dreiecke und Quadrate. Ein Kreis steht für die Zahl 1, ein Strich für die 2, ein Dreieck für die 3 und ein Quadrat für die 4. Übersetzen Sie die Symbole in die jeweilige Zahl und addieren Sie die Zahlen im Kopf. Für jede Teilaufgabe haben Sie eine Minute Zeit.

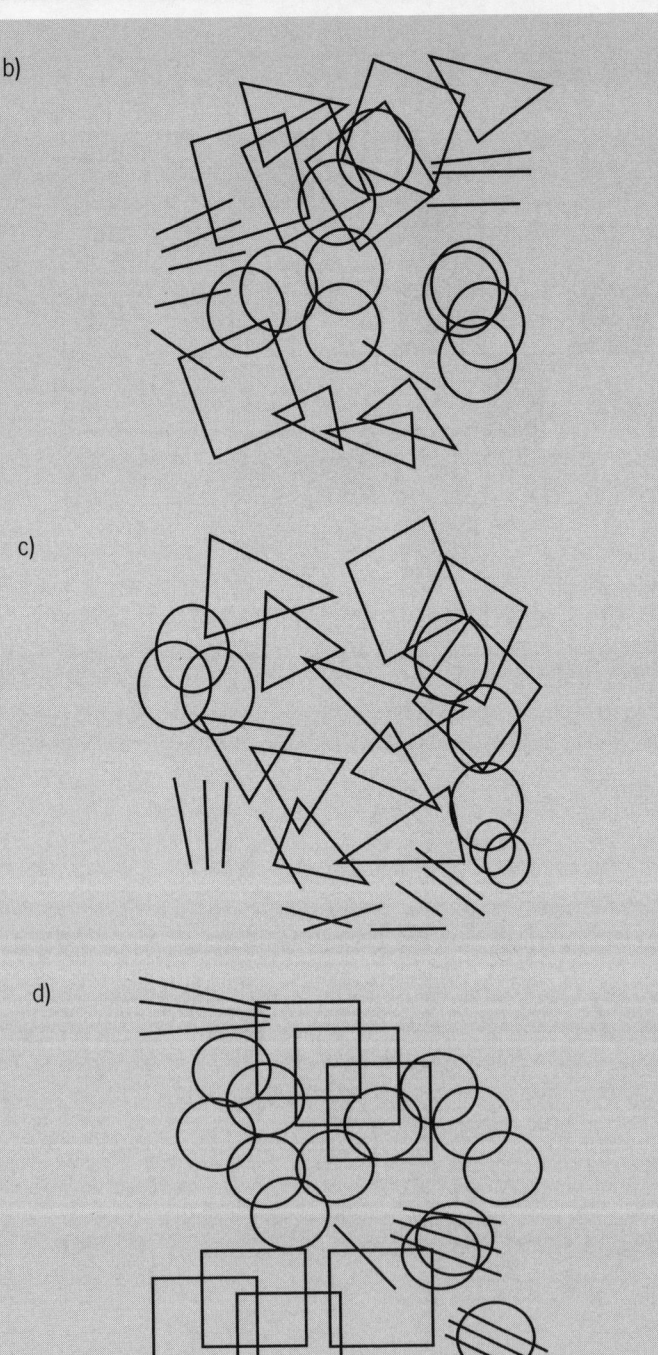

Übungen:
Praktische Intelligenz

Neben den rein geistigen Spielarten der Intelligenz gibt es noch eine ganze Reihe anderer. Einige, die auf der Koordination von Hand und Hirn, also von Geist und Körper basieren, nennt man auch „Praktische Intelligenz". Mit anderen Worten, es ist eine Sache zu wissen, welche Stromkreise in welcher Reihenfolge zu montieren sind, aber eine andere, zu wissen, in welche Richtung man den Schraubenzieher drehen muss, um eine Schraube festzumachen.

Kleinkinder trainieren Praktische Intelligenz, zusammen mit Formenwahrnehmung und allgemeiner Koordination, indem sie verschieden geformte Klötze in vorgegebene Löcher einwerfen lernen. Dem Erwachsenen stehen besonders zwei Arten zur Verfügung, um die praktische Intelligenz zu üben oder zu testen. Das sind zum einen Legespiele, die zum größten Teil auf geistiger Vorarbeit beruhen, zum anderen Formübungen, die Fingerfertigkeit erfordern.

Unter Legespielen versteht man vor allem Puzzles und das Füllen vorgegebener Formen, gemeinhin als „Tangram" bekannt. Für Puzzles benötigt man im allgemeinen Fähigkeiten im Bereich der visuellen Logik (Erkennen der Teile, ihrer Formen, ihrer Zeichnungen...), aber auch praktisches Verständnis ist gefragt, vor allem bei den besonders schwierigen, einfarbigen (meist weißen) Puzzles, wo man nur die Formen zur Verfügung hat und mit praktischem Sinn oder Gespür rascher zu Erfolgen gelangt.

Bei der anderen Art von Legespielen gilt es, eine vorgegebene Menge von flachen, geometrischen Plastik- oder Holzstücken (Rechtecke, Dreiecke, Halbkreise) so zusammenzufügen, dass eine vorgegebene größere Figur entsteht, die wieder eine geometrische Form oder aber der Schattenriss eines Objektes (Vase) oder eines Lebewesens (Fisch, Katze) sein kann. Es darf dabei kein Stück übrig bleiben.

Legespiele werden bei Intelligenztests eher selten eingesetzt – manchmal auch als reine Logik-Aufgabe ohne real vorhandene Puzzle- oder Tangram-Teile. Wer in diesem Bereich trainieren will, dem sei die Anschaffung von entsprechenden Legespielen (in jedem Spielwarengeschäft zu haben) angeraten.

Tipps

Legespiele

Formübungen

Ebenso wie Legespiele lassen sich Formübungen in Büchern nur beschreiben. Ausführen muss man sie, da es sich eben um praktische Übungen handelt, an realen Objekten. Bei Formübungen ist vor allem die Geschicklichkeit gefragt, aber auch die Geschwindigkeit, mit der eine Aufgabe gelöst wird. Auf Geschwindigkeit wird bei Einstellungstests nur dann geachtet, wenn derartige Fähigkeiten für diesen Job gefragt sind.

Eine mögliche Formübung wäre etwa, aus Ton oder Knetmasse geometrische Figuren herzustellen: Versuchen Sie einmal mit solchen Materialien Kugeln, Quadrate oder Kegel zu formen! Sind Sie mit Ihrer Leistung dabei nicht zufrieden, dann üben Sie gegen die Uhr.

Eine weitere Art der Formübung ist der Drahtbiegetest. Bei diesem gilt es, in möglichst kurzer Zeit möglichst genau vorgegebene Figuren aus einem geraden Stück Draht nachzubilden. Versuchen Sie's! Nehmen Sie einen leicht formbaren Draht (nicht zu dick, weil der Draht schwer zu behandeln ist, nicht zu dünn, weil der Draht zu leicht die Form aufgibt) mit maximal 20 cm Länge und bilden Sie Figuren wie ein Herz, einen Kreis oder ein Dreieck in möglichst kurzer Zeit nach. Sind Sie mit dem Ergebnis vom Aussehen oder der Zeit her nicht zufrieden, trainieren Sie weiter! Geben Sie sich dabei auch andere, eigene Formen vor.

Wann wurde in den USA das allgemeine Frauenwahlrecht eingeführt? **Übung 1** ⊕
- ❏ 1865
- ❏ 1906
- ❏ 1914
- ❏ 1920

Welche EU-Institution leitet **Wim Duisenberg** seit 1999? **Übung 2** ⊕
- ❏ EU-Kommission
- ❏ Europäischer Gerichtshof
- ❏ Europäische Zentralbank
- ❏ Europäischer Rechnungshof

Aus welchem Drama entstammt der Monolog „**Sein oder nicht sein ...**"? **Übung 3** ⊕
- ❏ Faust I
- ❏ Drei Schwestern
- ❏ Die Weber
- ❏ Hamlet

Was ist ein **Backup**? **Übung 4** ⊕
- ❏ Rumpfbeuge
- ❏ Rückenwirbel
- ❏ Sicherungskopie
- ❏ PC-Warnhinweis

Wer griff die US-Pazifikflotte in **Pearl Harbor** an? **Übung 5** ⊕
- ❏ China
- ❏ Vietnam
- ❏ Japan
- ❏ Korea

Wer berechnete zuerst die **Lichtgeschwindigkeit**? **Übung 6** ⊕
- ❏ Ole Rømer (1675)
- ❏ Max Planck (1936)
- ❏ Albert Einstein (1910)
- ❏ Werner Heisenberg (1960)

Für welchen Kunststil prägte Winckelmann die Merkmale „**edle Einfalt und stille Größe**"? **Übung 7** ⊕
- ❏ Renaissance
- ❏ Kubismus
- ❏ klassische Antike
- ❏ Naturalismus

Wie heißt die **berühmte Universität** von Paris? **Übung 8** ⊕
- ❏ Adelaide
- ❏ Oxford
- ❏ Sorbonne
- ❏ Université Laval

Welche **Kunstrichtung** bricht mit den traditionellen Vorstellungen der gegenständlichen Kunst? **Übung 9** ⊕
- ❏ Nouvelle Vague
- ❏ abstrakte Kunst
- ❏ Präraffeliten
- ❏ Ästhetik der Gewalt

Übung 10

Wer galt in der griechischen **Antike** als die schönste Frau der Welt?
- ❏ Kleopatra
- ❏ Aphrodite
- ❏ Helena
- ❏ Pallas Athene

Übung 11

Was ist ein **Fandango**?
- ❏ spanischer Paartanz
- ❏ Cancan
- ❏ Flamencogitarre
- ❏ Suite

Übung 12

Was ist der **kleinste Staat** in Europa?
- ❏ Vatikanstadt
- ❏ San Marino
- ❏ Liechtenstein
- ❏ Andorra

Übung 13

Was soll **Caesar** beim Übergang über den Rubicon gesagt haben?
- ❏ Der Würfel ist gefallen
- ❏ Ich wünschte es wäre Nacht oder Blücher käme.
- ❏ Gott will es (Deus lo vult)
- ❏ Von hier und heute geht eine neue Epoche aus

Übung 14

Welche nach 1945 entstandene neue **Theaterform** erhob das Sinnlose zum ästhetischen Prinzip?
- ❏ dokumentarisches Theater
- ❏ Nouveau roman
- ❏ Neuer Subjektivismus
- ❏ absurdes Theater

Übung 15

Welche altamerikanische Hochkultur entwickelte sich auf der Halbinsel **Yucatán**?
- ❏ Inka
- ❏ Maya
- ❏ Azteken
- ❏ Mixteken

Übung 16

Welcher Zweig der Mathematik befasst sich mit **Grenzwertberechnungen**?
- ❏ Arithmetik
- ❏ Geometrie
- ❏ Algebra
- ❏ Infinitesimalrechnung

Übung 17

Welcher Held aus **Troja** war der Sage nach ein Vorfahre der Römer?
- ❏ Hektor
- ❏ Aeneas
- ❏ Achill
- ❏ Jason

Übung 18

Wo entstand das **Königreich der Marathen**?
- ❏ Indien
- ❏ Siam
- ❏ Malaysia
- ❏ Persien

Wie nennt man die Darstellung von nackten Körpern in den **bildenden Künsten**?

❑ Büste   ❑ Porträt
❑ Akt   ❑ Skulptur

Übung 19
➕

Linux ist in der Computerwelt auf dem Vormarsch. Worum handelt es sich?

❑ PC-Spiel   ❑ Virenprogramm
❑ Betriebssystem   ❑ Internet-Anbieter

Übung 20
➕

Wo liegt die Stadt **Lahore**?

❑ Indien   ❑ Bangladesh
❑ Pakistan   ❑ Nepal

Übung 21
➕

Wann wurde das **Tabakrauchen** in Deutschland eingeführt?

❑ 1412   ❑ 1622
❑ 1848   ❑ 1918

Übung 22
➕

Wer gilt als Begründer des **Taoismus**?

❑ Kung-fu-tse   ❑ Dalai Lama
❑ Lao-tse   ❑ Buddha

Übung 23
➕

Welcher Südafrikaner erhielt 1984 den Friedensnobelpreis für seinen Kampf gegen die **Apartheid**?

❑ Nelson Mandela   ❑ F. W. De Klerk
❑ Desmond Tutu   ❑ P. W. Botha

Übung 24
➕

In welchem Märchen aus **Tausendundeiner Nacht** spricht der Held die Zauberworte „Sesam öffne dich!"?

❑ Zwerg Nase   ❑ Kalif Storch
❑ Alibaba und die   ❑ Sindbad der Seefahrer
    vierzig Räuber

Übung 25
➕

Wo wurde 1919 das **Amritsar-Massaker** verübt?

❑ Südafrika   ❑ Kongo
❑ Indien   ❑ China

Übung 26
➕

Wer gilt nach **Hippokrates** als der bedeutendste Arzt der Antike?

❑ Al-Razi   ❑ Avicenna
❑ Michel Servet   ❑ Galenos von Pergamon

Übung 27
➕

Übung 28
➕

Was gründete **John Davison Rockefeller** 1870?
❏ Ford Motor   ❏ General Electric
❏ Standard Oil   ❏ Universal Pictures

Übung 29
➕

Welche märchenhafte Kindergeschichte schrieb **Lewis Carroll** (1832–98)?
❏ Alice im Wunderland   ❏ Harry Potter
❏ Das Dschungelbuch   ❏ Der Herr der Ringe

Übung 30
➕

Wo befindet sich der Fluss **Oranje**?
❏ Mauretanien   ❏ Südafrika
❏ Oman   ❏ Holland

Übung 31
➕

Wann begann der **Dreißigjährige Krieg**?
❏ 1337   ❏ 1618
❏ 1701   ❏ 1848

Übung 32
➕

Wann wurden **Messer und Gabel** beim Essen üblich?
❏ um 1250   ❏ um 1450
❏ um 1650   ❏ um 1850

Übung 33
➕

Wo halten sich in der griechischen **Sage** die Seligen auf?
❏ Elysium   ❏ Hades
❏ Walhall   ❏ Olymp

Übung 34
➕

Wer sagte, „Im Übrigen meine ich, dass **Karthago** zerstört werden müsse"?
❏ Cato der Ältere   ❏ Alexander der Große
❏ Winston Churchill   ❏ Tschingis Khan

Übung 35
➕

Wie nennt man das **Kunstmittel,** mit dem man abstrakte Begriffe wie die „Gerechtigkeit" durch bildhafte Darstellungen, etwa der Justitia, veranschaulicht?
❏ Satire   ❏ Travestie
❏ Parabel   ❏ Allegorie

Übung 36
➕

Was versteht man in der Telekommunikation unter einem **Account**?
❏ monatliche Telefonrechnung   ❏ Homepage-Einrichung
❏ E-Mail-Adresse   ❏ Internet-Zugang

Wo wurde um 105 n. Chr. das **Papier** erfunden?

Übung 37 ➕

❑ Ägypten   ❑ Pergamon
❑ China   ❑ Persien

Was bezeichnet man als **Anthologie**?

Übung 38 ➕

❑ Satire   ❑ Sammlung
❑ Geschichtswerk   ❑ rhetorische Figur

Wo ist die Volksgruppe der **Sorben** beheimatet?

Übung 39 ➕

❑ Siebenbürgen   ❑ Banat
❑ Lausitz   ❑ Slowakei

Wer war **Hildegard von Bingen**?

Übung 40 ➕

❑ Tante Friedrich Barbarossas   ❑ englische Königin
❑ Mystikerin und Naturheilkundlerin   ❑ Markgräfin von Bingen

---

Welcher Epoche gehörte **Jane Austen** an?

Übung 41 ➕

❑ Barock   ❑ Romantik
❑ New Age   ❑ Renaissance

Wer wurde als **„Winterkönig"** bezeichnet?

Übung 42 ➕

❑ Kara Mustafa   ❑ Friedrich von der Pfalz
❑ Markus Antonius   ❑ Boris Godunow

Wann öffneten die ersten **Cafés**?

Übung 43 ➕

❑ 1215   ❑ 1492
❑ 1686   ❑ 1789

Wie nennt man ein **literarisches Werk**, in dem ein Schriftsteller sein eigenes Leben nachzeichnet?

Übung 44 ➕

❑ Anthologie   ❑ Memoiren
❑ Autobiografie   ❑ Briefroman

Nach welchem **Geographen** dreht sich die Sonne um die Erde?

Übung 45 ➕

❑ Ptolemäus   ❑ Nikolaus Kopernikus
❑ Tycho Brahe   ❑ Johannes Kepler

Übung 46

Welches philosophische Werk verfasste **Immanuel Kant**?
- ❑ Ideen zur Philosophie der Geschichte der Menschheit
- ❑ Kritik der reinen Vernunft
- ❑ Über den Gesellschaftsvertrag
- ❑ Grundlage der gesamten Wissenschaftslehre

Übung 47

Welcher „See" ist kein **Süßwassersee**?
- ❑ Victoriasee
- ❑ Baikalsee
- ❑ Ladogasee
- ❑ Barentssee

Übung 48

Wo findet die **„Grüne Woche"** statt?
- ❑ München
- ❑ Berlin
- ❑ Kiel
- ❑ Hannover

Übung 49

Welcher Österreicherin ist ein **Literaturpreis** gewidmet?
- ❑ Luise Rinser
- ❑ Ingeborg Bachmann
- ❑ Elfriede Jelinek
- ❑ Martina Ertl

Übung 50

Wo befindet sich der Sitz der **Bundesanstalt für Arbeit**?
- ❑ Kassel
- ❑ Nürnberg
- ❑ Frankfurt a. Main
- ❑ Berlin

Übung 51

Welche **Gedichtform** hat erzählende und dramatische Elemente?
- ❑ Sonett
- ❑ Ballade
- ❑ Distichon
- ❑ Madrigal

Übung 52

Was wird durch **ADSL-Verfahren** in der Datenfernübertragung beschleunigt?
- ❑ Taktfrequenz
- ❑ Wahlwiederholung
- ❑ Datenübertragungsrate
- ❑ Arbeitsspeicher

Übung 53

Wer wurde 1620 in der Schlacht am **Weißen Berg** bei Prag geschlagen?
- ❑ Friedrich von der Pfalz
- ❑ Türken
- ❑ Wallenstein
- ❑ Maximilian von Bayern

Übung 54

Wer errechnete als Erster den Erdumfang und die Entfernung zwischen der **Erde** und der Sonne?
- ❑ Nikolaus Kopernikus
- ❑ Eratosthenes
- ❑ Tycho Brahe
- ❑ Hipparchos von Nikäa

Wenn bezeichnete das 18. Jahrhundert verächtlich mit **„Blaustrumpf"**?
❑ Pfeife rauchende Frauen   ❑ gelehrte Frauen
❑ Prostituierte   ❑ Nonnen

Übung 55
➕

Was bezeichnet das arabische Wort **„Djebel"**?
❑ Oase   ❑ ausgetrocknetes Flusstal
❑ Berg   ❑ Ebene

Übung 56
➕

Woher stammt der Baustil der christlichen **Basilika**?
❑ Konstantinopel   ❑ römische Antike
❑ Persien   ❑ Lalibela

Übung 57
➕

Wer war der erfolgreichste Fahrer beim **24-Stunden-Rennen von Le Mans**?
❑ Jackie Stewart   ❑ Jochen Rindt
❑ Jackie Ickx   ❑ Ron Flockhardt

Übung 58
➕

Wer verfasste **Das Kapital**?
❑ André Kostolany   ❑ Karl Marx
❑ Johannes Gros   ❑ John M. Keynes

Übung 59
➕

Für wen war die Hinrichtungsart der **Kreuzigung** im römischen Reich vorgesehen?
❑ Religionsstifter   ❑ Sektierer
❑ Schwerverbrecher   ❑ Sklaven

Übung 60
➕

Wo war die Münze **Sesterz** in Gebrauch?
❑ Ming-Reich   ❑ Harappa-Kultur
❑ Römisches Reich   ❑ Teotihuacán

Übung 61
➕

Welcher deutsche Schriftsteller schrieb den Roman **Ansichten eines Clowns** (1963)?
❑ Heinrich Böll   ❑ Günter Grass
❑ Gottfried Keller   ❑ Samuel Beckett

Übung 62
➕

Wer trug den Beinamen **„Eiserner Kanzler"**?
❑ Fürst von Metternich   ❑ Otto von Bismarck
❑ Konrad Adenauer   ❑ Helmut Schmidt

Übung 63
➕

Übung 64

Welcher **Mathematiker** führte die indisch-arabischen Ziffern ein?
- ❏ Euklid
- ❏ al-Chwarizmi
- ❏ Thales von Milet
- ❏ Archimedes

Übung 65

Auf welcher europäischen Insel entstand um 790 das **Book of Kells**, ein Meisterwerk der Buchmalerei?
- ❏ Irland
- ❏ Helgoland
- ❏ Grönland
- ❏ Mont St. Michel

Übung 66

Was sind **Stalaktiten** und **Stalagmiten**?
- ❏ Bakterien
- ❏ Tropfsteine
- ❏ Kristalle
- ❏ Fadenwürmer

Übung 67

Nach wem benannte man den **Sadismus**?
- ❏ Leopold von Sacher-Masoch
- ❏ Marquis de Sade
- ❏ Sade
- ❏ Richard Krafft-Ebing

Übung 68

Welche Folge hatte 2001 die **E-Mail-Botschaft** „Ich liebe dich!"?
- ❏ Überlastung des Arbeitsspeichers
- ❏ Erhöhung der Internet-Gebühr
- ❏ Computervirus
- ❏ Senkung der Internet-Gebühr

Übung 69

In welcher Stadt hatte das **Reichskammergericht** seinen Sitz?
- ❏ Wetzlar
- ❏ Aachen
- ❏ Frankfurt am Main
- ❏ Wien

Übung 70

Wer war neben Achim von Arnim Herausgeber der Liedersammlung **Des Knaben Wunderhorn** (1806–08)?
- ❏ Gustav Mahler
- ❏ Clemens Brentano
- ❏ Friedrich Schlegel
- ❏ Ludwig Tieck

Übung 71

Wie bezeichnet man die Auswanderung **Mohammeds** aus Mekka nach Medina 622?
- ❏ Kaaba
- ❏ Hedschra
- ❏ Haddsch
- ❏ Jihad

Übung 72

Wer führte in den 60er-Jahren die schwarze **Bürgerrechtsbewegung Black Muslims** an?
- ❏ William Lloyd Garrison
- ❏ Martin Luther King
- ❏ Cassius Clay
- ❏ Malcolm X

Wer erfand das astronomische Fernrohr?

❑ Nikolaus Cusanus   ❑ Galileo Galilei
❑ Antony van Leeuwenhoek   ❑ Johannes Kepler

Übung 73
➕

Welcher **flämische Maler** des 16. Jahrhunderts bevorzugte für seine Gemälde Motive aus dem bäuerlichen Leben?

❑ Frans Hals   ❑ Piet Mondrian
❑ Pieter Bruegel d. Ä.   ❑ Hieronymus Bosch

Übung 74
➕

Was ist ein **Ichthyosaurus?**

❑ Flugsaurier   ❑ Fischsaurier
❑ Landsaurier   ❑ amphibischer Dinosaurier

Übung 75
➕

Wer zerstörte 70 n. Chr. **Jerusalem?**

❑ Gaius Iulius Caesar   ❑ Claudius Tiberius
❑ Titus   ❑ Attila

Übung 76
➕

Wie heißt heute das **„Theater nächst der Burg"**, das 1741 von Maria Theresia in Wien gegründet wurde?

❑ Thalia-Theater   ❑ Kammerspiele
❑ Burgtheater   ❑ Schaubühne

Übung 77
➕

Was ist ein **Menuett?**

❑ Tanz   ❑ Kavalarie-Attacke
❑ Versform   ❑ Arie

Übung 78
➕

Wo wurde die Stahl- und Waffenfabrik **Alfred Krupp** gegründet?

❑ Wuppertal   ❑ Mühlheim a. d. Ruhr
❑ Essen   ❑ Duisburg

Übung 79
➕

Wem diente **Kardinal Mazarin** als leitender Minister?

❑ Karl der Kühne   ❑ Ludwig XIV.
❑ Ludwig XVI.   ❑ Napoleon

Übung 80
➕

Welcher jüdisch-spanische Schriftsteller schrieb in deutscher Sprache den Roman **Die Blendung** (1935)?

❑ Elias Canetti   ❑ Ortega y Gasset
❑ Camilo José Cela   ❑ Franz Werfel

Übung 81
➕

Übung 82
➕

Wo wurde zum ersten Mal ein **U-Boot** getestet?
- ❏ Themse
- ❏ Donau
- ❏ Seine
- ❏ Tiber

Übung 83
➕

Welche **Religion** kennt ein Kastensystem?
- ❏ Kapitalismus
- ❏ Hinduismus
- ❏ Islam
- ❏ Christentum

Übung 84
➕

Was ist die veraltete Alternative zur **digitalen Technik**?
- ❏ Dialog
- ❏ Analog
- ❏ Synchron
- ❏ Monochrom

Übung 85
➕

Was ist ein **Iguanodon**?
- ❏ Elefant
- ❏ Mammut
- ❏ Dinosaurier
- ❏ Mastodon

Übung 86
➕

Welcher Organisation gehört die **UNESCO** an?
- ❏ UNO
- ❏ NATO
- ❏ EU
- ❏ OAU

Übung 87
➕

Welcher italienische Maler wirkte mit seinen realistisch-drastischen Darstellungen und lebendigen Lichtkontrasten auf die **Barock-Malerei**?
- ❏ Tizian
- ❏ Fra Angelico
- ❏ Caravaggio
- ❏ Massacio

Übung 88
➕

Für welchen Staat arbeitet der **Geheimdienst** Mossad?
- ❏ Russland
- ❏ Türkei
- ❏ Serbien
- ❏ Israel

Übung 89
➕

Wo stand einst der **„Kristallpalast"** aus Eisen und Glas?
- ❏ Berlin
- ❏ Petersburg
- ❏ Paris
- ❏ London

Übung 90
➕

Wer schuf die **Romanfiguren** des „Hercule Poirot" und der „Miss Marple"?
- ❏ Dashiell Hammett
- ❏ Agatha Christie
- ❏ Thornton Chandler
- ❏ Arthur Conan Doyle

Wer erfand 1642 das **Barometer**?
❏ Blaise Pascal ❏ Evangelista Torricelli
❏ Charles A. de Coulomb ❏ Nikola Tesla

Übung 91
➕

Wer gründete 1652 **Kapstadt** (Cape Town)?
❏ Portugiesen ❏ Engländer
❏ Spanier ❏ Niederländer

Übung 92
➕

Wo ist das Volk der **Kalash** beheimatet?
❏ Marokko ❏ Anatolien
❏ Pakistan ❏ Senegal

Übung 93
➕

Welches Gebäude „packte" der Aktionskünstler **Christo (Javacheff)** 1995
in der BR Dtl. ein?
❏ Deutsche Bank, Frankfurt ❏ Brandenburger Tor
❏ Berliner Reichstagsgebäude ❏ Wieskirche

Übung 94
➕

Wer bereitete mit seinen **Essays** von 1597 dem **Empirismus** den Weg?
❏ Francis Bacon ❏ John Stuart Mill
❏ Jeremy Bentham ❏ Carl Popper

Übung 95
➕

Welchen Namen trug **Konstantinopel** in der Antike bis 330?
❏ Istanbul ❏ Troja
❏ Byzantion ❏ Smyrna

Übung 96
➕

Welcher Schriftsteller schrieb den **Lederstrumpf**?
❏ James Fenimore Cooper ❏ Karl May
❏ Jack London ❏ Mark Twain

Übung 97
➕

Was ist die Hauptstadt von **Sachsen-Anhalt**?
❏ Halle ❏ Leipzig
❏ Dresden ❏ Magdeburg

Übung 98
➕

Von welchen Gelehrten entstammen 1654 Theorien der **Wahrscheinlich-
keitsrechnung**?
❏ Fermat und Pascal ❏ Candela und Faraday
❏ Newton und Hertz ❏ Thomson und Joule

Übung 99
➕

Übung 100
➕

Wovon leitet sich der Name **Silicon Valley** ab?
- ❏ Big Valley
- ❏ Silicium-Halbleiterelement
- ❏ Silikose
- ❏ Silesia (engl. für Schlesien)

Übung 101
➕

Wen heiratete der amerikanische Profi-Baseballspieler **Joe DiMaggio**?
- ❏ Joan Crawford
- ❏ Bette Davis
- ❏ Gina Lolobrigida
- ❏ Marilyn Monroe

Übung 102
➕

Wie heißen die Nachkommen **französischer Siedler** in den USA?
- ❏ Batavier
- ❏ Cajuns
- ❏ Armagnacs
- ❏ Gauloises

Übung 103
➕

Welcher **Impressionist** malte **Balletteusen im Übungssaal**?
- ❏ Edouard Manet
- ❏ Edgar Degas
- ❏ Auguste Renoir
- ❏ Alfred Sisley

Übung 104
➕

Wo fanden 1685 15.000 aus Frankreich vertriebene **Hugenotten** dauerhaftes Asyl?
- ❏ England
- ❏ Nordamerika
- ❏ Brandenburg
- ❏ Schweiz

Übung 105
➕

Was bezeichnet man als **„Schwarzer Freitag"**?
- ❏ Einführung der Rentenmark
- ❏ Niederlage im Ersten Weltkrieg
- ❏ Börsenkrach
- ❏ jüdischer Feiertag

Übung 106
➕

Welches Märchen machte den Dichter **Antoine de Saint-Exupéry** (1900–44) berühmt?
- ❏ Zwerg Nase
- ❏ Der kleine Prinz
- ❏ Oberons Hochzeit
- ❏ Eulenspiegel

Übung 107
➕

Wer entwickelte die **Monadenlehre**?
- ❏ G. W. Leibniz
- ❏ Baruch Spinoza
- ❏ Giordano Bruno
- ❏ Poseidonius

Übung 108
➕

Welcher Plan sah vor, aus **Deutschland** nach 1945 ein Agrarland zu machen?
- ❏ Dawes-Plan
- ❏ NATO-Doppelbeschluss
- ❏ Morgenthau-Plan
- ❏ Stalin-Note

Wann wurden die roten **Blutkörperchen** entdeckt?
- ❏ im 17. Jahrhundert
- ❏ im 18. Jahrhundert
- ❏ im 19. Jahrhundert
- ❏ im 20. Jahrhundert

Übung 109 ➕

Wer schuf noch vor **Michelangelo** die erste umschreitbare Freifigur der Neuzeit?
- ❏ Donatello
- ❏ Iacopo della Quercia
- ❏ Lorenzo Ghiberti
- ❏ Michelozzo

Übung 110 ➕

Wie hieß **Tasmanien** bis 1853?
- ❏ Melanesien
- ❏ Chatham-Inseln
- ❏ Van-Diemens-Land
- ❏ Georgina

Übung 111 ➕

Welches **Billard-Spiel** wird mit 22 Bällen gespielt?
- ❏ Pool-Billard
- ❏ Karambolage-Billard
- ❏ Snooker
- ❏ Englisches Billard

Übung 112 ➕

Welche Stilrichtung der amerikanischen Rock-Musik vertrat die Gruppe **Nirvana**?
- ❏ Rock 'n' Roll
- ❏ Punk
- ❏ Grunge
- ❏ Hip Hop

Übung 113 ➕

Wo regierten seit 320 die **Gupta**-Herrscher?
- ❏ Goldküste
- ❏ China
- ❏ Peru
- ❏ Indien

Übung 114 ➕

Welches Kunstwerk verherrlicht den **Condottiere Gattamelata**?
- ❏ Gemälde
- ❏ Reiterstandbild
- ❏ Büste
- ❏ Epos

Übung 115 ➕

Auf welchem Zahlensystem beruht die **binäre Darstellung**?
- ❏ Dezimalsystem
- ❏ Hexadezimalsystem
- ❏ Dualsystem
- ❏ Duodezimalsystem

Übung 116 ➕

Welche Adelsfamilie betrieb in Deutschland das erste **Postsystem**?
- ❏ Fugger
- ❏ Habsburger
- ❏ Hohenzollern
- ❏ Thurn und Taxis

Übung 117 ➕

Übung 118
➕

Welche **literarische Grundform** verwendet das Mittel der szenischen Darstellung?
- ❑ Epos
- ❑ Lyrik
- ❑ Drama
- ❑ Roman

Übung 119
➕

Wer stellte 1683 das **Gravitationsgesetz** auf?
- ❑ Gottfried Wilhelm Leibniz
- ❑ Isaak Newton
- ❑ Blaise Pascal
- ❑ Christiaan Huygens

Übung 120
➕

Welcher **Philosoph** gilt als ein Hauptvertreter des Deutschen Idealismus?
- ❑ Karl Marx
- ❑ Ludwig Feuerbach
- ❑ Werner Sombart
- ❑ Johann Gottlieb Fichte

Übung 121
➕

An welchem Fluss liegen unter anderem die **Schlösser** Chambord, Blois und Amboise?
- ❑ Loire
- ❑ Seine
- ❑ Garonne
- ❑ Rhône

Übung 122
➕

Woher kommt der Begriff **Blitzkrieg**?
- ❑ Napoleon'sche Kriege
- ❑ Vietnamkrieg
- ❑ Zweiter Weltkrieg
- ❑ Kosovokrieg

Übung 123
➕

Welche berühmte Novelle schrieb Dichterin **Annette von Droste-Hülshoff** (1797–1848)?
- ❑ Unterm Birnbaum
- ❑ Die Chronik der Sperlingsgasse
- ❑ Stopfkuchen
- ❑ Die Judenbuche

Übung 124
➕

Wer kreierte 1926 das **„kleine Schwarze"**?
- ❑ Vivienne Westwood
- ❑ Coco Chanel
- ❑ Asta Nielsen
- ❑ Christian Dior

Übung 125
➕

Welcher angelsächsische **König** verhinderte, dass England an die Dänen fiel?
- ❑ Alfred der Große
- ❑ Wilhelm der Eroberer
- ❑ Aethelred II.
- ❑ Edward der Bekenner

Übung 126
➕

Welches deutsche Wörterbuch war die Grundlage für die erste **Rechtschreibreform**?
- ❑ Adelung
- ❑ Grimm
- ❑ Duden
- ❑ Campe

Wer demonstrierte 1654 das aufregende **Experiment** mit den Magdeburger Halbkugeln?
- ❏ Antoni van Leeuwenhoek
- ❏ Christiaan Huygens
- ❏ Otto von Guericke
- ❏ Gottfried Wilhelm Leibniz

Übung 127
➕

Was war **Samuel von Pufendorf** (1632–94)?
- ❏ Bankier
- ❏ Gelehrter des Natur- und Völkerrechts
- ❏ Erfinder
- ❏ Dichter

Übung 128
➕

Welchem Staat gehört **Timor,** die größte der kleinen Sundainseln, an?
- ❏ Malaysia
- ❏ Neuguinea
- ❏ Myanmar
- ❏ Indonesien

Übung 129
➕

Welcher weltweit größte **Chemie-Konzern** wurde 1925 gegründet?
- ❏ VEBA
- ❏ I.G. Farben AG
- ❏ DEGUSSA
- ❏ Sandoz

Übung 130
➕

Welcher Roman hat den Philologie-Professor **Umberto Eco** (*1932) berühmt gemacht?
- ❏ Das offene Kunstwerk
- ❏ Das Kapital lesen
- ❏ Der Name der Rose
- ❏ Die Verliese des Vatican

Übung 131
➕

Welche Funktion hat eine **Grafikkarte**?
- ❏ Bildschirmdarstellung
- ❏ Download aus dem Internet
- ❏ Programmverwaltung
- ❏ Upgrade-Installation

Übung 132
➕

Wer war **Ramakrishna**?
- ❏ Heiliger
- ❏ Staatsmann
- ❏ Inkarnation Buddhas
- ❏ Kricketspieler

Übung 133
➕

Welches **Parlament** bezeichnet seine Volksvertretung als Unterhaus?
- ❏ Congress, Washington
- ❏ Assemblée Nationale, Paris
- ❏ Houses of Parliaments, London
- ❏ Nationalrat, Wien

Übung 134
➕

Wie heißt die chinesische Lehre der harmonischen **Lebens**- und **Wohnraumgestaltung**?
- ❏ I Ging
- ❏ Tao
- ❏ Feng Shui
- ❏ Reiki

Übung 135
➕

Übung 136
➊

Was ist das unterscheidende Merkmal der **Epik** gegenüber den literarischen Gattungen Lyrik und Dramatik?
- ❏ Pointierung
- ❏ Reim
- ❏ erzählende Form
- ❏ Strophenform

Übung 137
➊

Wer führte die moderne **Klassifikation** der Tier- und Pflanzenwelt ein?
- ❏ Gregor Mendel
- ❏ Carl von Linné
- ❏ Jean Baptiste Lamarck
- ❏ Plinius der Ältere

Übung 138
➊

Wann erfolgte die Teilung des **Römischen Reiches** in Ost- und Westrom?
- ❏ 800
- ❏ 395
- ❏ 44 v. Chr.
- ❏ 1453

Übung 139
➊

Wo befinden sich die **Tempel** von Abu Simbel?
- ❏ Sudan
- ❏ Tunesien
- ❏ Mali
- ❏ Ägypten

Übung 140
➊

Wer gilt als Schöpfer des **epischen Theaters**?
- ❏ Peter Weiss
- ❏ Heiner Müller
- ❏ Bert Brecht
- ❏ Wolfgang Borchert

Übung 141
➊

Wer gründete 1691 **Kalkutta** in Indien?
- ❏ Marathen
- ❏ Niederländer
- ❏ Briten
- ❏ Franzosen

Übung 142
➊

Wo befindet sich das bedeutende europäische Museum **Eremitage**?
- ❏ München
- ❏ London
- ❏ Madrid
- ❏ St. Petersburg

Übung 143
➊

Welcher **Philosoph** verfasste „Die Welt als Wille und Vorstellung"?
- ❏ J. G. Fichte
- ❏ A. Schopenhauer
- ❏ G. W. F. Hegel
- ❏ F. Schleiermacher

Übung 144
➊

Was ist eine **persona non grata**?
- ❏ hoher Staatsbeamter
- ❏ unerwünschte Person
- ❏ Deserteur
- ❏ Bürge

Was ist eine **Mongolfiere**? | **Übung 145**
❏ Kronleuchter ❏ venezianische Gondel | ➕
❏ Heißluftballon ❏ mongolische Pferderasse

Wie heißt die chinesische Körperübung des „**Schattenboxens**"? | **Übung 146**
❏ Kung Fu ❏ Karate | ➕
❏ Tai Chi ❏ Jiu-Jitsu

Welches Land schaffte 1967 alle **religiösen Einrichtungen** ab? | **Übung 147**
❏ Kasachstan ❏ Rumänien | ➕
❏ Bulgarien ❏ Albanien

Wozu benötigt der PC einen **Browser**? | **Übung 148**
❏ Installation ❏ Blättern im Internet | ➕
❏ ISDN-Anschluss ❏ Vergabe der E-Mail-Adresse

Wie ärgert und verspottet **Till Eulenspiegel** seine Zeitgenossen? | **Übung 149**
❏ Satiren ❏ Anekdoten | ➕
❏ Streiche ❏ Gedichte

Wann war die russische **Oktoberrevolution**? | **Übung 150**
❏ 1848 ❏ 1917 | ➕
❏ 1923 ❏ 1941

In welchem Roman ist **Felix Krull** der Held der Handlung? | **Übung 151**
❏ Felix Krull ❏ Der brave Soldat Schwejk | ➕
❏ Aus dem Leben eines Taugenichts ❏ Der Grüne Heinrich

Wer gründete 1703 **St. Petersburg**? | **Übung 152**
❏ Rurik ❏ Iwan der Schreckliche | ➕
❏ Peter der Große ❏ Rudolf Nurejew

Wo befindet sich das **Forum Romanum**? | **Übung 153**
❏ Athen ❏ Venedig | ➕
❏ Trier ❏ Rom

Übung 154
➕

Wer erfand 1800 die erste **Batterie**?
- ❏ James Watt
- ❏ André Marie Ampère
- ❏ Alessandro Volta
- ❏ William Henry

Übung 155
➕

Wer behauptete, **Religion** sei Opium für das Volk?
- ❏ Ludwig Feuerbach
- ❏ Karl Marx
- ❏ Friedrich Nietzsche
- ❏ Voltaire

Übung 156
➕

Welche deutsche **Fluggesellschaft** wurde 1926 gegründet?
- ❏ Graf Zeppelin
- ❏ Deutsche Luftreederei
- ❏ Deutsche Luft Hansa
- ❏ Lauda Air

Übung 157
➕

Wann ist ungefähr das **Weltall** entstanden?
- ❏ 5 Mrd. Jahre
- ❏ 15 Mrd. Jahre
- ❏ 10 Mrd. Jahre
- ❏ 20 Mrd. Jahre

Übung 158
➕

Was ist eine **Koryphäe**?
- ❏ hervorragender Gelehrter bzw. Fachmann
- ❏ Kybele-Priesterin
- ❏ weibliche Säulenfigur
- ❏ Fabelwesen

Übung 159
➕

Wer schlug die Römer im **Teutoburger Wald?**
- ❏ Vercingetorix
- ❏ Arminius
- ❏ Pyrrhus
- ❏ Hannibal

Übung 160
➕

Wer ist der Titelheld in Mary Shelleys Roman **Frankenstein** (1818)?
- ❏ Monster
- ❏ Psychiater
- ❏ Arzt
- ❏ Zigeuner

Übung 161
➕

Seit wann gab es **Ungarn** als unabhängigen modernen Staat?
- ❏ 1848
- ❏ 1945
- ❏ 1919
- ❏ 1990

Übung 162
➕

Was ist ein **Fresko**?
- ❏ Mosaik
- ❏ Ölgemälde
- ❏ Wandgemälde
- ❏ Plastik

Was hat **Louis Braille** 1834 erfunden? **Übung 163**
- ❑ Barometer
- ❑ Blindenschrift
- ❑ Daguerreotypie
- ❑ Draisine

Welche Personen bezeichnet man als **Hacker**? **Übung 164**
- ❑ Computerfreaks
- ❑ Surfer
- ❑ Internet-Schnüffler
- ❑ Software-Anbieter

Wo regierte die **Mogul-Dynastie**? **Übung 165**
- ❑ Indien
- ❑ Ägypten
- ❑ Syrien
- ❑ Mongolei

Wie nennt man die Ureinwohner **Australiens**? **Übung 166**
- ❑ Maori
- ❑ Aborigines
- ❑ Polynesier
- ❑ Jakuten

Wer hielt 1937 zu Land und zu Wasser den **Geschwindigkeitsweltrekord**? **Übung 167**
- ❑ Malcolm Campbell
- ❑ Alfred Harmsworth
- ❑ Rudolf Caracciola
- ❑ Giuseppe Farina

In welchem Roman beschreibt **Max Frisch** einen zufälligen Inzest zwischen Vater und Tochter? **Übung 168**
- ❑ Stiller
- ❑ Homo Faber
- ❑ Andorra
- ❑ Mein Name sei Gantenbein

Was ist ein **Mendikant**? **Übung 169**
- ❑ Drogensüchtiger
- ❑ Bettelmönch
- ❑ Pharmaziestudent
- ❑ Sozialhilfeempfänger

Was ist ein **Troglodyt**? **Übung 170**
- ❑ Höhlenmensch
- ❑ Dinosaurier
- ❑ Eskimo
- ❑ Versteinerung

Für welche Überzeugung trat **Mahatma Gandhi** seit 1920 in Indien ein? **Übung 171**
- ❑ cholesterinarme Ernährung
- ❑ indische Selbstverwaltung
- ❑ sozialistische Revolution
- ❑ Aufnahme in den Commonwealth

Übung 172
⊕

Welches Gemälde von **Francisco de Goya** dokumentiert die napoleonischen Kriegsgräuel?
- ❏ Die Erschießung Kaisers Maximilians
- ❏ Die großen Badenden
- ❏ Die Erschießung der Aufständischen
- ❏ Tunesische Landschaft

Übung 173
⊕

Was hat **Charles Babbage** 1834 erfunden?
- ❏ Backpulver
- ❏ Kompass
- ❏ Batterie
- ❏ Rechenmaschine

Übung 174
⊕

Wer war der erste römische **Kaiser?**
- ❏ Julius Caesar
- ❏ Marc Aurel
- ❏ Augustus
- ❏ Justinian

Übung 175
⊕

Wo liegen die **Fidschi-Inseln?**
- ❏ Indischer Ozean
- ❏ Südatlantik
- ❏ Chinesisches Meer
- ❏ Südpazifik

Übung 176
⊕

In welcher Kunstgattung schuf **Edvard Grieg** Meisterwerke?
- ❏ Bildhauerei
- ❏ Grafik
- ❏ Musik
- ❏ Theaterdichtung

Übung 177
⊕

Wer eroberte 1717 **Belgrad** von den Türken zurück?
- ❏ Herzog von Marlborough
- ❏ Johann III. Sobiezky
- ❏ Andrea Doria
- ❏ Prinz Eugen

Übung 178
⊕

Was trug vor allem zur Berühmtheit der Brüder **Jakob und Wilhelm Grimm** bei?
- ❏ Deutsches Wörterbuch
- ❏ Der Cid
- ❏ Kinder- und Hausmärchen
- ❏ Die romantische Schule

Übung 179
⊕

Wer stellte 1898 erstmals **Heroin** her?
- ❏ Hoechst
- ❏ Robert Koch
- ❏ Bayer
- ❏ John Franklin-Enders

Übung 180
⊕

Was ist ein **Laptop?**
- ❏ Desktop
- ❏ Notebook
- ❏ tragbarer PC
- ❏ Flipchart

Wie nennt man ein **unheildrohendes Zeichen**? **Übung 181**
- ❑ Omen
- ❑ Talisman
- ❑ Pentagramm
- ❑ Menetekel

Was legte den Grundstein für die **EWG**? **Übung 182**
- ❑ Vertrag von Locarno
- ❑ Élysée-Vertrag
- ❑ Oslo-Verträge
- ❑ Verträge von Rom

Welches **Lichtbildverfahren** steht am Beginn der Fotografie? **Übung 183**
- ❑ Daguerreotypie
- ❑ Kirlian-Verfahren
- ❑ Kinetoskop
- ❑ Laterna Magica

Was war die **Prohibition** in den USA? **Übung 184**
- ❑ Verbot der Pornographie
- ❑ Verbot der Prostitution
- ❑ Alkoholverbot
- ❑ Verbot der Kommunistischen Partei

Wo liegt **Makedonien**? **Übung 185**
- ❑ Osttürkei
- ❑ Balkan
- ❑ Turkestan
- ❑ Kaukasien

Welche lyrische Form bevorzugte der Barockdichter **Andreas Gryphius** (1616–46)? **Übung 186**
- ❑ Stanze
- ❑ Sonett
- ❑ Terzine
- ❑ Knittelvers

Wer unternahm 1922 den **„Marsch auf Rom"**? **Übung 187**
- ❑ König Victor Emanuel III
- ❑ Gabriele d'Annunzio
- ❑ Benito Mussolini
- ❑ Mafia

Welche Art von Bücher verfasste **Dashiell Hammett**? **Übung 188**
- ❑ Liebesromane
- ❑ Kriminalgeschichten
- ❑ Horrorerzählungen
- ❑ historische Romane

Wer gründete 1718 **New Orleans**? **Übung 189**
- ❑ Franzosen
- ❑ Spanier
- ❑ Engländer
- ❑ Niederländer

Übung 190
➕

Wer erfand den Privatdetektiv **Philipp Marlowe**?
- ❑ Georges Simenon
- ❑ Raymond Chandler
- ❑ Dashiell Hammett
- ❑ Agatha Christie

Übung 191
➕

Von wem stammt der erste **Telegrafendienst**?
- ❑ Philipp Reis
- ❑ Samuel Morse
- ❑ Alexander G. Bell
- ❑ Thomas A. Edison

Übung 192
➕

Welches deutsche Markenprodukt wird 1893 auf der **Weltausstellung** in Chicago vorgestellt?
- ❑ Sauerkraut
- ❑ Persil
- ❑ Weißwurst
- ❑ Leibniz-Keks

Übung 193
➕

Wie heißt das Gebirge entlang der südamerikanischen **Westküste**?
- ❑ Rocky Mountains
- ❑ Sierra Nevada
- ❑ Appalachen
- ❑ Anden

Übung 194
➕

Was symbolisiert die **Menora**, der siebenarmige Leuchter der Juden?
- ❑ Jahwe
- ❑ Auserwähltheit
- ❑ Kanaan
- ❑ Rechtgläubigkeit

Übung 195
➕

Wer löste den **Gordischen Knoten?**
- ❑ Wilhelm der Eroberer
- ❑ Herakles
- ❑ Alexander der Große
- ❑ König Salomon

Übung 196
➕

Was ist ein **Desktop**?
- ❑ tragbarer PC
- ❑ grafische Benutzeroberfläche
- ❑ Telefonanlage
- ❑ PC-Monitor

Übung 197
➕

Welcher österreichische Autor verfasste die **Publikumsbeschimpfungen**?
- ❑ Thomas Bernhard
- ❑ Ödön von Horváth
- ❑ Peter Handke
- ❑ Karl Kraus

Übung 198
➕

Was bedeutet das japanische Wort **Kamikaze**?
- ❑ „Götterwind"
- ❑ „Springflut"
- ❑ „Taifun"
- ❑ „Komet"

Gegen wen führte **Friedrich der Große** die Schlesischen Kriege?   **Übung 199**
- ❏ Katharina die Große
- ❏ Maria Theresia
- ❏ August der Starke
- ❏ Joseph II.

Wer baute 1817 das erste lenkbare **Laufrad**?   **Übung 200**
- ❏ Karl F. Drais
- ❏ Dalzell
- ❏ Kirkpatrick Macmillan
- ❏ James Starley

Wer verfasste das **Märchen Zwerg Nase**?   **Übung 201**
- ❏ Hans Christian Andersen
- ❏ Wilhelm Hauff
- ❏ Ludwig Tieck
- ❏ Oscar Wilde

Über welchem Erdteil wurde zuerst ein **Ozonloch** entdeckt?   **Übung 202**
- ❏ Nordpolarmeer
- ❏ Antarktis
- ❏ Sibirien
- ❏ Australien

Wer erfand 1908 den **Kaffeefilter**?   **Übung 203**
- ❏ Eduscho
- ❏ Melitta Bentz
- ❏ Tschibo
- ❏ Dallmayer

Wer entdeckte 1922 das **Grabmal des Tutenchamun**?   **Übung 204**
- ❏ Howard Carter
- ❏ Heinrich Schliemann
- ❏ Jean François Champollion
- ❏ William M. Petrie

Was bezeichnet man mit **I-Ging** (Yijing)?   **Übung 205**
- ❏ „Das Buch der Wandlungen"
- ❏ „Lotos des guten Gesetzes Sutra"
- ❏ „Das große Fahrzeug"
- ❏ „Wissen"

Wer verfasste die **romantische Ballade** „Loreley"?   **Übung 206**
- ❏ Heinrich Heine
- ❏ Ludwig Uhland
- ❏ Hoffmann von Fallersleben
- ❏ Eduard Mörike

Wie heißt die Europäische Gemeinschaft für **Kohle und Stahl**?   **Übung 207**
- ❏ Europol
- ❏ Europäische Umweltagentur
- ❏ Montanunion
- ❏ EWG

Übung 208
➕

Welcher **Kaiser** ging 1918 ins Exil nach Holland?
- ❏ Haile Selassie
- ❏ Wilhelm II.
- ❏ Kuang-hsü
- ❏ Hirohito

Übung 209
➕

Wer erfand um 1840 das **Backpulver**?
- ❏ August Oetker
- ❏ Eugène Soubeiran
- ❏ Justus von Liebig
- ❏ Adolf von Baeyer

Übung 210
➕

Welches Werk von **Hugo von Hofmannsthal** wird bei den Salzburger Festspielen aufgeführt?
- ❏ Die Frau ohne Schatten
- ❏ Jedermann
- ❏ Ariadne auf Naxos
- ❏ Der Brandner Kasper

Übung 211
➕

An welcher Küste befindet sich das **Weddellmeer**?
- ❏ Ecuador
- ❏ Thailand
- ❏ Argentinien
- ❏ Antarktis

Übung 212
➕

Was ist eine **E-Mail**?
- ❏ Faksimile-Übertragung
- ❏ Chat-Room
- ❏ elektronische Post
- ❏ Bildschirmkonferenz

Übung 213
➕

Wann wurde die letzte deutsche Frau als **Hexe** verbrannt?
- ❏ 1348
- ❏ 1525
- ❏ 1492
- ❏ 1749

Übung 214
➕

Welche Kunstrichtung begründete **Wassily Kandinsky** (1866–1944)?
- ❏ Jugendstil
- ❏ Pointillismus
- ❏ Impressionismus
- ❏ abstrakte Malerei

Übung 215
➕

Was war der **„New Look"**?
- ❏ Pop-Kultur
- ❏ Literaturströmung
- ❏ Modestil
- ❏ Filmkunst-Richtung

Übung 216
➕

Wie heißen die **Steinfiguren** auf der Osterinsel?
- ❏ Polynesier
- ❏ Osterhasen
- ❏ Moai
- ❏ Neolithen

Mit wem war **Sokrates** verheiratet?
- ❏ Roxane
- ❏ Sappho
- ❏ Xanthippe
- ❏ Hera

Übung 217 ➕

Welches Betäubungsmittel entdeckte 1831 **Justus von Liebig** unter anderem?
- ❏ Morphium
- ❏ Kokain
- ❏ Chloroform
- ❏ Opium

Übung 218 ➕

Was ist eine **Karikatur**?
- ❏ Persiflage
- ❏ satirische Darstellung
- ❏ Farce
- ❏ Comic

Übung 219 ➕

Wo findet in den USA das **500-Meilen-Rennen** statt?
- ❏ Los Angeles
- ❏ Indianapolis
- ❏ San Francisco
- ❏ Oklahoma City

Übung 220 ➕

Welcher Staat ist ein **Maghreb-Staat**?
- ❏ Mauretanien
- ❏ Ägypten
- ❏ Marokko
- ❏ Sudan

Übung 221 ➕

Wer siegte in der Schlacht bei Tours und Poitiers 732 gegen die **Mauren**?
- ❏ Abd ar-Rahman ibn Abd Allah
- ❏ Karl Martell
- ❏ Pippin der Jüngere
- ❏ Karl der Große

Übung 222 ➕

Wer verfasste die Novelle **Kleider machen Leute** (1873/74)?
- ❏ Gottfried Keller
- ❏ Adalbert Stifer
- ❏ Jeremias Gotthelf
- ❏ Theodor Storm

Übung 223 ➕

Wer wird als erster **Sozialist** bezeichnet?
- ❏ Karl Marx
- ❏ François Babeuf
- ❏ Georg Büchner
- ❏ Ferdinand Lasalle

Übung 224 ➕

Wie hieß die **Jugendbewegung** der no future-Generation?
- ❏ Hippie
- ❏ Punk
- ❏ Flower-Power
- ❏ Yuppie

Übung 225 ➕

Übung 226
➕

Welches Buch machte **Rudyard Kipling** berühmt?
- ❏ Alice im Wunderland
- ❏ Das Dschungelbuch
- ❏ Nils Holgersson
- ❏ Pan Tau

Übung 227
➕

Welchen Farbstoff stellte 1880 erstmals **Adolf von Baeyer** synthetisch her?
- ❏ Indigo
- ❏ Safranin
- ❏ Purpur
- ❏ Malachit

Übung 228
➕

Wo wurde eine Vorform des heutigen **Internet** erstmals eingesetzt?
- ❏ Meeresforschung
- ❏ Landesverteidigung
- ❏ Bergbau
- ❏ Flugaufklärung

Übung 229
➕

Wann war der **Erste Weltkrieg**?
- ❏ 1756–63
- ❏ 1914–18
- ❏ 1870/71
- ❏ 1939–45

Übung 230
➕

Was ist ein **Schwarzes Loch**?
- ❏ Himmelskörper
- ❏ Galaxie
- ❏ Sonne
- ❏ Vakuum

Übung 231
➕

Was ist der **Talmud**?
- ❏ Bundeslade
- ❏ fünf Bücher Mose
- ❏ Lingam
- ❏ Evangelien

Übung 232
➕

Welche journalistische Schreibform prägte **Egon Erwin Kisch** (1885–1948)?
- ❏ Essay
- ❏ Glosse
- ❏ Reportage
- ❏ Rezension

Übung 233
➕

Wo wurde 1991 die Schaffung der **Europäischen Union** beschlossen?
- ❏ Straßburg
- ❏ Luxemburg
- ❏ Brüssel
- ❏ Maastricht

Übung 234
➕

Wer war der erste Präsident der **Weimarer Republik**?
- ❏ Philipp Scheidemann
- ❏ Friedrich Ebert
- ❏ Paul von Hindenburg
- ❏ Gustav Stresemann

Auf welchen Gebieten betätigte sich **Oskar Kokoschka** (1886–1980)?

❏ Physik　　　　　　　❏ Bildhauerei

❏ Medizin　　　　　　❏ Malerei

Übung 235 ➕

Wo fand jene **Tea Party** statt, die den amerikanischen Unabhängigkeitskrieg einleitete?

❏ London　　　　　　❏ Plymouth

❏ Bombay　　　　　　❏ Boston

Übung 236 ➕

Welches Werk **Charles Darwins** kam auf den Index?

❏ Schöpferische Entwicklung　　❏ Über die Entstehung der Arten

❏ Naturgeschichte　　　　　　 ❏ Über die Tendenz von Varietäten

Übung 237 ➕

Welche **Popmusik** löste nach 1980 in Deutschland den Punk ab?

❏ House　　　　　　　❏ Techno

❏ Neue deutsche Welle　❏ Rap

Übung 238 ➕

Was versteht man unter einer **Nova**?

❏ Sternentod　　　　　❏ Sternausbruch

❏ Polarlicht　　　　　 ❏ neuer Stern

Übung 239 ➕

Wer war **Käthe Kollwitz** (1867–1945)?

❏ Regisseurin　　　　　❏ Designerin

❏ Grafikerin　　　　　 ❏ Dichterin

Übung 240 ➕

Wofür ist **Altamira** in Nordspanien berühmt?

❏ Prähistorische Felsmalereien　❏ Goldvorkommen

❏ Maurische Architektur　　　　❏ Gemäldesammlung

Übung 241 ➕

Was ist ein **Tabu**?

❏ Unantastbares　　　　❏ Talisman

❏ Hindu-Symbol　　　　❏ Totem

Übung 242 ➕

Welchen Titel führte von 1192 bis 1867 in Japan der oberste **Staatsmann**?

❏ Tenno　　　　　　　❏ Shogun

❏ Samurai　　　　　　❏ Daimyo

Übung 243 ➕

Übung 244
⊕

Welcher PC-Datenträger liefert eine Grundlage für **Multimedia**?
- ❏ Diskette
- ❏ Magnetband
- ❏ CD-ROM
- ❏ Floppy Disk

Übung 245
⊕

Wer schrieb die Wunderbare Reise des kleinen Nils Holgersson mit den Wildgänsen?
- ❏ Ota Hofman
- ❏ Otfried Preußler
- ❏ Selma Lagerlöf
- ❏ Lewis Carroll

Übung 246
⊕

Wer erfand 1876 ein funktionstüchtiges **Telefon**?
- ❏ Alexander G. Bell
- ❏ Samuel F. Morse
- ❏ Philipp Reis
- ❏ W. Siemens

Übung 247
⊕

Wo entstand 1787 ein erster Zufluchtsort für ehemalige **Negersklaven**?
- ❏ Libreville
- ❏ Sidney
- ❏ Freetown
- ❏ Freeport

Übung 248
⊕

Welche spiralförmige **Galaxie** kann mit bloßem Auge von der Erde aus beobachtet werden?
- ❏ M 100
- ❏ Magellansche Wolken
- ❏ Jungfrau
- ❏ Andromedanebel

Übung 249
⊕

Welcher deutsche **Rocksänger** landete die Hits Willenlos und Freiheit?
- ❏ Peter Maffay
- ❏ Nina Hagen
- ❏ Marius Müller-Westernhagen
- ❏ Guildo Horn

Übung 250
⊕

Welches **Gesetzeswerk** trat 1900 in Kraft?
- ❏ gesetzliche Rentenversicherung
- ❏ Bürgerliches Gesetzbuch
- ❏ Handelsgesetzbuch
- ❏ Grundgesetz

Übung 251
⊕

In welcher Kunstgattung wurde **Le Corbusier** zu einer prägenden Gestalt des 20. Jhs.?
- ❏ Malerei
- ❏ Architektur
- ❏ Grafik
- ❏ Film

Übung 252
⊕

Wer entdeckte 1498 den Seeweg nach **Indien**?
- ❏ William Bligh
- ❏ Vasco da Gama
- ❏ Fernão de Magalhães
- ❏ James Cook

In welcher **Philosophie** spielen die Prinzipien Yin und Yang eine wichtige Rolle?

❏ Indien	❏ Japan
❏ China	❏ Persien

Übung 253
➕

Wer erfand 1888 den **Luftreifen**?

❏ William H. du Cros	❏ John Boyd Dunlop
❏ E. T. Hooley	❏ W. Thompson

Übung 254
➕

Wo wurde der **Limerick** begründet?

❏ Norwegen	❏ Schweden
❏ England	❏ Irland

Übung 255
➕

Was ist die deutsche Bezeichnung für **Lithografie**?

❏ Siebdruck	❏ Steindruck
❏ Monotypie	❏ Radierung

Übung 256
➕

Welches **Sternbild** ist etwa in Form eines W angeordnet?

❏ Andromeda	❏ Cassiopeia
❏ Perseus	❏ kleiner Bär

Übung 257
➕

Wann begann die **Französische Revolution**?

❏ 1214	❏ 1715
❏ 1789	❏ 1830

Übung 258
➕

Welche Währung ersetzte 1999 der **Euro**?

❏ Ecu	❏ Alpendollar
❏ Internationaler Währungsfonds	❏ Gulden

Übung 259
➕

Welches schrullig-fantastische Mädchen erfand **Astrid Lindgren**?

❏ Mrs. Dalloway	❏ Mary Poppins
❏ Pippi Langstrumpf	❏ Alice

Übung 260
➕

Wie heißt das in der EDV immer noch am weitesten verbreitete **Speichermedium**?

❏ Scanner	❏ Floppy Disk
❏ Diskette	❏ CD-ROM

Übung 261
➕

Übung 262

Wann fand die erste Berliner **Love Parade** statt?
- ❏ 1989
- ❏ 1993
- ❏ 1996
- ❏ 1999

Übung 263

Wer hielt 1900 die berüchtigte **„Hunnenrede"**?
- ❏ Kaiser Wilhelm II.
- ❏ Otto von Bismarck
- ❏ Zar Nikolaus II.
- ❏ Sultan Abd ül-Hamid II.

Übung 264

Wer steuerte 1897 das erste **Flugzeug**?
- ❏ Umberto Nobile
- ❏ Jakob Degen
- ❏ Clément Ader
- ❏ Otto Lilienthal

Übung 265

Wo befinden sich prähistorische **Felsmalereien**?
- ❏ Lascaux
- ❏ Stonehenge
- ❏ Hallstatt
- ❏ Neanderthal

Übung 266

Was ist der **Monsun**?
- ❏ Tiefdruckgebiet
- ❏ Hochdruckgebiet
- ❏ Wind
- ❏ Taifun

Übung 267

Wer begründete die für die Chinesen wichtigste **Moralphilosophie**?
- ❏ Ch'eng Hao
- ❏ Konfuzius
- ❏ Buddha
- ❏ Lao-tse

Übung 268

Wer schrieb den Roman **Der Seewolf** (1904)?
- ❏ James F. Cooper
- ❏ Joseph Conrad
- ❏ Jack London
- ❏ Karl May

Übung 269

Wo wurden die **Menschenrechte** für die Vereinigten Staaten festgeschrieben?
- ❏ Magna Charta
- ❏ Unabhängigkeitserklärung
- ❏ Bill of Rights
- ❏ Petition of Rights

Übung 270

Welcher **Gangsterboss** steckte hinter dem Massaker am Valentinstag?
- ❏ Al Capone
- ❏ Butch Cassidy
- ❏ John Dillinger
- ❏ „Baby Face" Nelson

Was versteht man unter **Lyrik**?   **Übung 271**
❑ Erzählungen   ❑ Gedichte   ➕
❑ Kammermusik   ❑ Arien

Welcher bedeutende **Biologe** erforschte den Blutkrebs?   **Übung 272**
❑ Rudolf von Virchow   ❑ Robert Koch   ➕
❑ Charles S. Sherrington   ❑ Karl E. von Baer

Über welches Reich herrschte der **Merowinger Chlodwig**?   **Übung 273**
❑ Burgund   ❑ Ostgoten   ➕
❑ Franken   ❑ Bayern

Wo wurde der erste bekannte **Golfklub** gegründet?   **Übung 274**
❑ Niederlande   ❑ England   ➕
❑ USA   ❑ Schottland

Wie heißt der Kontinent am **Südpol**?   **Übung 275**
❑ Nordpol   ❑ Atlantis   ➕
❑ Antarktis   ❑ Falkland

Welches technische Prinzip erzeugt Bilder auf einem **Fernsehbildschirm**?   **Übung 276**
❑ Kondensator   ❑ Transistor   ➕
❑ Hydraulik   ❑ Bildröhre

Welcher Stilrichtung gehörte der Maler **René Magritte** an?   **Übung 277**
❑ Expressionismus   ❑ Jugendstil   ➕
❑ Surrealismus   ❑ Neue Sachlichkeit

Wer schloss 1904 die **Entente cordiale**?   **Übung 278**
❑ Deutschland und Österreich-Ungarn ❑ Russland und Frankreich   ➕
❑ Großbritannien und Frankreich ❑ Deutschland und Frankreich

Auf welcher Körperseite liegt der sterbende **Buddha**?   **Übung 279**
❑ Rücken   ❑ Linken   ➕
❑ Rechten   ❑ Brust

Übung 280
➕

Welcher **Kunststil** leitet von der Renaissance zum Barock hinüber?
- ❏ Kubismus
- ❏ Romantik
- ❏ Manierismus
- ❏ Klassizismus

Übung 281
➕

Auf welchen Monarchen geht der sog. **Josephinismus** zurück?
- ❏ Kaiser Franz Joseph I.
- ❏ Joséphine de Beauharnais
- ❏ Kaiser Joseph II.
- ❏ Napoleon Bonaparte

Übung 282
➕

Was entwickelten die beiden **Chemiker** Bunsen und Kirchhoff 1854 gemeinsam?
- ❏ Gesetz der Elektrodynamik
- ❏ Mittel gegen Arsenvergiftung
- ❏ Elektrolyse
- ❏ Spektralanalyse

Übung 283
➕

Was ist ein **Fauxpas**?
- ❏ Gardeoffizier
- ❏ kluger Ausspruch
- ❏ Taktlosigkeit
- ❏ Ballettschritt

Übung 284
➕

Wo befand sich von 1993–98 die größte **Baustelle** Europas?
- ❏ Madrid
- ❏ Moskau
- ❏ Berlin
- ❏ St. Petersburg

Übung 285
➕

Wo gibt es keine **Eisbären**?
- ❏ Spitzbergen
- ❏ Nordpolarmeer
- ❏ Grönland
- ❏ Südpolargebiet

Übung 286
➕

Was ist eine **Metapher**?
- ❏ Versmaß
- ❏ Beschönigung
- ❏ sprachliches Bild
- ❏ Übertreibung

Übung 287
➕

Was war die **Triple-Entente**?
- ❏ Militärbündnis
- ❏ Wirtschaftsblockade
- ❏ Freihandelsabkommen
- ❏ Wirtschaftskrise

Übung 288
➕

Wie heißt das Säugetier aus dem Roman von **Herman Melville**?
- ❏ Fury
- ❏ Hatatitla
- ❏ Moby Dick
- ❏ Rosinante

Welcher **Frühmensch** gilt als erster Vertreter der Gattung „Homo"?
- ❏ Homo erectus
- ❏ Homo sapiens neandertalensis
- ❏ Australopithecus
- ❏ Cromagnon-Mensch

Übung 289
➕

Welche **Französin** wurde 1920 heilig gesprochen?
- ❏ Simone de Beauvoir
- ❏ Bernadette
- ❏ Jean d'Arc
- ❏ Françoise Sagan

Übung 290
➕

Wer führte 1861 die erste Übertragung der menschlichen **Stimme** durch?
- ❏ Alexander G. Bell
- ❏ Guglielmo Marconi
- ❏ Samuel Morse
- ❏ Johann Ph. Reis

Übung 291
➕

Was bedeutet ISDN?
- ❏ Raketenabwehr im Weltraum
- ❏ digitales Nachrichtennetz
- ❏ Internet-Überwachungsbehörde
- ❏ Buchnummer

Übung 292
➕

In welcher Kunstgattung erlangte **Henry Moore** (1898–1986) Berühmtheit?
- ❏ Malerei
- ❏ Bildhauerei
- ❏ Architektur
- ❏ Literatur

Übung 293
➕

Wann ist die **Sommersonnenwende**?
- ❏ 21. März
- ❏ 23. September
- ❏ 21. Juni
- ❏ 22. Dezember

Übung 294
➕

Wie nennt die griechische Mythologie ein kriegerisches **Frauenvolk**?
- ❏ Grazien
- ❏ Harpyien
- ❏ Graien
- ❏ Amazonen

Übung 295
➕

Gegen wen richteten sich die sog. **Koalitionskriege** seit 1792?
- ❏ Frankreich
- ❏ Preußen
- ❏ Großbritannien
- ❏ USA

Übung 296
➕

Welcher bekannte **Dramaturg** nach 1945 schrieb „Die Hamletmaschine" (1979)?
- ❏ Rolf Hochhuth
- ❏ Heiner Müller
- ❏ Peter Zadek
- ❏ Georg Tabori

Übung 297
➕

Übung 298

Wie heißen die **islamischen Hochschulen**?
- ❏ Zikkurats
- ❏ Medresen
- ❏ Moscheen
- ❏ Sufis

Übung 299

Welcher Expressionist schuf die **Lithografie** „Der Schrei" (1893)?
- ❏ Edvard Munch
- ❏ Ernst Barlach
- ❏ Heinrich Vogeler
- ❏ Hans Thoma

Übung 300

Welchen Begriff prägte 1869 der Naturforscher **Ernst Haeckel**?
- ❏ Klimakatastrophe
- ❏ Ökologie
- ❏ Treibhauseffekt
- ❏ saurer Regen

Übung 301

Wo bildeten sich im November 1918 **Arbeiter- und Soldatenräte**?
- ❏ China
- ❏ Deutsches Reich
- ❏ Russland
- ❏ Frankreich

Übung 302

Von wem wurde **Eritrea** 1993 unabhängig?
- ❏ Djibouti
- ❏ Äthiopien
- ❏ Sudan
- ❏ Saudi-Arabien

Übung 303

Wer verfasste **Die protestantische Ethik und der Geist des Kapitalismus** (1905)?
- ❏ Karl Liebknecht
- ❏ Max Weber
- ❏ Friedrich Engels
- ❏ Sigmund Freud

Übung 304

Welcher „Lügenbaron" ist nicht nur eine **literarische Gestalt**?
- ❏ Freiherr von Münchhausen
- ❏ Till Eulenspiegel
- ❏ Hauptmann von Köpenick
- ❏ Jakob der Lügner

Übung 305

Welche besondere Eigenschaft hatte **Adonis**, der Jüngling aus der Mythologie?
- ❏ Kraft
- ❏ Schönheit
- ❏ Sehergabe
- ❏ Klugheit

Übung 306

Wer verkaufte 1803 **Louisiana** an die USA?
- ❏ Ludwig XIV.
- ❏ Simón Bolívar
- ❏ Napoleon Bonaparte
- ❏ Benito Juárez

Welche **Bilder** stammen vor allem von Laien?　　**Übung 307**
❑ Grafik　　　　　　　　❑ naive Malerei　　　　➕
❑ Neoplastizismus　　　　❑ Objektkunst

Wo wurde der Begriff „**Handy**" erfunden?　　　**Übung 308**
❑ England　　　　　　　❑ Deutschland　　　　➕
❑ Japan　　　　　　　　❑ Finnland

Was erforschte der Botaniker und Genetiker **Gregor Mendel**?　　**Übung 309**
❑ Photosynthese　　　　　❑ Fluoreszenz　　　　➕
❑ Vererbungsgesetze　　　❑ Klimaerwärmung

Wo fand die **EXPO 2000** statt?　　　　　　　**Übung 310**
❑ Berlin　　　　　　　　❑ Weimar　　　　　　➕
❑ Hannover　　　　　　　❑ Kiel

Was war der **Spartakusbund**?　　　　　　　**Übung 311**
❑ Sportvereinigung　　　　❑ Anti-Apartheid-Gesellschaft　➕
❑ linksradikale Gruppierung　❑ Bewegung gegen Sklaverei

Welche Meerenge trennt das **Rote Meer** vom Golf von Aden?　　**Übung 312**
❑ Straße von Hormus　　　❑ Dardanellen　　　　➕
❑ Bab el Mandeb　　　　　❑ Gibraltar

Welche **Literatur** stellte die soziale Not der Unterschichten dar?　　**Übung 313**
❑ Naturalismus　　　　　　❑ Biedermeier
❑ New Age　　　　　　　　❑ Nouveau roman　　➕

Welches Schloss bei Füssen im Allgäu ließ sich **König Ludwig II**. erbauen?　　**Übung 314**
❑ Neuschwanstein　　　　　❑ Nymphenburg　　　➕
❑ Schleißheim　　　　　　❑ Linderhof

Wer ist der Begründer der **Anthroposophie**, die Lehre der　　**Übung 315**
Waldorfpädagogik?　　　　　　　　　　　　　➕
❑ Ita Wegmann　　　　　　❑ Emil Molt
❑ Rudolf Steiner　　　　　❑ Helena Blavatsky

Übung 316
➕

Was aßen die griechischen **Götter**?
- ❑ Manna
- ❑ Ambrosia
- ❑ Kokos
- ❑ Nektar

Übung 317
➕

Welche Skulptur gehört der **Altsteinzeit** an?
- ❑ Venus von Milo
- ❑ Nike von Samothrake
- ❑ Venus von Willendorf
- ❑ Venus von Canova

Übung 318
➕

Wer baute 1876 der ersten funktionstüchtigen **Kühlschrank**?
- ❑ Carl Linde
- ❑ Werner von Siemens
- ❑ Raymond F. Loewy
- ❑ Elisha G. Otis

Übung 319
➕

Wer war der letzte **Kaiser** des Heiligen Römischen Reiches deutscher Nation?
- ❑ Franz II.
- ❑ Friedrich der Große
- ❑ Wilhelm II.
- ❑ Karl VI.

Übung 320
➕

Zu welchem Meer gehört der **Golf von Aden**?
- ❑ Mittelmeer
- ❑ Arabisches Meer
- ❑ Persischer Golf
- ❑ Rotes Meer

Übung 321
➕

Was ist eine **Novelle**?
- ❑ Erzählung
- ❑ Ballade
- ❑ Gedicht
- ❑ Singspiel

Übung 322
➕

Wohin reiste der Venezianer **Marco Polo**?
- ❑ Amerika
- ❑ Russland
- ❑ Afrika
- ❑ China

Übung 323
➕

Mit welcher Erzählung schildert **George Orwell** die Entstehung einer Diktatur?
- ❑ 1984
- ❑ Schöne neue Welt
- ❑ Farm der Tiere
- ❑ 451 Fahrenheit

Übung 324
➕

Was ist eine **Homepage**?
- ❑ Startseite eines Internetanbieters
- ❑ E-Mail-Adresse
- ❑ Server
- ❑ Abwahl-String

Welche Politik vertrat **Klemens Graf von Metternich** in Wien?
❑ Open-door-Politik ❑ Liberalismus
❑ Restauration ❑ Absolutismus

Übung 325
➕

Welches Werk verfasste der Philosoph **Martin Heidegger**?
❑ Sein und Zeit ❑ Entweder – Oder
❑ Minima Moralia ❑ Die Zofen

Übung 326
➕

Wer baute 1876 den ersten **Verbrennungsmotor**?
❑ Carl Benz ❑ Nikolaus A. Otto
❑ Gottfried Daimler ❑ Henry Ford

Übung 327
➕

Welche **Sportart** spielte man schon zu Zeiten Goethes?
❑ Rugby ❑ Eiskunstlauf
❑ Eishockey ❑ Fußball

Übung 328
➕

Welcher **Gott** wird meist als nackter Knabe mit Flügeln dargestellt?
❑ Hades ❑ Amor
❑ Narcissus ❑ Adonis

Übung 329
➕

Wo leben die **Tuareg**?
❑ Tarimbecken ❑ Wüste Gobi
❑ Sahara ❑ Nefud

Übung 330
➕

Wo steht die größte **Kirche** der Christenheit?
❑ Jerusalem ❑ Mexiko-City
❑ Vatikanstadt ❑ London

Übung 331
➕

Wo wurde im April 1919 die **Räterepublik** ausgerufen?
❑ Hamburg ❑ Berlin
❑ München ❑ Wien

Übung 332
➕

Womit befasst sich die **Philologie**?
❑ Sprache und Literatur ❑ Briefmarken
❑ Mineralien ❑ Systemtheorie

Übung 333
➕

Übung 334
➕

Wer musste den **Friedensvertrag** von Versailles 1919 unterzeichnen?
❑ Türkei   ❑ Österreich
❑ Deutsches Reich   ❑ Ungarn

Übung 335
➕

Welches Organ der EU hat seinen Sitz in **Straßburg**?
❑ Europäische Zentralbank   ❑ Europäisches Parlament
❑ Europäischer Gerichtshof   ❑ Europäisches Patentamt

Übung 336
➕

Was findet der Kunstfreund in einer **Pinakothek**?
❑ Skulpturen   ❑ Bücher und Handschriften
❑ Archivalien   ❑ Gemälde

Übung 337
➕

Wer isolierte 1882 das **Tuberkulose-Bakterium**?
❑ Georg Gaffky   ❑ Ignaz Ph. Semmelweiß
❑ Robert Koch   ❑ Ferdinand J. Cohn

Übung 338
➕

Woher stammen die **Deutschen Farben** Schwarz-Rot-Gold?
❑ Revolution 1848   ❑ Lützowsches Freikorps
❑ Turnvater Jahn   ❑ Pariser Kommune

Übung 339
➕

Welches Land gehört nicht der **OPEC** an?
❑ Libyen   ❑ Saudi-Arabien
❑ Indonesien   ❑ Ecuador

Übung 340
➕

Was bezeichnet man in der EDV als **Hyperlink** oder WebLink?
❑ Querverweis   ❑ Homepage
❑ Icon   ❑ Maschinencode

Übung 341
➕

Wie nennt man eine kurze **Erzählung** mit pointenhafter Wendung?
❑ Short Story   ❑ Novelle
❑ Anekdote   ❑ Fabel

Übung 342
➕

Wer war ein führender Vertreter des **Existenzialismus**?
❑ Mahatma Ghandi   ❑ Jules Favre
❑ Jean-Paul Sartre   ❑ Max Horkheimer

Wie entsteht eine **Skulptur** im Unterschied zu einer Plastik?
❏ Behauen von Rohmaterial   ❏ Gießen
❏ Drucken   ❏ Anstückeln

Übung 343
➕

Wo befindet sich das bedeutendste Zeugnis der **Megalithkultur** in der Bretagne?
❏ Stonehenge   ❏ Carnac
❏ Chauvet   ❏ Lascaux

Übung 344
➕

Seit wann kennt man in der Malerei das **Porträt**?
❏ 12. Jahrhundert   ❏ 14. Jahrhundert
❏ 16. Jahrhundert   ❏ 18. Jahrhundert

Übung 345
➕

Womit befasste sich die bahnbrechende Arbeit **Psychopathia Sexualis** (1886)?
❏ Psychoanalyse   ❏ Psychotherapie
❏ sexuelle Perversionen ❏ Traumdeutung

Übung 346
➕

Mit welchem Titel regierte **Pippin II.** (um 635–714) faktisch das fränkische Reich?
❏ Heerführer   ❏ Hausmeier
❏ Vizekönig   ❏ Dauphin

Übung 347
➕

Was ist der **Jetstream**?
❏ Kondensstreifen   ❏ Zirruswolken
❏ Westwinde   ❏ Flugzeuglärm

Übung 348
➕

In welcher europäischen Hauptstadt steht der **Prado**?
❏ Athen   ❏ Rom
❏ Lissabon   ❏ Madrid

Übung 349
➕

Was versteht man unter **Märzrevolution**?
❏ Deutsche Revolution von 1848   ❏ Pariser Revolution von 1830
❏ Französische Revolution 1789   ❏ Reichsgründung 1871

Übung 350
➕

Was vermittelt die literarische Form des **Aphorismus**?
❏ den logischen Beweis   ❏ Antithese
❏ Lebensweisheit   ❏ Katharsis

Übung 351
➕

Übung 352
➕

Welcher altägyptische Gott gilt als Schöpfer der **Hieroglyphen**?
❑ Seth ❑ Thot
❑ Anubis ❑ Indra

Übung 353
➕

Was bezeichnet man in der Literatur als **Prosa**?
❑ Replik im Drama ❑ Epilog
❑ dramatische Dichtung ❑ erzählende Dichtung

Übung 354
➕

Wer entdeckte 1886 den **Elektromagnetismus**?
❑ Michael Faraday ❑ Nikola Tesla
❑ Heinrich Hertz ❑ Lorenzo Avogadro

Übung 355
➕

Mit welchem Vertrag verzichteten Deutschland und die UdSSR 1922 auf **Reparationsforderungen**?
❑ Brest-Litowsk ❑ Rapallo
❑ Locarno ❑ Fontainebleau

Übung 356
➕

Was ermöglicht **interaktives Fernsehen**?
❑ Programmgestaltung ❑ Digitalisierung des TV
   durch Zuschauer
❑ Empfang von Satellitenprogrammen ❑ Senden von E-Mails

Übung 357
➕

Was war 1997 der Grund für die **UNO**-Klima-Gipfelkonferenz in Kyoto?
❑ saurer Regen ❑ Waldsterben
❑ Erdölförderung ❑ Treibhauseffekt

Übung 358
➕

Welcher Kunstepoche gehörte **Raffael** (1483–1520) an?
❑ Gotik ❑ Renaissance
❑ Manierismus ❑ Klassizismus

Übung 359
➕

Wer führte 1923 die **Ruhrbesetzung** durch?
❑ Alliierten ❑ Großbritannien
❑ Frankreich ❑ Deutsches Reich

Übung 360
➕

Welcher **Literaturkritiker** leitet das „Literarische Quartett"?
❑ Ulrich Greiner ❑ Jörg Drews
❑ Marcel Reich-Ranicki ❑ Hans Mayer

Lösungen

Die verschiedenen Übungsteile wurden für die Auswertung ungefähr gleich gewichtet, weshalb nicht in jedem Lösungsteil für den selben Schwierigkeitsgrad die selbe Punktzahl verteilt wird. In die kleinen Kästchen können Sie die Punktzahl für jede Lösung schreiben, in das Übertragskästchen die auf jeder Seite erreichte Punktzahl.

Lösungen: Visuelle Logik

Lösung 1
1 Pkt.

C; die Objekte variieren in der Größe (groß – klein – mittel).

Lösung 2
Je richtiger Antwort 1 Pkt., max. 6 Pkte.

a) A oder C; A ist keine geschlossene Figur, und C hat keinen rechten Winkel. Beide Antworten sind richtig!
b) B; die äußeren Striche bilden keinen rechten Winkel mit den an sie grenzenden Geraden;
c) D; hier sind die beiden Hälften der Figur nicht wie bei den anderen spiegelbildlich zueinander;
d) C; die Drehrichtung ist anders herum;
e) B; die Figur hat keine Ecken;
f) D; die Geraden schneiden sich in mehr als einem Punkt.

Lösung 3
1 Pkt.

B; der Strich von links oben zur Mitte bleibt immer bestehen, die zweite Halbdiagonale wandert gegen den Uhrzeigersinn von Ecke zu Ecke. Der Stern läuft im Uhrzeigersinn die Seitenwände entlang.

Lösung 4
1 Pkt.

C; in jeder Reihe ist jedes Merkmal je einmal vertreten: runder, weißer, schwarzer Hut; böser, normaler, eingeschüchterter Blick; normale, keine, "Spock"-Ohren; fröhlicher, trauriger, welliger Mund.

Lösung 5
Je richtiger Antwort 1 Pkt., max. 6 Pkte.

a) Kleines weißes Dreieck;
b) großes weißes Quadrat;
c) großer schwarzer Kreis;
d) großer weißer Kreis;
e) kleiner schraffierter Kreis;
f) kleines schwarzes Dreieck.

Lösung 6
Je Teillösung 1 Pkt., max. 2 Pkte.

5 Dreiecke – 4 kleine und ein großes;
9 Vierecke – 4 kleine; ein großes, das aus den 4 kleinen besteht; 4 mittlere, die je aus 2 kleinen Vierecken bestehen.

Übertrag

Lösung 7
Je richtiger Lösung 1 Pkt., max. 8 Pkte.

a)   b)   c)   d)

e)   f)   g)   h)

Lösung 8
Je richtiger Lösung 1 Pkt., max. 6 Pkte.

a) E; alle anderen Figuren bestehen aus einer Fläche;
b) F; diese Figur hat keine gerade Linie;
c) D; bei dieser Figur schneiden sich keine Linien,
d) B; nur diese Figur ist geschlossen;
e) A; die zwei Flächen (Kreise) überlagern sich;
f) A; A hat keinen Winkel.

Lösung 9
4 Pkte.

D; sie hat als einzige ebenfalls eine runde Linie.

Lösung 10
4 Pkte.

B.

Lösung 11
4 Pkte.

38; davon haben 24 eine Kantenlänge von 1, zwölf haben die Kantenlänge 2 und zwei eine Kantenlänge von 3.

Lösung 12
4 Pkte.

B; A, C und D bestehen aus je 2 Rechtecken und Kreisen, B hat nur ein Rechteck.

Lösung 13
4 Pkte.

C/D; A/E und B/F sind gleich, nur die Symbole sind „weitergewandert".

Lösung 14
7 Pkte.

B; diese Figur hat als einzige keinen rechten Winkel.

Lösung 15
7 Pkte.

B; die Elemente der Figuren wandern jeweils um eine Stelle nach rechts.

Lösung 16
7 Pkte.

35; die Figur hat insgesamt 11 Felder; um Dreiecke zu erhalten, kann man 1, 2, 3 oder
5 Felder optisch zusammenfassen: 10 Dreiecke bestehen aus 1 Feld, 10 aus 2, 10 aus 3 und 5 aus 5.

Übertrag

Lösung 17
7 Pkte.

A; bei allen anderen Figuren haben die 3 Elemente irgendwo eine gemeinsame Fläche.

Lösungen: Denkspiele

Lösung 18
7 Pkte.

D; sie enthält als einzige keinen Buchstaben.

Punktzahl Visuelle Logik: /88

Lösung 19
Je richtiger Lösung 1 Pkt., max. 8 Pkte.

a)	C
b)	C
c)	B
d)	C
e)	B
f)	B
g)	A
h)	C

Lösung 20
1 Pkt.

d).

Lösung 21
1 Pkt.

Erich ist der Clown.

Lösung 22
1 Pkt.

F; die Reihe wechselt je zwischen dem Buchstaben A und der Aufzählung des Alphabets.

Übertrag

Lösung 23
1 Pkt.

Lösung 27
1 Pkt.

Lösung 24
Je richtiger Lösung 1 Pkt., max. 4 Pkte.

a) Stimmt,
b) stimmt,
c) stimmt nicht,
d) stimmt.

Lösung 28
1 Pkt.

Lösung 25
1 Pkt.

Lösung 29
1 Pkt.

Igel; der Igel ist kein Nutztier.

Lösung 30
1 Pkt.

Lösung 26
Je richtiger Lösung 1 Pkt., max. 5 Pkte.

a) K
b) P
c) X
d) S
e) X

Übertrag

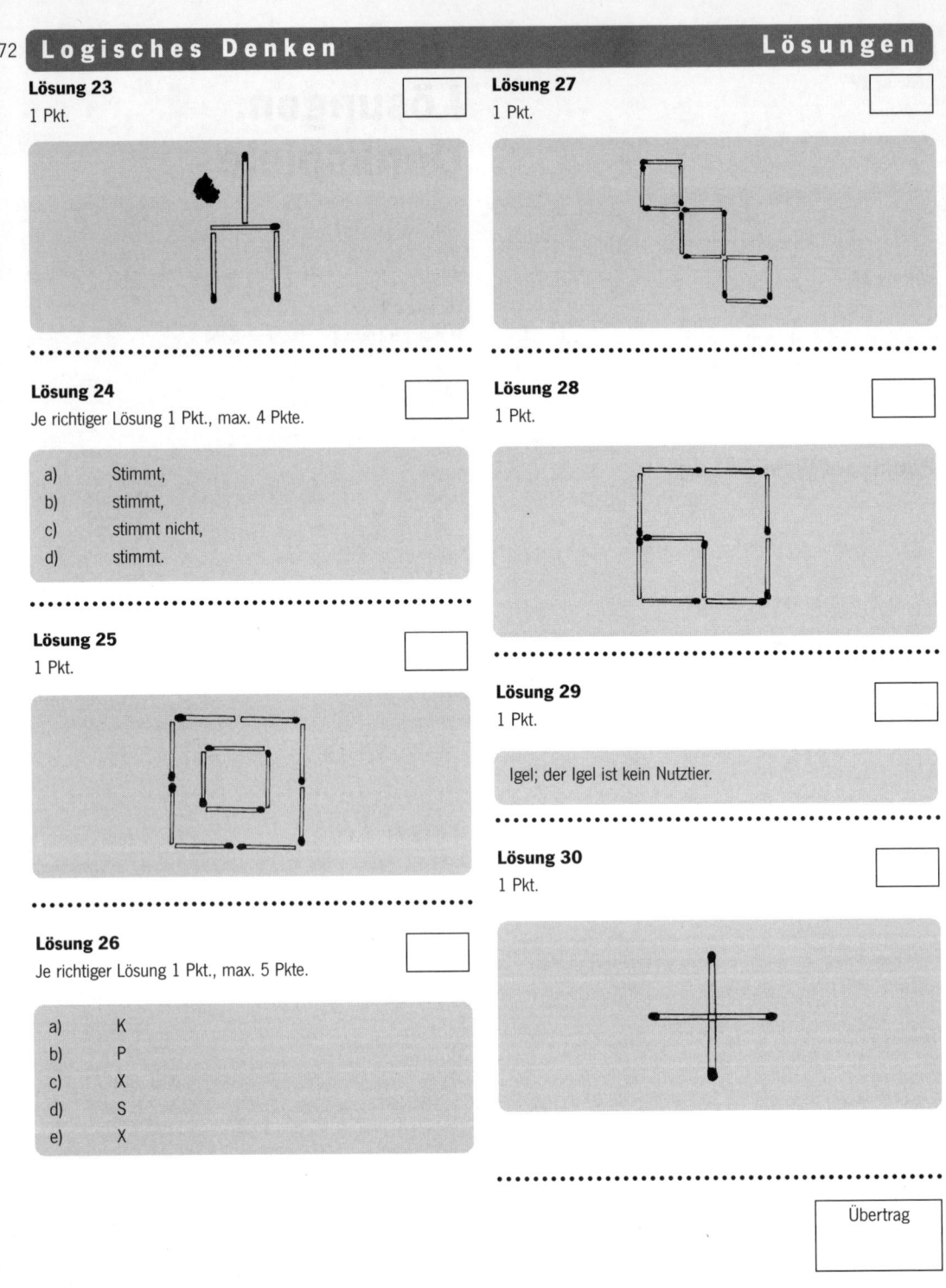

Lösung 31

1 Pkt.

Aus der Aussage geht klar hervor, dass es Axel ist, der mit Brunos Motorrad fährt und Christians Helm trägt. Daraus folgt, dass Bruno nur Axels Helm tragen kann, denn er trägt weder seinen eigenen, noch den von Christian (den trägt ja Axel). Deshalb muss er zwangsläufig Christians Motorrad fahren.

Lösung 32

1 Pkt.

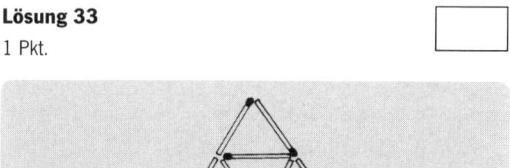

Lösung 33

1 Pkt.

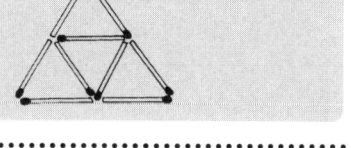

Lösung 34

1 Pkt.

Viele Daunenjacken verlieren immer wieder kleine Mengen an Federn, etwa durch die Nähte. In Herberts Fall blieben die Daunen im Taxi auf seinem Sitz haften und anschließend an seinem Mantel.

Lösung 35

1 Pkt.

Lösung 36

1 Pkt.

Katze; das Wort Katze beginnt als einziges nicht mit H und hat mehr als vier Buchstaben (beide Erklärungen richtig).

Lösung 37

1 Pkt.

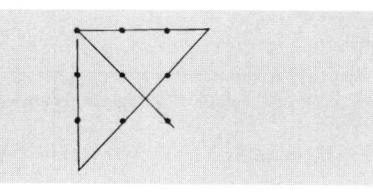

Lösung 38

1 Pkt.

Die Sekretärin heißt Berta, die Jüngste im Bunde ist Christa, die Besitzerin der Boutique.

Lösung 39

1 Pkt.

H und V; die Buchstaben werden abwechselnd von D an dem Alphabet nach und von Z an gegen das Alphabet gereiht.

Lösung 40

1 Pkt.

Großvater, Vater, Sohn.

Übertrag

Lösung 41
1 Pkt.

Verschieben Sie die Stangen auf dem Tisch so, dass sie ein T bilden. Wenn der Querbalken des T's magnetisch ist, gibt es keine Anziehung. Ist der Längsbalken magnetisch, zieht er dagegen den anderen Balken an.

Lösung 42
1 Pkt.

Die Personen sind nach Postleitzahlen geordnet.

Lösung 43
1 Pkt.

Lösung 44
1 Pkt..

Audrey Hepburn; die einzige Schauspielerin unter männlichen Schauspielern.

Lösung 45
4 Pkte.

Dieter parkt seinen VW auf einem Parkplatz. Markus parkt seinen Honda auf der Straße. Walter parkt seinen Porsche in der Garage.

Lösung 46
4 Pkte.

a).

Lösung 47
4 Pkte.

Franz und Fritz waren Fische aus dem Aquarium (Fische, die man aus dem Wasser nimmt, ersticken tatsächlich).

Lösung 48
4 Pkte.

Lösung 49
4 Pkte.

Lösung 50
4 Pkte.

Übertrag

Lösung 51
4 Pkte.

Paris ist das einzige Wort mit zwei unterschiedlichen Vokalen.

Lösung 52
4 Pkte.

Lösung 53
4 Pkte.

W; der Abstand zwischen den Buchstaben erhöht sich jeweils um eine Stelle (C d E f g H i j k L m n o p Q r s t u v W).

Lösung 54
4 Pkte.

Lösung 55
4 Pkte.

Lösung 56
4 Pkte.

Lösung 58
4 Pkte.

Lösung 57
4 Pkte.

Greta Garbo; sie ist die einzige genannte Person, die nicht in Amerika geboren wurde.

Lösung 59
4 Pkte.

Das Haus von Herrn Müller steht auf dem Nordpol!

Lösung 60
4 Pkte.

Übertrag

Lösung 61
4 Pkte.

Lösung 66
7 Pkte.

Lösung 62
14 Pkte.

Holzhütte: Christ, Rosenbusch, Gemüse, Jazz;
Strohhütte: Jude, Veilchen, Fleisch, Volksmusik;
Steinhütte: Buddhist, Sonnenblume, Obst, Tanzmusik;
Ziegelhütte: Mohammedaner, Palme, Reis, Rockmusik;
Lehmhütte: Hindu, Flieder, Getreide, Klassik.

Reihenfolge: Stein, Stroh, Holz, Lehm, Ziegel.

Lösung 63
7 Pkte.

Lösung 64
7 Pkte.

Neun Rechtecke.

Lösung 65
7 Pkte.

Lösung 67
7 Pkte.

SR; beginnend von der Mitte des Alphabets (zwischen 13: M und 14: N) werden je zwei Buchstaben zum Anfang hin, je zwei Buchstaben zum Ende hin kombiniert. Dabei werden die aufsteigenden Buchstaben in der Steigerichtung gelistet, die absteigenden tauschen ihren Platz (13/12, 15/14, 11/10, 17/16, 9/8 - SR = 19/18).

Lösung 68
7 Pkte.

Meier, Müller, Reimers, Lorant, Huber, Müller.

Lösung 69
7 Pkte.

Weiche; die Weiche ist als einziges kein Bestandteil des Zuges.

Lösung 70
7 Pkte.

Übertrag

Lösung 71
7 Pkte.

Lösung 72
7 Pkte.

Lösung 73
7 Pkte.

Lösung 74
7 Pkte.

Es war Selbstmord. Der Mann hatte die Schlinge unter Zuhilfenahme eines Eisblocks befestigt und die Tür mit einem Schlüsselduplikat aus Eis abgeschlossen.

Lösung 75
7 Pkte.

Lösung 76
7 Pkte.

Lösung 77
7 Pkte.

Sie müssen die vier Kugeln in Form eines Tetraeders dreidimensional anordnen.

Lösung 78
7 Pkte.

Tasso und Cindy sind Menschen, Conny ist ein Hund.

Lösung 79
7 Pkte.

A und B.

Übertrag

Lösung 80
7 Pkte.

Lösung 81
7 Pkte.

Lösung 82
7 Pkte.

Lösung 83
7 Pkte.

Lösung 84
7 Pkte.

Punktzahl Denkspiele: /276

**Gesamtpunktzahl
Logisches Denken:**

Visuelle Logik

Denkspiele

/364

Lösungen: Räumliche Vorstellung

Lösung 1

Je Teillösung 1 Pkt., max. 2 Pkte.

B; der Würfel wird nach rechts gedreht; 21 – es liegen sich auf jeder der sechs Seiten je drei mal sieben Punkte gegenüber (1+6, 2+5, 3+4).

Lösung 2

1 Pkt.

B; diese Figur ist ein Spiegelbild der anderen drei.

Lösung 3

1 Pkt.

24; von jedem sechsseitigen Würfel liegen drei Flächen innen und drei Flächen außen.

Lösung 4

Je Lösung 1 Pkt., max. 4 Pkte.

a) Gleich;
b) mehr weiß;
c) mehr schwarz;
d) mehr schwarz.

Lösung 5

1 Pkt.

C.

Lösung 6

1 Pkt.

D; hier ist der Querstrich im O vertauscht.

Lösung 7

1 Pkt.

F.

Lösung 8

1 Pkt.

B.

Lösung 9

4 Pkte.

D ist ein Spiegelbild der anderen drei.

Lösung 10

Je Lösung 4 Pkte., max. 40 Pkte.

a) Mehr weiß;
b) mehr weiß;
c) gleich;
d) gleich;
e) mehr schwarz;
f) mehr schwarz;
g) mehr weiß;
h) mehr weiß;
i) gleich;
j) mehr schwarz.

Übertrag

Lösung 11
Je Teilaufgabe 4 Pkte., max. 12 Pkte.

a) 66;
b) die Diagonalen auf der Quadratseite ja, die Diagonalen auf der Rechteckseite nein;
c) 2.

Lösung 12
4 Pkte.

E.

Lösung 13
4 Pkte.

A.

Lösung 14
4 Pkte.

B; der Würfel wird nach rechts vorne gekippt.

Lösung 15
4 Pkte.

B; der Würfel wird je um ein Feld nach links gedreht und gleichzeitig nach links hinten gekippt.

Lösung 16
Je richtiger Lösung 7 Pkte., max. 49 Pkte.

Es gibt sieben Möglichkeiten:

Lösung 17
7 Pkte.

22 Quadrate sind bemalt.

Lösung 18
7 Pkte.

B; bei den anderen Figuren weist die mittlere Fläche weniger als eine Linie nach außen hin auf.

Lösung 19
Je Lösung 7 Pkte., max. 28 Pkte.

a) Weiß überwiegt;
b) schwarz überwiegt;
c) gleich;
d) weiß überwiegt.

Lösung 20
7 Pkte.

C; pro Schritt wird der Würfel einmal nach rechts vorn gekippt und nach links gedreht. Wie bei Lösung 15 muss daher nach vier Schritten wieder der Ausgangszustand hergestellt sein!

Lösung 21
7 Pkte.

F.

Übertrag

Lösung 22
7 Pkte.

A.

Lösung 23
7 Pkte.

C.

Lösung 24
7 Pkte.

A; sie hängen nicht zusammen.

Punktzahl
Räumliche Vorstellung: /210

Lösungen: Räumliche Zuordnung

Lösung 25
1 Pkt.

C.

Lösung 26
1 Pkt.

A.

Lösung 27
1 Pkt.

B.

Lösung 28
4 Pkte.

C.

Lösung 29
4 Pkte.

D.

Übertrag

Lösung 30
4 Pkte.

B.

Lösung 31
4 Pkte.

A.

Lösung 32
4 Pkte.

C.

Lösung 33
4 Pkte.

D.

Lösung 34
4 Pkte.

C.

Lösung 35
4 Pkte.

B und C.

Lösung 36
7 Pkte.

D; der kleine und der große Punkt liegen sich gegenüber, die anderen Symbole sind bei A, B und C in einer Richtung rundum angeordnet, bei D in die entgegengesetzte.

Lösung 37
7 Pkte.

C.

Lösung 38
7 Pkte.

B; als Hilfe sollte man sich den Tetraeder immer auf einem eindeutigen Symbol (großer oder kleiner Punkt) stehend vorstellen.

Lösung 39
7 Pkte.

C.

Lösung 40
Je richtiger Lösung 7 Pkte., max. 70 Pkte.

Punktzahl
Räumliche Zuordnung: / 133

Gesamtpunktzahl
Räumliches Denken:

Räumliche Vorstellung

Räumliche Zuordnung

/ 343

Lösungen: Sprachgebundenes Denken

Lösung 1
6 Pkte.

NOMD (Mond); die anderen sind Nase, Mund, Hals, Zehe, Haar.

Lösung 2
1 Pkt.

c).

Lösung 3
1 Pkt.

b); der Jupiter ist kein Stern (als solche bezeichnet man nur Sonnen, aber nicht Planeten).

Lösung 4
Je richtiger Lösung 1 Pkt., max. 10 Pkte.

a)	Ball, Spiel;
b)	Wiese, Boden, Wurzel;
c)	Leitung, Schlag;
d)	Papier, Eintrag;
e)	Mus, Kern;
f)	Seite, Papier;
g)	Kleid, Spiel, Kind;
h)	Gabel, Suppe;
i)	Schrift, Menu, Kabel;
j)	Getreide, Maische.

Lösung 5
1 Pkt.

Hand; Rückhand, Handschuh.

Lösung 6
4 Pkte.

AWL (Wal); der Wal ist ein Säugetier, alle anderen Namen sind Fische; Hecht, Hai, Stör.

Lösung 7
1 Pkt.

EULE; B + Eule = Beule.

Lösung 8
1 Pkt.

A,T (ATTE); Gatte, Latte, Ratte, Matte, Watte.

Lösung 9
Je richtiger Lösung 1 Pkt., max. 10 Pkte.

a)	Moskau;
b)	Kontinent;
c)	Fauna;
d)	Wiese;
e)	Straße;
f)	Besteck;
g)	Fisch;
h)	Holz;
i)	Diskette;
j)	Dienstleistung.

Übertrag

Lösung 10
1 Pkt.

c) ... Lernt Hans nimmermehr.

Lösung 11
10 Pkte.

Lösung: e) Somalia

a)   England;
b)   Norwegen;
c)   Frankreich;
d)   Kanada;
f)   China;
g)   Indien;
h)   Kolumbien;
i)   Polen;
j)   Thailand.

Lösung 12
Je richtiger Lösung 1 Pkt., max. 10 Pkte.

a)   Korn;
b)   Sessel;
c)   Rose;
d)   Gemüse;
e)   hoch;
f)   Vorlesung;
g)   Video;
h)   Mirabelle;
i)   Europa;
j)   Mensch.

Lösung 13
5 Pkte.

RÜGN (Grün) und WARZCHS (Schwarz); nur Rot, Blau und Gelb (genauer Magenta, Cyan und Yellow) gelten als Grund- oder Primärfarben. Grün besteht nach der Farbenlehre aus Gelb und Blau, Schwarz aus allen drei Grundfarben.

Lösung 14
1 Pkt.

a); der LEOPARD ist ein Fleischfresser.

Lösung 15
Je richtiger Lösung 1 Pkt., max. 10 Pkte.

a)   Niederschlag;
b)   Schmuck;
c)   Fahrzeuge;
d)   Werkzeuge;
e)   Oberbekleidung;
f)   Steinobst;
g)   Inseln;
h)   Schreibzeug;
i)   Bäume;
j)   mittelosteuropäische Länder.

Lösung 16
1 Pkt.

A,R,E (ARTEN); Garten, warten, Karten, Sparten, starten.

Lösung 17
1 Pkt.

Ball; Fußball, Ballsaison.

Lösung 18
5 Pkte.

Osre (Rose); die anderen sind Linde, Ulme, Buche, Tanne.

Übertrag

Lösung 19

1 Pkt.

Zucht; das Wort in der Klammer besteht jeweils aus den zwei ersten Buchstaben des ersten und den drei letzten Buchstaben des zweiten Wortes.

Lösung 20

1 Pkt.

Brot; B + Rot = Brot.

Lösung 21

1 Pkt.

d) Aller guten Dinge sind...

Lösung 22

10 Pkte.

Lösung: f) Helgoland

a)　　　Prag,

b)　　　Berlin;

c)　　　London;

d)　　　Helsinki;

e)　　　Moskau;

g)　　　Budapest;

h)　　　Kopenhagen;

i)　　　Wien;

j)　　　Florenz.

Lösung 23

Je richtiger Antwort 1 Pkt., max. 7 Pkte.

a)　　　wewe;

b)　　　cin;

c)　　　sosol;

d)　　　ikal;

e)　　　meh;

f)　　　petat;

g)　　　komit.

Lösung 24

10 Pkte.

RIITGB (Birgit) - die anderen sind Hannes, Martin, Holger und Ludwig.

Lösung 25

2 Pkte.

USS; Fuß, Ruß, Stuss, Schluss, Genuss, Kuss, muss (Anmerkung: in der Großschreibung wird aus „ß" – „SS").

Lösung 26

2 Pkte.

b); „das Hasenpanier ergreifen" ist eine Redewendung für „fliehen" (bei der Flucht stellt der Hase seinen Schwanz auf, sodass sein „Panier", Jägersprache für Hinterteil, sichtbar wird).

Lösung 27

2 Pkte.

Ente; die zweite Hälfte des Wortes in der Klammer besteht aus den letzten beiden Buchstaben des linken Wortes, die erste Hälfte aus den letzten zwei Buchstaben des rechten Wortes in umgekehrter Reihenfolge (GammlER + FilET = TEER, RenTE + RinNE = Ente).

Lösung 28

2 Pkte.

b); Bleistift.

Übertrag

Lösung 29
2 Pkte.

c); ein Erpel ist eine männliche Ente, daher geht es um die weibliche und männliche Seite einer Gattung (beim Menschen Mann und Frau).

Lösung 30
2 Pkte.

Anker; T + Anker = Tanker.

Lösung 31
2 Pkte.

Gan; Mangan, Ganove.

Lösung 32
2 Pkte.

b); die Anfangsbuchstaben der Namen wechseln nach dem Alphabet (A,B,C,D), die der Orte gegen die Reihenfolge des Alphabets, mit R beginnend (R,Q,P,O).

Lösung 33
2 Pkte.

Fliegen; das Wort in der Klammer ist jeweils ein Synonym für die beiden Worte außerhalb der Klammer.

Lösung 34
12 Pkte.

MORTDRAO (Motorrad); die anderen sind Klavier, Violine, Mandoline, Bassgeige, Trompete.

Lösung 35
2 Pkte.

d); „Die Flinte ins Korn werfen" bedeutet „wütend oder frustriert (den Kampf) aufgeben" und stammt aus der Soldatensprache.

Lösung 36
2 Pkte.

d); wer Appetit hat, verlangt nach Speise, wer masochistisch ist, verlangt nach Qual.

Lösung 37
Je richtiger Lösung 2 Pkte., max. 10 Pkte.

a) Die Wissenschaft weiß schon viel über den Aufbau des Gehirns und das Zusammenspiel seiner einzelnen Teile.
b) Noch immer ist aber das Rätsel ungelöst, wie dieses Wunderwerk der Natur genau funktioniert.
c) Warum vergessen wir manche Ereignisse und andere nicht.
d) Dieser Prozess soll auch bei der Gedächtnisbildung eine Rolle spielen.
e) Auch bei der Intelligenz können viele alte Menschen mit jungen durchaus konkurrieren.

Lösung 38
2 Pkte.

Fohlen; Emp + Fohlen (ein Pferdejunges) = empfohlen (Partizip Perfekt von empfehlen).

Übertrag

Lösung 39

6 Pkte.

Die beste Lösung ist C, danach kommen B und dann A.

Lösung 40

15 Pkte.

HCGAALS (Lachgas); die anderen sind Kohlenstoff, Strontium, Gallium und Selen.

Lösung 41

3 Pkte.

Aschen; Flaschen, Aschenbahn.

Lösung 42

3 Pkte.

d); „Seine Lenden gürten" bedeutet „aufbrechen, losziehen" und bezieht sich darauf, dass man früher vor dem Kampf die Waffen an einem Ledergürtel um die Hüften (Lenden) befestigt hat.

Lösung 43

3 Pkte.

Dietrich (Marlene Dietrich).

Lösung 44

3 Pkte.

a); Speck wird geräuchert (mit Feuer behandelt), Schinken gekocht (mit Wasser behandelt).

Lösung 45

3 Pkte.

Kinn; für die ersten zwei Buchstaben des Wortes in der Klammer muss man von den zwei linken Buchstaben um zwei Stellen im Alphabet weiter gehen (U-v-W, M-n-O: UM=WO; I-j-K, G-h-I: IG=KI). Für die zwei letzten Buchstaben des Wortes muss man von den rechten zwei Buchstaben je um zwei Stellen im Alphabet zurück gehen (T-s-R, V-u-T: RT=TV; P-o-N: PP=NN).

Lösung 46

3 Pkte.

Poster; „Oster-" ist der (Wort-) Anfang der Feiertage Ostersonntag und Ostermontag.

Lösung 47

3 Pkte.

c), Alabaster; Gipsart, wird vor allem für Kleinskulpturen verwendet.

Lösung 48

3 Pkte.

b); die Namen und Berufe enden je auf den gleichen Buchstaben.

Lösung 49

3 Pkte.

Herme; Therme, Hermelin.

Übertrag

Lösung 50

21 Pkte.

Al Aaarttvi; „La Traviata" ist als einziges eine Oper, alle anderen sind Musicals: West Side Story, Les Misérables, Oklahoma!, Anatevka, Cats, Rocky Horror (Picture) Show.

Lösung 51

Je richtiger Lösung 3 Pkte., max. 75 Pkte.

a)	Farbe;	b)	Schutz;
c)	Seite;	d)	Größe;
e)	Tasche;	f)	Rohr;
g)	Zunge;	h)	Zug;
i)	Auge;	j)	Mark;
k)	Uhr;	l)	Brett;
m)	Bär;	n)	Hahn;
o)	Haus;	p)	Redner;
q)	Hase;	r)	Karte;
s)	Uhr;	t)	Hund;
u)	Korb;	v)	Rose;
w)	Führer;	x)	Scheibe;
y)	Mut.		

Lösung 52

Je richtiger Lösung 3 Pkte., max. 45 Pkte.

a)	Flügel;	b)	Bremse;
c)	Kater;	d)	Löwenzahn;
e)	Schwein;	f)	Birne;
g)	Blume;	h)	Puppe;
i)	Haushalt;	j)	Käfer;
k)	Star;	l)	Blase;
m)	Fahne;	n)	Pass;
o)	Film.		

Lösung 53

Je richtiger Lösung 3 Pkte., max. 30 Pkte.

a)	Zahn;	b)	Wasch;
c)	Markt;	d)	Luft;
e)	Kaiser;	f)	Hals;
g)	Gesamt;	h)	Fall;
i)	Berg;	j)	Geheim.

Lösung 54

Je richtiger Lösung 3 Pkte., max. 30 Pkte.

a)	Wahl;	b)	Schlüssel;
c)	Pfahl;	d)	Presse;
e)	Gras;	f)	Haus;
g)	Musik;	h)	Pass;
i)	Forscher;	j)	Flug.

Gesamtpunktzahl
Sprachgebundenes Denken:

/404

Lösungen: Zahlengebundenes Denken

Lösung 1

Je richtiger Lösung 1 Pkt., max. 10 Pkte.

a)	18
b)	4
c)	486
d)	16
e)	45
f)	32
g)	30
h)	13
i)	720
j)	10

Lösung 2

1 Pkt.

11; die Reihe wächst um je 2.

Lösung 3

1 Pkt.

8; alle anderen sind ungerade Zahlen.

Lösung 4

1 Pkt.

10 cm.

Lösung 5

1 Pkt.

4/14; die obere Reihe wird je um 1 vermindert, die untere um 3 erhöht.

Lösung 6

1 Pkt.

b); der Abstand zwischen den Zahlen erhöht sich jeweils um eins: 2 + 1 = 3, 3 + 2 = 5, 5 + 3 = 8...

Lösung 7

1 Pkt.

36 m.

Lösung 8

1 Pkt.

Sieben Apfelpflücker.

Lösung 9

1 Pkt.

c); die Zahl in der Klammer ist der Mittelwert der beiden anderen Zahlen (17 + 19 = 36, 36 : 2 = 18, 12 + 18 = 30, 30 : 2 = 15).

Übertrag

Lösung 10
1 Pkt.

b); von der oberen Zahl wird 2 abgezogen, um die untere Zahl zu erhalten. Zu der unteren Zahl links werden 3 hinzugezählt, um die rechte Zahl zu bekommen.

Lösung 11
1 Pkt.

a); die Schnecke erreicht die 10-Meter-Spitze zum 1. Mal nach 13 Stunden, da sie 12 Stunden für die ersten 6 Meter benötigt und eine weitere Stunde für die letzten 4 Meter.

Lösung 12
1 Pkt.

b); die Zahlen werden abwechselnd um 5 und 1 größer (7 + 5 = 12 + 1 = 13 + 5 = 18 + 1 = 19...).

Lösung 13
1 Pkt.

Am 89. Tag.

Lösung 14
1 Pkt.

Acht Bücher.

Lösung 15
Je richtiger Lösung 1 Pkt., max. 5 Pkte.

a) 5; die Zeilen werden von links oben nach rechts unten durchgezählt,
b) 32; jede folgende Zahl in einer Reihe ist doppelt der vorherigen;
c) 14; die zweite Zahl jeder Reihe ist die erste plus 2, die dritte Zahl die zweite plus 5;
d) 114; die erste Zahl ist die erste minus 2;
e) 3; der Zahlenabstand in jeder Reihe ist gleich: erste Reihe 1, zweite 2, dritte 3.

Lösung 16
1 Pkt.

c); es wird je durch 4 dividiert, um die folgende Zahl zu erhalten.

Lösung 17
1 Pkt.

Sieben Kinder.

Lösung 18
1 Pkt.

Zehnmal.

Lösung 19
1 Pkt.

77; sie ist die einzige, die aus zwei identischen Ziffern besteht.

Übertrag

Lösung 20
1 Pkt.

107 Jahre.

Lösung 21
1 Pkt.

Sieben Kinder (vier Jungen, drei Mädchen).

Lösung 22
1 Pkt.

27; die erste Zahl wird mit 3 multipliziert, um die Zahl hinter der Klammer zu erhalten; diese wird dann durch 2 dividiert und man erhält die Zahl in der Klammer (26 x 3 = 78 : 2 = 39...).

Lösung 23
1 Pkt.

Mindestens 7 Münzen.

Lösung 24
1 Pkt.

3 Inseln, 4 Hippies.

Lösung 25
1 Pkt.

d); die Zahlen werden je mit 2 multipliziert und um 1 reduziert, um die nächste zu erhalten (3 x 2 = 6 – 1 = 5, 5 x 2 = 10 – 1 = 9...).

Lösung 26
1 Pkt.

Ulla: 14, Julian: 4.

Lösung 27
1 Pkt.

12 Kühe, 23 Hühner.

Lösung 28
1 Pkt.

c); die obere Reihe nimmt um je 7 ab, die untere um je 7 zu.

Lösung 29
1 Pkt.

c); wenn sich die Seerosenanzahl täglich verdoppelt, ist der Teich am Tag vor dem 20. Tag halb zugewachsen.

Lösung 30
5 Pkte.

c); die Zahlenreihe addiert abwechselnd 3 und multipliziert dann mit 2.

Lösung 31
5 Pkte.

a); im Zahlenmix befinden sich sämtliche Quadratzahlen von 1 bis 8, außer der Quadratzahl von 3.

Übertrag

Lösung 32
5 Pkte.

Die braunen Kühe.

Lösung 33
5 Pkte.

Alfred sieben, Frieda fünf.

Lösung 34
5 Pkte.

b); die obere Reihe wird durch 2 geteilt, die untere mit –3 multipliziert.

Lösung 35
5 Pkte.

d); zehn Mal an der Einer- und zehn Mal an der Zehnerstelle.

Lösung 36
5 Pkte.

80 Kilo.

Lösung 37
5 Pkte.

23 Jahre.

Lösung 38
5 Pkte.

b); die letzte Zahl ist jeweils die erste minus der zweiten mal 3 (7 – 3 = 4, 4 x 3 = 12; 17 – 6 = 11, 11 x 3 = 33).

Lösung 39
5 Pkte.

c); alle oberen Zahlen und 111 sind ganzzahlig durch 3 teilbar, a), b) und d) nicht (Dreier-Regel: alle Zahlen, deren Quersumme 3 oder ein Vielfaches von 3 ergibt, sind durch 3 teilbar).

Lösung 40
5 Pkte.

Max muss 80 Erbsen zählen, davon gehört ihm ein Zehntel, also 8, und 72 liefert er ab.

Lösung 41
5 Pkte.

6/13; in der oberen Reihe wird abwechselnd 2 abgezogen und dann 3 addiert, in der unteren 4 addiert und dann 2 abgezogen.

Lösung 42
5 Pkte.

24; alle anderen sind Primzahlen (Zahlen, die nur durch sich selbst und 1 teilbar sind).

Lösung 43
5 Pkte.

Zwei Murmeln.

Übertrag

Lösung 44

5 Pkte.

2222; die erste plus der Zahl in der Klammer ergeben die dritte.

Lösung 45

5 Pkte.

c); die Lösung liegt in den Spalten, nicht in den Reihen: die oberste Zahl einer Spalte wird mit 2 multipliziert, um die mittlere Zahl zu erhalten, zu dieser Produktzahl werden für die unterste noch 3 hinzugezählt.

Lösung 46

5 Pkte.

437; die Zahlen werden abwechselnd quadriert und dann um 4 verringert ($3 \times 3 = 9 - 4 = 5 \times 5 = 25$ ...).

Lösung 47

5 Pkte.

60 Jahre.

Lösung 48

5 Pkte.

Fünf.

Lösung 49

5 Pkte.

6, 5, 20; die oberen Zahlen reduzieren sich um 1, die Zahlen links unten reduzieren sich um 2, und die rechts unten erhöhen sich um 3.

Lösung 50

5 Pkte.

0; die einander gegenüberliegenden Zahlen addieren sich je auf 10.

Lösung 51

5 Pkte.

100.

Lösung 52

5 Pkte.

Fünf DM.

Lösung 53

5 Pkte.

46; es wird je abwechselnd durch 2 geteilt und um 1 subtrahiert.

Lösung 54

5 Pkte.

b); die Zahlenreihen wechseln im Zickzack von oben nach unten, die eine nimmt um 2 zu (2, 4, 6, 8...), die andere um 2 ab (15, 13, 11...).

Lösung 55

9 Pkte.

a); es sind drei sich abwechselnde Reihen, die erste nimmt um 1 zu (1,2,3...), die zweite um 2 ab (7,5,3...), und bei der dritten wird je mit 2 dividiert (8,4,2,1).

Übertrag

Lösung 56
9 Pkte.

34, 23, 7, 19; es handelt sich um zwei Zahlenkreise, der äußere nimmt im Uhrzeigersinn um 3 ab, der innere gegen den Uhrzeigersinn um je 2 zu.

Lösung 57
9 Pkte.

48 Stundenkilometer; Gabi hat für die gesamte Strecke 104 Schritte gebraucht. Manfreds Manta benötigte für die selbe Strecke die gleiche Zeit, die Gabi für 13 Schritte brauchte. Sein Manta ist daher acht Mal schneller als Gabi.

Lösung 58
9 Pkte.

2; die linken sind gerade Zahlen, die rechten Primzahlen, 2 ist die einzige gerade Primzahl.

Lösung 59
9 Pkte.

90.

Lösung 60
9 Pkte.

16 Stunden.

Lösung 61
9 Pkte.

a); die gesuchte Zahl ist die größere minus der kleineren mal 5 (738 – 617 = 121, 121 x 5 = 605).

Lösung 62
9 Pkte.

In 23 Tagen.

Lösung 63
9 Pkte.

20, 19, 15; die Zahlen stehen für die Buchstaben des Alphabets. In der zweiten Zeile steht DEUS, also „Süd" von rechts nach links geschrieben, 20-19-15 ergeben TSO, also „Ost" ebenfalls von rechts nach links.

Lösung 64
Je richtiger Lösung 9 Pkte., max. 27 Pkte.

a) 6
b) 14
c) 7

Lösung 65
9 Pkte.

c); die gesuchte Zahl in der Klammer ist die rechte minus der linken dividiert durch 2 (846 – 534 = 312 : 2 = 156).

Lösung 66
9 Pkte.

b); die mittlere Zahl ist jeweils die obere mal der unteren dividiert durch 5 (7 x 10 = 70 : 5 = 14, 9 x 15 = 135 : 5 = 27...).

Übertrag

Lösung 67
9 Pkte.

40 Meter.

....

Lösung 68
9 Pkte.

8547.

....

Lösung 69
9 Pkte.

c); die obere mal der unteren Zahl ergibt je 900, so auch 8 x 112,5.

....

Lösung 70
9 Pkte.

72.

....

Lösung 71
9 Pkte.

485. Die folgende Zahl ist immer die vorhergehende Zahl mal 3 plus 2.

....

Lösung 72
9 Pkte.

129. Die folgende Zahl ist immer die vorhergehende Zahl mit sich selbst addiert minus 1.

....

**Gesamtpunktzahl
Zahlengebundenes Denken:**   /348

Lösungen: Optische Erinnerung

Lösung 1

Für jedes gemerkte Wort 1 Pkt., max. 7 Pkte.

Ball, Rose, Affe, Hund, Birne, Rot, Sonne.

Lösung 2

Für jedes gemerkte Symbol 1 Pkt., max. 7 Pkte.

Quadrat, Kreis, Davidsstern, Pfeil, Halbmond, Kreuz, Dreieck.

Lösung 3

Für jedes gemerkte Symbol 1 Pkt., max. 15 Pkte.

Tisch, Pilz, Brille, Apfel, Ball, Fernseher, Wecker, Glas, Feder, Haus, Auto, Baum, Gabel, Käse, Tisch.

Lösung 4

Für jede gemerkte Zahl 1 Pkt., max. 7 Pkte.

12, 6, 96, 3, 48, 24, 36.

Lösung 5

Für jedes gemerkte Wort 1 Pkt., max. 8 Pkte.

Salpeter, Rosenstrauch, Petersfisch, Aroma, Kreuzkümmel, Thymian, Geruch, Schwefel.

Lösung 6

Für jedes gemerkte Symbol 2 Pkt., max. 30 Pkte.

Kreis, Dreieck nach unten, Andreaskreuz, Halbmond, Pfeil nach links, Kreuz, Davidsstern,. Fragezeichen, Dreieck nach oben, Würfel, Pfeil nach rechts, Achteck, Stern, Dollarzeichen, Pyramide.

Lösung 7

Für jede gemerkte Zahl 2 Pkt., max. 18 Pkte.

17, 24, 31, 79, 15, 68, 55, 27, 99.

Lösung 8

Für jedes gemerkte Wort 2 Pkt., max. 24 Pkte.

Kugel, Sphäre, Planet, Globus, Meridian, Scheibe, Rund, Weltkugel, Ball, Zirkel, Erdball, Äquator.

Lösung 9

Für jede gemerkte Zahl 3 Pkt., max. 24 Pkte.

342, 254, 796, 697, 542, 425, 742, 379.

Lösung 10

Für jedes gemerkte Symbol 3 Pkt., max. 60 Pkte.

Quader, schwarzes Quadrat, Kreis, Dreieck, Pfeil nach rechts, Quadrat leer, Kreuz, schwarzer Stern, Halbmond nach rechts, Oval, Quadrat leer, Pfeil nach unten, Halbmond nach links, Dreieck nach unten, Dreieck, fettes Kreuz, Würfel, schwarzer Kreis, Achteck, Fünfeck.

Übertrag

Lösung 11

Für jedes gemerkte Wort 3 Pkte., max. 36 Pkte.

Iridium, Kobalt, Liliput, Platine, Zwerg, Iran, Kobold, Plato, Irland, Platin, Irrlicht, Pluto.

Lösungen: Inhaltliche Erinnerung

Lösung 12

Für jede gemerkte Zahl 3 Pkte., max. 27 Pkte.

787, 294, 832, 847, 624, 948, 983, 762, 084.

**Punktzahl
Optische Erinnerung:**   /263

Lösung 13

Für jeden richtig erinnerten Gegenstand bzw. Sachverhalt 1 Pkt., max. 10 Pkte.

a) Brot, Milch, sechs Eier, Orangensaft, Honig, Katzenfutter, Müsli;

b) sechs Eier, Wurst;

c) eine Stunde.

Lösung 14

Für jede richtig erinnerte Person bzw. Tier 1 Pkt., max. 13 Pkte.

a) Robert;

b) Jens, blond, Sabine, braun;

c) Affen, Löwen, Nilpferde, Krokodile, Elefanten, Vögel;

d) Krokodile, Vögel.

Lösung 15

Für jede richtig erinnerte Person bzw. Speise 2 Pkte., max. 20 Pkte.

a) Maria, Hans, Franz, Monika, Anneliese, Heinz;

b) Knödel, Sauerkraut, Scholle, Apfelstrudel.

Übertrag

Lösung 16

Für jeden richtig erinnerten Gegenstand
bzw. Sachverhalt 2 Pkte., max. 26 Pkte.

a) Sauerstoff, Stickstoff, Wasserstoff, Kohlenstoff, Eisen, Zink;

b) O, N, H, C, Fe, Zn;

c) Braun- und Steinkohle sind fossile organische Stoffe, die aus einer Mischung von chemischen Elementen (vor allem O, H und C) bestehen.

Lösung 17

Für jeden richtig erinnerten Gegenstand
bzw. Sachverhalt 3 Pkte., max. 36 Pkte.

a) Reis, Tabak, Schwarzwurzel, Hanf, Raps;

b) Mais, Hafer, Kartoffel, Weizen;

c) Mais, Kartoffel und Tabak sind ursprünglich amerikanische Pflanzen, die vor Kolumbus in Europa unbekannt waren.

Lösung 18

Für jeden richtig erinnerten Gegenstand
bzw. Sachverhalt 3 Pkte., max. 36 Pkte.

a) Sechs Vogelarten: Fasane, Perlhühner, Papageien, Wachteln, Kakadus und Kiwis (Schnabeltiere sind keine Vögel);

b) Irland;

c) Neuseeland (nur dort leben Kiwis);

d) Walton;

e) Professor Jones;

f) Schnabeltiere leben nur in Australien, nicht aber in Neuseeland.

**Punktzahl
Inhaltliche Erinnerung:**   / 141

Gesamtpunktzahl Gedächtnis:

Optische Erinnerung

Inhaltliche Erinnerung

/ 404

Wahrnehmungs- geschwindigkeit: Lösungen

Anmerkung:

Es ist bei der Wahrnehmungsgeschwindigkeit nicht sinnvoll, eine Auswertung vorzunehmen. Entscheidend dabei ist nur, die Übungen wirklich in der vorgegebenen Zeit zu lösen. Daher sind in den Lösungen auch nicht alle Aufgaben behandelt.

Lösung 1

52 Vokale; 4 a, 13 e, 13 i, 9 o, 13 u .

Lösung 2

24 "d2".

Lösung 3

a) A1, B4, C5, D2, E3;
b) A4, B2, C1, D3, E5;
c) A5, B3, C2, D1, E4;
d) A2, B1, C5, D4, E3;
e) A4, B3, C1, D5, E2.

Lösung 6

30 Vokale - jeder Vokal kommt 6 Mal vor.

Lösung 7

53 "d2".

Lösung 8

a) A2, B1, C5, D4, E6, F3;
b) A1, B4, C3, D5, E2, F6;
c) A6, B5, C4, D3, E2, F1.

Lösung 10

a) 46;
b) 53;
c) 62;
d) 65;
e) 45.

Lösung 11

16 Paare in folgender Reihenfolge: ab, ef, st, bc, pq, wx, mn, gh, hi, qr, rs, jk, tu, de, fg, lm.

Lösung 13

42 „d2".

Lösung 14

a) A1, B3, C5, D4, E2, F6;
b) A3, B4, C1, D6, E2, F5;
c) A4, B1, C6, D3, E2, F5.

Lösung 16

a) 67;
b) 63;
c) 64;
d) 61.

Lösung 1 ❏ 1920. Andere Staaten waren der Entwicklung voraus: 1906 Finnland, nach der Oktoberrevolution 1917 die Sowjetunion und 1919 die Weimarer Republik.

Lösung 2 ❏ Die Europäische Zentralbank, die ihren Sitz in Frankfurt a. Main hat und vor allem für die Preisstabilität innerhalb der EU sorgen soll. Der Niederländer Duisenberg (*1935) ist ihr Präsident.

Lösung 3 ❏ Aus William Shakespeares (1564–1616) Tragödie in fünf Akten Die tragische Geschichte Hamlets, des Prinzen von Dänemark (um 1600).

Lösung 4 ❏ Die Sicherungskopie einer Computer-Datei, die der PC selbsttätig anlegt und in bestimmten Zeitintervallen aktualisiert.

Lösung 5 ❏ Japan, das damit den in Europa tobenden Krieg zum Zweiten Weltkrieg ausweitete; als Bündnispartner des Deutschen Reiches operierte Japan im Pazifik und auf dem asiatischen Festland.

Lösung 6 ❏ Der dänische Astronom Ole Rømer (1644–1710). Die genaue Messung der Lichtgeschwindigkeit (c = 299.792.458 m/s) erfolgte im Labor durch den Franzosen Armand Hippolyte Fizeau um 1850.

Lösung 7 ❏ Für die bildenden Künste der klassischen Antike. Winckelmanns (1717–68) Klassikbegriff, den er in seinem Hauptwerk Die Geschichte der Kunst des Altertums (1764) festhielt, prägte das Schönheitsideal der deutschen Klassik.

Lösung 8 ❏ Sorbonne. Sie wurde 1527 von Robert de Sorbon als theologisches Kolleg für arme Studenten gegründet. 1626 wurde der Bau von Le Mercier fertig gestellt.

Lösung 9 ❏ Die abstrakte Kunst des 20. Jh., die sich von der dinglichen Darstellungsweise löste und völlig neue Wege in der Beziehung von Form und Farbe in Malerei, Skulptur und Plastik beschritt.

richtig
❏
7–9 richtig = 5 Pkte.
4–6 richtig = 3 Pkte.
1–3 richtig = 1 Pkte.
0 richtig = 0 Pkte.

Übertrag

Helena. In der Mythologie löst ihr Raub den Trojanischen Krieg aus. Paris verschleppt sie vom Hof des Griechen Menelaos nach Troja, von wo sie später als Gefangene wieder zurückgebracht wird.	❑ **Lösung 10**
Ein spanischer Paartanz, in Rhythmus und Melodik dem Flamenco verwandt. Er wird i. d. R. mit Gitarre oder Kastagnetten begleitet und im Dreiviertel- oder Dreiachteltakt getanzt.	❑ **Lösung 11**
Die Vatikanstadt, der Sitz des Papstes in Rom. Die Vatikanstadt umfasst eine Fläche von 0,44 km2 und ist damit auch der kleinste Staat der Erde.	❑ **Lösung 12**
„Alea iacta est", der Würfel ist gefallen. Mit der Überschreitung des Grenzflusses eröffnete C. Julius Caesar (100–44 v. Chr.) 49 v. Chr. den Bürgerkrieg gegen den vom Senat zu seiner Entwaffnung beauftragten Gnaeus Pompeius.	❑ **Lösung 13**
Das absurde Theater, das die Absurdität und das Widervernünftige des menschlichen Daseins herausstreichen wollte. Autoren sind z. B. Samuel Beckett (Warten auf Godot, 1952) und Eugène Ionesco (Die Nashörner, 1959).	❑ **Lösung 14**
Die Maya, die hier um 600 ihre Blütezeit erlebten. Bedeutende Stadtstaaten wie Palenque, Tikal, Copán und Chichén Itzá entstanden. Schon um 987 drangen Tolteken ins Land und verdrängten die Maya.	❑ **Lösung 15**
Die Infinitesimalrechnung. Sie wurde von Isaac Newton (1643–1727) und Gottfried W. Leibniz (1646–1716) unabhängig voneinander durch die Entwicklung der Differenzial- und Integralrechnung begründet.	❑ **Lösung 16**
Aeneas, dessen Sagenstoff der römische Dichter Vergil (70–19 v. Chr.) zu einem meisterhaften Nationalepos gestaltete. Er gründete Alba Longa, aus dem später Rom hervorging.	❑ **Lösung 17**
In Indien. Der Hindurebell Shivaji richtete es 1674 ein. Das Mar_athen-Reich konnte sich erfolgreich gegen die Herrschaft der muslimischen Mogulen behaupten.	❑ **Lösung 18**

richtig ❑

7–9 richtig = 5 Pkte.
4–6 richtig = 3 Pkte.
1–3 richtig = 1 Pkte.
0 richtig = 0 Pkte.

Übertrag

Lösung 19 ❏ Akt. In der Antike bereits durch Polyklet und Phidias zu einem Höhepunkt gebracht, entdeckte man erst seit der Renaissance die Wirkung des nackten menschlichen Körpers von neuem; z. B. bei Michelangelos David.

Lösung 20 ❏ Um ein Betriebssystem, das der Finne Linus Torvalds entwickelt hat. Es ist über das Internet frei erhältlich und ein ständig wachsender Konkurrent zu Windows des US-Konzerns Microsoft.

Lösung 21 ❏ In Pakistan (ca. 5,5 Mio. Einwohner). Sie ist Hauptstadt der Provinz Punjab. Ihre Blütezeit hatte die heutige Universitätsstadt zur Zeit der Moghul-Herrscher (um 1526 –1707).

Lösung 22 ❏ 1622. Englische und holländische Truppen frönten diesem Laster, das sie aus ihren Kolonien mitbrachten, schon früher. 1556 kam der Tabak nach Spanien und Frankreich. Üblich waren zunächst Pfeifen, Zigarren und Schnupftabak.

Lösung 23 ❏ Lao-tse (604–um 520 v. Chr.). Das Tao („Weg") ist die Weisheit, die jeder Einzelne gewinnen soll, indem er zu sich selbst findet; gesellschaftliche Werte oder akademisches Wissen sind nutzlos.

Lösung 24 ❏ Desmond Tutu (*1931). Der anglikanische Bischof wurde 1986 der erste schwarze Erzbischof Kapstadts. 1990 beendete der weiße Präsident F. W. De Klerk die Apartheid.

Lösung 25 ❏ In Alibaba und die vierzig Räuber; es ist die Zauberformel, die eine Felsentür öffnet, hinter der sich der Schatz der vierzig Räuber befindet. Alibaba kann ihn gewinnen und die Räuber nach einigen Abenteuern besiegen.

Lösung 26 ❏ In Indien, wo 400 Anhänger Gandhis von britischen Truppen erschossen wurden. Etwa 20.000 Demonstranten hatten unbewaffnet gegen die Verhaftung ihrer politischen Führer demonstriert.

Lösung 27 ❏ Galenos von Pergamon (um 129–199), der Leibarzt Kaiser Mark Aurels. Er bildete das medizinische Wissen der Zeit und seine Forschungen zu einem umfassenden Lehrsystem aus.

richtig

7–9 richtig = 5 Pkte.
4–6 richtig = 3 Pkte.
1–3 richtig = 1 Pkte.
0 richtig = 0 Pkte.

Übertrag

Die Standard Oil Company. Sie ging 1870 aus einer Firma für Öl-Raffination hervor, die Rockefeller (1839–1937) zusammen mit Samuel Andrews gegründet hatte. ❏ **Lösung 28**

Alice im Wunderland (1865). Sie beschreibt die fantastischen Erlebnisse, die ein kleines Mädchen in einem Land erlebt, in dem alle Naturgesetze aufgehoben sind. ❏ **Lösung 29**

In Südafrika. Er entspringt in Lesotho und fließt nach 1860 km in den Atlantik. Der Oranje-Freistaat ist eine Provinz der heutigen Republik Südafrika. ❏ **Lösung 39**

1618. Der Prager Fenstersturz gab den Anlass für den Religionskrieg ab. In seinen Verlauf waren fast alle westeuropäischen Staaten involviert. ❏ **Lösung 31**

Um 1650. Nunmehr erhalten die Gäste auch Messer und Gabeln zum Essen. Letztere wurden vorher lediglich zum Vorlegen verwendet, der Gast nahm mit seinen bloßen Fingern vorlieb. ❏ **Lösung 32**

Im Elysium, das man sich als Insel vorstellte. Das Paradies der Griechen bevölkerten nur auserwählte Helden und Halbgötter. Der gemeine Sünder litt im Tartaros ewige Qualen, wie z. B. Tantalos. ❏ **Lösung 33**

Marcus Porcius Cato, der Ältere (234–149 v. Chr.), der mit seinem sprichwörtlich gewordenen „ceterum censeo" seine Senatsreden zu beenden pflegte. ❏ **Lösung 34**

Die Allegorie (von griechisch „bildlicher Ausdruck"). Die Allegorie arbeitet zumeist mit Personifikationen: die Liebe wird von Amor oder Aphrodite dargestellt, Fortuna ist das Glück mit Füllhorn. ❏ **Lösung 35**

Account ist die englische Bezeichnung für die Zugangsberechtigung ins Internet oder zu einem Computer. Damit wird z. B. der Zugang zu einem Online-Dienst möglich. ❏ **Lösung 36**

richtig   7–9 richtig = 5 Pkte.
❏   4–6 richtig = 3 Pkte.
          1–3 richtig = 1 Pkte.
            0 richtig = 0 Pkte.

Übertrag

Lösung 37 ❏ In China. Sie wird Tsai Lun, einem chinesischen Hofbeamten, zugeschrieben. Das Geheimnis wurde von den Chinesen gut 1000 Jahre gehütet, bevor es nach Europa gelangt.

Lösung 38 ❏ Eine Sammlung literarischer Texte wie Gedichte, Kurzprosa und Romanauszüge, die nach bestimmten Aspekten ausgewählt werden; deshalb gr. „Blütenlese".

Lösung 39 ❏ In der Ober- und Niederlausitz; hier erhielt sich die ethnische Eigenart der westslawischen Volksgruppe. Selbst in der DDR genossen sie als nationale Minderheit Kulturautonomie.

Lösung 40 ❏ Eine der bedeutendsten Mystikerinnen und Kennerinnen der Naturheilkunde. Hildegard (1098–1179) gründete auf dem Rupertsberg bei Bingen ein Kloster. Berühmt ist sie wegen ihrer prophetischen Schriften und einer Naturbeschreibung.

Lösung 41 ❏ Der englischen Romantik, die sie mit großen Romanen bereicherte. In Stolz und Vorurteil (1813) oder Emma (1815) nahm Austen (1775–1817) den ländlichen Alltag aufs Korn, den Landadel genauso wie den gehobenen Mittelstand.

Lösung 42 ❏ Friedrich V., Kurfürst von der Pfalz (1596–1632). Der Calvinist wurde von den aufständischen Böhmen zum König gewählt. Daraufhin stellte Ferdinand II. eine Armee auf und eröffnete den Dreißigjährigen Krieg.

Lösung 43 ❏ 1686 in Ratibor, anschließend in Nürnberg. Die Türkenkriege brachten auch einen kulturellen Austausch mit sich. Frauen blieb der Zutritt verwehrt.

Lösung 44 ❏ Autobiografie. Ansätze finden sich schon bei Augustinus in seinen Bekenntnissen und dann wieder bei Rousseau und Karl Philipp Moritz (Anton Reiser). Goethe (Dichtung und Wahrheit) u. v. a. liefern weitere Beispiele.

Lösung 45 ❏ Gemäß Ptolemäus († nach 160), dem Verfasser des berühmten Almagest, in dem er seine Himmelsmechanik erläutert. Erst Kopernikus begründete das heliozentrische Weltbild.

richtig

❏

richtig	
7–9 richtig	= 5 Pkte.
4–6 richtig	= 3 Pkte.
1–3 richtig	= 1 Pkte.
0 richtig	= 0 Pkte.

Übertrag

Die Kritik der reinen Vernunft (1781). Sie ist eine der bedeutendsten philosophischen Schriften der Neuzeit, mit der der Königsberger Immanuel Kant (1724–1804) der Erkenntnistheorie zum Durchbruch verhalf.

❏ **Lösung 46**

Die Barentssee, die ein Meeresarm des Nordpolarmeeres ist und die Küsten Norwegens und Russlands trennt. Sie wurde nach ihrem Entdecker, Willem Barents, benannt.

❏ **Lösung 47**

In Berlin. Sie ist weltweit die bedeutendste Messe für Ernährungs- und Landwirtschaft sowie Gartenbau. In der Regel findet sie Ende Januar statt.

❏ **Lösung 48**

Ingeborg Bachmann (1926–73), deren lyrisches wie episches Werk (Malina, 1971) die Unsicherheit der menschlichen Existenz thematisiert. Den Preis verleihen die Stadt Klagenfurt und der ORF.

❏ **Lösung 49**

In Nürnberg. Sie ist die zentrale Behörde für Arbeitsvermittlung, Abwicklung der Arbeitslosenversicherung, Berufsberatung und Fortbildung.

❏ **Lösung 50**

Die Ballade. Große deutsche Balladendichter waren z. B. Goethe (Der Erlkönig) und Schiller (Ring des Polykrates); in nachklassischer Zeit ragt vor allem Theodor Fontane heraus (Archibald Douglas).

❏ **Lösung 51**

Die Datenübertragungsrate in den Kupferleitungen des herkömmlichen Telefonnetzes. ADSL steht für Asymmetric (oder: Asynchronous) Digital Subscriber Line.

❏ **Lösung 52**

Friedrich von der Pfalz (1596–1632), der Winterkönig, der von den aufständischen Böhmen zum König gewählt worden war. Das gegnerische Heer führte der kaiserliche Feldherr Tilly an.

❏ **Lösung 53**

Eratosthenes (276–196 v. Chr.). Er machte sich die Sonneneinstrahlung in den Städten Syene und Alexandria am Tag der Sommersonnenwende zunutze und errechnete trigonometrisch den Abstand.

❏ **Lösung 54**

richtig
❏

7–9 richtig = 5 Pkte.
4–6 richtig = 3 Pkte.
1–3 richtig = 1 Pkte.
0 richtig = 0 Pkte.

Übertrag

Lösung 55	❑	Eine gelehrte Frau, die nicht unbedingt Charme hat. Der Ausdruck wurde um 1750 in England für Frauen geprägt, die in literarischen Zirkeln verkehrten. In Deutschland war er seit 1830 populär.
Lösung 56	❑	Einen Berg bzw. ein Gebirge. Berühmt ist etwa der Djebel Musa (2285 m) oder Mosesberg auf dem Sinai; an dessen Fuß befindet sich das berühmte Katharinen-Kloster.
Lösung 57	❑	Aus der römischen Antike. Es gibt ihn seit etwa 200 v. Chr. Die römische Basilika war als lang gestreckter Hallenbau weltlichen Zwecken vorbehalten, etwa als Markt- und Gerichtsgebäude.
Lösung 58	❑	Der Belgier Jackie Ickx (*1945), der zwischen 1969 und 1982 sechsmal siegte. Auf dem ältesten Langstreckenrennen werden auf einem 13,64 km langen Kurs in 24 Stunden rund 5000 km zurückgelegt.
Lösung 59	❑	Karl Marx (1818–83). Band I kam 1867 heraus, die Bände II und III folgten 1885 und 1894 unter der Federführung des Marx-Freundes Friedrich Engels.
Lösung 60	❑	Die Kreuzigung war nach römischem Recht die übliche Hinrichtungsart für ehrlose Schwerverbrecher wie Tempelräuber und Aufrührer, die allerdings keine römischen Bürger sein durften.
Lösung 61	❑	Im Römischen Reich, gegen Ende des 3. Jh. v. Chr. neben dem As und dem Denar als Silber- und Messingmünze geprägt. In der Kaiserzeit kam noch der Aureus in Gold hinzu.
Lösung 62	❑	Heinrich Böll (1917–85), dessen erste Werke der Verarbeitung des Krieges und der Nazi-Diktatur galten, der sich dann aber zu einem Kritiker der Gesellschaft im Nachkriegsdeutschland entwickelte.
Lösung 63	❑	Bismarck (1815–98). Der Beiname geht auf seine Rede vor der Budgetkommission des preußischen Landtags zurück, wo er 1862 äußerte, die großen Fragen der Zeit könnten nur durch „Eisen und Blut" gelöst werden.

richtig

7–9 richtig = 5 Pkte.
4–6 richtig = 3 Pkte.
1–3 richtig = 1 Pkte.
0 richtig = 0 Pkte.

Übertrag

Der Astronom und Mathematiker Mohammed ibn Musa al-Chwarizmi (um 780–850). Er war auch ein Pionier der Algebra; der Begriff leitet sich von seinem Namen ab.	❏	**Lösung 64**
Auf Irland, wo sich aufgrund einer bedeutenden Mönchskultur die Buchmalerei sehr früh entwickeln konnte. Mit dem sehr reich ornamentierten Evangeliar des Book of Kells wurde dem Festland ein Vorbild gegeben.	❏	**Lösung 65**
Tropfsteine, die durch Kalkablagerungen entstehen. Stalaktiten wachsen spitz zulaufend von der Decke; ihnen entgegen türmen sich Stalagmiten.	❏	**Lösung 66**
Nach dem Marquis de Sade (1740–1814), der viele Jahre wegen Sexualdelikten in Gefängnissen einsaß. Sadist ist, wer sexuelle Erregung empfindet, wenn er physische oder psychische Gewalt an anderen ausübt.	❏	**Lösung 67**
Die Übertragung eines Computervirus nach dem Öffnen der E-Mail. Betroffen waren weltweit Millionen von Internet-Nutzern. Gegen manche Viren richten nicht einmal Anti-Viren-Programme etwas aus.	❏	**Lösung 68**
In Wetzlar, wo es von 1693 bis zur Auflösung des Heiligen Römischen Reiches 1806 beheimatet war. Davor befand es sich in Speyer.	❏	**Lösung 69**
Clemens Brentano (1778–1842), ein Hauptvertreter der deutschen Romantik, die er mit seinen Gedichten, seinen Romanen (Godwi, 1818), Erzählungen und Märchen bereicherte.	❏	**Lösung 70**
Hedschra. Sie ist der Beginn der islamischen Zeitrechnung. Mekka ist die Geburtsstadt Mohammeds, der 630 seine siegreichen Truppen dorthin zurückführte.	❏	**Lösung 71**
Malcolm X (1925–65), dessen Vater von Mitgliedern des Ku Klux Klans ermordet wurde. Sein Nachname steht als Symbol für die namenlosen versklavten Schwarzen in den USA.	❏	**Lösung 72**

richtig

❏

7–9 richtig = 5 Pkte.
4–6 richtig = 3 Pkte.
1–3 richtig = 1 Pkte.
0 richtig = 0 Pkte.

Übertrag

Lösung 73	❏	Der schwäbische Astronom Johannes Kepler (1571–1630). Dieses sog. Keplersche Fernrohr führte zu revolutionären Entdeckungen am gestirnten Himmel.
Lösung 74	❏	Pieter Bruegel d. Ä. (um 1528–69), dessen Söhne Pieter und Jan ebenfalls berühmt wurden. Unter dem Einfluss Boschs entstanden z. B. Bauernhochzeit (1568) und der Zyklus Monatsbilder (1565).
Lösung 75	❏	Ein Fischsaurier, der besonders im Jura (205–140 Mio. Jahre) die Meere bewohnte. Er wurde bis zu 15 m lang und gebar lebende Junge.
Lösung 76	❏	Titus Flavius Vespasianus (39–81), der älteste Sohn Kaiser Vespasians. Er eroberte und zerstörte die Stadt, die Bewohner wurden versklavt. Titus raubte auch den Tempelschatz mit der Thora.
Lösung 77	❏	Burgtheater, das Mitte des 19. Jh. die führende deutschsprachige Bühne war und auch heutzutage zu den renommiertesten Häusern zählt. Seit 1926 wird der „Burgtheater-Ring" verliehen.
Lösung 78	❏	Ein Tanz. Um 1663 kam er am französischen Hof in Mode. Es ist ein Paartanz im mäßig schnellen Dreiertakt. Als dritter Satz kommt es aber auch in Sinfonien Joseph Haydns und Mozarts vor.
Lösung 79	❏	In Essen. Alfred Krupp (1812–87) übernahm die hoch verschuldete väterliche Gussstahlfabrik, die nach 1852 zum größten Stahlkonzern des 19. Jh. wurde.
Lösung 80	❏	Dem minderjährigen Ludwig XIV. (1638–1715), der erst 1660 die Macht übernahm. Mazarin förderte den Katholizismus in Frankreich. Auf ihn folgte Richelieu.
Lösung 81	❏	Elias Canetti (1905–94), dessen Roman die Odyssee eines aus seiner Bücherwelt entwurzelten, kalten Intellektuellen erzählt. Der Roman ist ein an Beckett und Kafka erinnernder Klassiker der Moderne.

richtig

❏

7–9 richtig = 5 Pkte.
4–6 richtig = 3 Pkte.
1–3 richtig = 1 Pkte.
0 richtig = 0 Pkte.

Übertrag

In der Themse. Cornelius van Drebbel soll nach Augenzeugenberichten 1620 ein lederüberzogenes Holzruderboot mit Lufttröhren verwendet haben.

❑ **Lösung 82**

Hinduismus (seit dem 8. Jh.). Er unterscheidet von oben nach unten zwischen Brahmanen, Ksatriyas, Vaishyas und Shudras. Die „Unberührbaren" stehen im Ansehen noch darunter.

❑ **Lösung 83**

Die analoge Technik, die auf physikalischen Größen (z. B. von elektrischen Spannungen) beruht. Bei der digitalen Technik werden Bild- und Tonsignale in Form von digitalen Sendeimpulsen ausgestrahlt.

❑ **Lösung 84**

Ein Pflanzen fressender Dinosaurier der Unteren Kreide, der bis zu 8 m lang und 5 m hoch war. Er bewegte sich auf seinen dreizehigen Hinterbeinen.

❑ **Lösung 85**

Den Vereinten Nationen (UNO). Die UNESCO (United Nations Educational, Scientific and Cultural Organization) dient der Forschung u. a. für kulturelle Zwecke.

❑ **Lösung 86**

Caravaggio (1573–1610), der eigentlich Michelangelo da Merisi hieß. Werke wie Früchtekorb (1596) und Berufung und Martyrium des hl. Matthäus (um 1600) beeinflussten u. a. Velazquez, Rubens und Rembrandt.

❑ **Lösung 87**

Für Israel. Der Geheimdienst machte durch spektakuläre Aktionen wie die Aufspürung und Entführung des SS-Mannes Adolf Eichmann 1960 in Argentinien von sich Reden.

❑ **Lösung 88**

In London, wo Sir Joseph Paxton die riesige Ausstellungshalle für die erste internationale Ausstellung 1851 konzipierte. Sie wurde anschließend demontiert und andernorts wieder aufgestellt.

❑ **Lösung 89**

Agatha Christie (1890–1976), die über siebzig erfolgreiche Kriminalromane verfasste, in denen die beiden Helden in der Rolle eines überaus raffinierten Meister- bzw. Amateurdetektivs fungieren.

❑ **Lösung 90**

richtig
❑

7–9 richtig = 5 Pkte.
4–6 richtig = 3 Pkte.
1–3 richtig = 1 Pkte.
0 richtig = 0 Pkte.

Übertrag

Lösung 91 ❏ Der italienische Mathematiker und Physiker Evangelista Torricelli (1608–47). Der Luftdruck wird heute in Pascal gemessen, wobei 1 Pascal den Druck von 1 Newton pro Quadratmeter darstellt.

Lösung 92 ❏ Die Niederländer, genauer die niederländische Ostindische Kompanie. 1795 wurde es von britischen Truppen erobert. Seit 1814 war es Hauptstadt der Kapkolonie.

Lösung 93 ❏ In Nordwestpakistan. Die ca. 4000 Kalash zählen zur indoarischen Sprachenfamilie. Sie glauben an Naturgottheiten und haben sich bislang dem Islam weitgehend versperrt.

Lösung 94 ❏ Das Berliner Reichstagsgebäude. Der Bulgare machte auch davor schon durch spektakuläre Verhüllungen von Objekten, Monumenten und Gebäuden von sich Reden.

Lösung 95 ❏ Sir Francis Bacon (1561–1626). Die Essays (Versuche) sind in dem ihm eigenen unemotionalen, nüchternen Stil verfasst. Politisches Handeln leitet er nicht von Idealen ab, sondern aus der politischen Praxis, wonach erlaubt ist, was dem Ziel dient.

Lösung 96 ❏ Byzantion (Byzanz); gegründet um 658 v. Chr. durch Kolonisten aus Megara. Byzantion wurde später nach dem oströmischen Kaiser Konstantin den Großen in Konstantinopel umbenannt.

Lösung 97 ❏ Der Amerikaner James Fenimore Cooper (1789– 1851), der für seine Lederstrumpfgeschichten eigene Erlebnisse mit dem Grenzer-Leben der Siedler und Trapper sowie der Kultur der Indianer verwob.

Lösung 98 ❏ Magdeburg. Das Land ging 1947 aus dem Großteil der ehemaligen preußischen Provinz Sachsen und dem Land Anhalt hervor. 1990 wurde es kurz vor der Auflösung der DDR neu gebildet.

Lösung 99 ❏ Von Pierre de Fermat (1601–65) und Blaise Pascal (1623–62). Wahrscheinlichkeitsberechnungen entstanden zu Anfang häufig im Zusammenhang mit Glücksspielen.

richtig ❏   7–9 richtig = 5 Pkte.
4–6 richtig = 3 Pkte.
1–3 richtig = 1 Pkte.
0 richtig = 0 Pkte.

Übertrag

Von den Silicium-Halbleiterelementen, das sind millimetergroße Computerchips. Das Gebiet in Kalifornien, wo sich viele Computerhersteller angesiedelt haben, wurde danach benannt.

❏ **Lösung 100**

Den Hollywood-Star Marilyn Monroe im Jahr 1954. Die Ehe hielt allerdings nur 274 Tage. DiMaggio gewann mit den New York-Yankees siebenmal den Meisterschaftstitel.

❏ **Lösung 101**

Cajuns, rund 250.000 Amerikaner, die heute hauptsächlich im Bundesstaat Louisiana leben. Der Name leitet sich von frz. „Acadien" her, Einwohner der ehemaligen französischen Kolonie Akadien in Kanada.

❏ **Lösung 102**

Edgar Degas (1834–1917). Er führte seine Werke überwiegend in der Pastelltechnik aus. In seinen letzten Lebensjahren schuf er – fast erblindet – rund 70 Statuetten.

❏ **Lösung 103**

In Brandenburg. Friedrich Wilhelm erließ hierzu das Edikt von Potsdam, durch das die protestantischen Kaufleute und Handwerker mit den nötigen Rechten ausgestattet wurden.

❏ **Lösung 104**

Den Börsenkrach an der Wall Street in New York von 1929. Er leitete eine weltweite Wirtschaftskrise ein, die in Deutschland die „Goldenen Zwanzigerjahre" beendete.

❏ **Lösung 105**

Der kleine Prinz (1943), ein Märchen für Erwachsene, dessen Kernstück parabelhafte Erzählungen des kleinen Prinzen sind, die negative Verhaltensweisen von Menschen umreißen.

❏ **Lösung 106**

Gottfried Wilhelm Leibniz (1646–1716). Monaden sind kleinste Einheiten, die den gesamten Kosmos ausfüllen und jeweils die Gesetzlichkeit des von Gott geschaffenen Universums in sich tragen.

❏ **Lösung 107**

Der Morgenthau-Plan, benannt nach der Denkschrift des US-Finanzministers Morgenthau. Unter anderem sollten das Ruhrgebiet internationalisiert und die Industrieanlagen demontiert werden.

❏ **Lösung 108**

richtig

❏

7–9 richtig = 5 Pkte.
4–6 richtig = 3 Pkte.
1–3 richtig = 1 Pkte.
0 richtig = 0 Pkte.

Übertrag

Lösung 109 ❏ Im 17. Jh. 1665 entdeckte sie der italienische Arzt Marcello Malpighi (1628–94) und wies nach, dass darauf die rote Farbe des Blutes basiert. Schon 1661 erkannte er das Netz der Lungen-Kapillaren.

Lösung 110 ❏ Der italienische Bildhauer Donatello (um 1386–1466). Sein Werk, der David (1430) war bahnbrechend für die Skulptur des 15. Jh. in Italien. Er ist zugleich der erste Akt seit der Antike.

Lösung 111 ❏ Van-Diemens-Land, 1642 nach Anton van Diemen benannt, in dessen Auftrag der niederländische Seefahrer Abel Janszoon Tasman (1603–59) seine Entdeckungsreise unternahm.

Lösung 112 ❏ Snooker – 1875 von britischen Offizieren in Indien erfunden. Es wird mit 15 roten, 6 andersfarbigen und einer weißen Spielkugel von 2 bis 4 Spielern gespielt. Ziel ist es, mit dem weißen Spielball die anderen Kugeln einzulochen.

Lösung 113 ❏ Grunge, der als Gegenpol zum britischen Punkrock besonders von 1988 bis 1993 die Rock-Szene beherrschte. Kennzeichen ist der aggressive Gitarrenstil.

Lösung 114 ❏ In Indien, wo es in der Nachfolge des Maurya-Reiches entstanden war. Es wurde um 470 ein Opfer der sog. Weißen Hunnen. Indien zerfiel daraufhin in eine Vielzahl kleiner, rivalisierender Königreiche.

Lösung 115 ❏ Das Reiterstandbild Donatellos (um 1386–1466) in Padua. Es ist das erste Reiterstandbild der Renaissance, das wegweisend für die ganze Epoche war.

Lösung 116 ❏ Auf dem Dualsystem, bei dem es nur zwei Zahlen, nämlich 0 und 1, gibt. Dies entspricht den Zuständen „Strom fließt" und „Strom fließt nicht". Binär erfolgt die Informationsverarbeitung in der EDV.

Lösung 117 ❏ Das Regensburger Geschlecht der Thurn und Taxis, das seit den 50er-Jahren des 17. Jh. auch bereits Passagiere nach einem Fahrplan mit Postkutschen beförderte.

richtig

7–9 richtig = 5 Pkte.
4–6 richtig = 3 Pkte.
1–3 richtig = 1 Pkte.
0 richtig = 0 Pkte.

Übertrag

Das Drama (griechisch „Handlung"). Im Gegensatz zum Epos wird eine knappe und in sich geschlossene Handlung unmittelbar vor den Zuschauer gebracht. Das Drama kennt die klassischen Formen Tragödie und Komödie.

❏ **Lösung 118**

Isaac Newton (1643–1727). Er entdeckte die Grundlagen der Mechanik: das Trägheitsgesetz, das Beschleunigungsgesetz und das Wechselwirkungsgesetz. Letztere werden als die drei Newtonschen Axiome bezeichnet.

❏ **Lösung 119**

Johann Gottlieb Fichte (1762–1814). Fichte und Hegel erkannten das „absolute Ich" und leiteten schier unbegrenzte Möglichkeiten daraus ab, die Welt zu gestalten.

❏ **Lösung 120**

An der Loire, wo bereits im Mittelalter Burgen und Schlösser lagen. Aus manchen von ihnen entstanden vor allem im 16. Jh. die berühmten Renaissance-Schlösser.

❏ **Lösung 121**

Aus dem Zweiten Weltkrieg. Gemeint sind die siegreichen deutschen Feldzüge in den Jahren 1939 bis 1941, die binnen weniger Wochen entschieden wurden – etwa gegen Polen, Frankreich und Jugoslawien.

❏ **Lösung 122**

Die Judenbuche, eine packende Geschichte um die Themen Schuld und Sühne. Die Dichterin gehört sowohl der Romantik, wie auch dem Realismus an. Bedeutung gewann sie auch als Balladendichterin.

❏ **Lösung 123**

Coco Chanel (1883–1971). Der Chanel-Look prägte die Damen-Mode der 20er- und 30er-Jahre. Weltberühmt wurde ihr Parfüm Chanel No. 5. 1954 feierte sie ein fulminantes Comeback.

❏ **Lösung 124**

Alfred der Große (849–899), König von Wessex, nach schweren Kämpfen gegen die dän. Wikinger, die sich seit Ende des 9. Jh. ausgehend von London und der Themsemündung ein Gebiet dän. Rechts (Danelag) eroberten. Alfreds Enkel vertrieben die Dänen bis 955.

❏ **Lösung 125**

Das Vollständige Orthographische Wörterbuch der deutschen Sprache (1880) des Gymnasiallehrers und Schuldirektors Konrad Duden (1829–1911); es war ab 1. Januar 1901 verbindlich.

❏ **Lösung 126**

richtig

❏

7–9 richtig = 5 Pkte.
4–6 richtig = 3 Pkte.
1–3 richtig = 1 Pkte.
0 richtig = 0 Pkte.

Übertrag

Lösung 127 ❏ Otto von Guericke, der damit die Existenz und Kraft des Vakuums bewies. 16 Pferde waren nicht in der Lage, die zwei luftleer gepumpten Magdeburger Halbkugeln auseinander zu ziehen.

Lösung 128 ❏ Ein Gelehrter des Natur- und Völkerrechts, der in Anlehnung an Thomas Hobbes die preußische Spielart des aufgeklärten Absolutismus beeinflusste.

Lösung 129 ❏ Indonesien, das 1975 auch den letzten Teil der ehemals portugiesischen Insel besetzte. Seitdem kämpft in Ost-Timor eine Befreiungsarmee für die Unabhängigkeit von Indonesien.

Lösung 130 ❏ Die I.G. Farben AG. An der Fusion der „Interessengemeinschaft" waren u. a. BASF, Bayer, Agfa und Hoechst beteiligt. Die I.G. Farben unterstützte die NSDAP und wurde 1945 aufgelöst.

Lösung 131 ❏ Der Name der Rose (1980), der eine spannende Detektivgeschichte in die Klosterwelt des 14. Jh. verlegt. 1988 veröffentlichte er eine labyrinthische Geschichte in Das foucaultsche Pendel.

Lösung 132 ❏ Die Bildschirmdarstellung. Sie bestimmt die Auflösung, die Anzahl der Farben, die Bildwiederholfrequenz und die Geschwindigkeit, mit der eine Grafik auf dem Bildschirm aufgebaut wird.

Lösung 133 ❏ Ein hinduistischer Heiliger, den viele als eine Inkarnation Vishnus, des Beschützers der Welt ansehen. Ramakrishna (1834–86) gilt als einer der Träger der Hindu-Renaissance im 19. Jh.

Lösung 134 ❏ Die Houses of Parliaments, das britische Parlament. Großbritannien ist eine konstitutionelle Monarchie, sodass es auch noch ein Oberhaus gibt, in dem der Adel vertreten ist.

Lösung 135 ❏ Feng Shui, was wörtlich „Wind und Wasser" heißt. Seine Grundlagen sind die fünf Elemente und das I-Ging (Buch der Wandlungen). Betroffen sind Architektur und Innenarchitektur und auch bereits die Auswahl des Grundstücks.

richtig   7–9 richtig = 5 Pkte.
           4–6 richtig = 3 Pkte.
           1–3 richtig = 1 Pkte.
             0 richtig = 0 Pkte.

Übertrag

Es ist die erzählende Dichtung, je nach Kunstauffassung der Epoche in Vers- oder Prosaform. Man kennt epische Großformen wie das Epos und den Roman. Kleinformen sind z. B. die Novelle und die Erzählung.	❑	**Lösung 136**
Carl von Linné (1707–1778). 1735 erschien seine Systema naturae, mit der er die Grundlagen für die moderne Klassifikation der Biologie legte.	❑	**Lösung 137**
395. Die Söhne des Kaisers Theodosius (347–395) unterzeichneten zwar beide Gesetze, die für das gesamte Reich galten, de facto begann jedoch die Teilung in das latein. West-Reich und das griech. Ost-Reich.	❑	**Lösung 138**
In Südägypten. Um 1250 v. Chr. wurden sie aus einem Sandsteinfelsen geschlagen. 1964 wurden sie abgetragen und 64 m höher wieder errichtet; sie entgingen so der Überflutung durch den Assuanstaudamm.	❑	**Lösung 139**
Bert Brecht (1898–1956), der die Illusionswelt des klassischen Theaters und deren Wirkungsästhetik ablehnte. Hierher gehören z. B. Mutter Courage und ihre Kinder (1941) und Der gute Mensch von Sezuan (1942).	❑	**Lösung 140**
Die Briten. Es entstand an einem Mündungsarm des Ganges und war von 1772 bis 1912 Hauptstadt von Britisch-Indien. Danach wurde es von Delhi abgelöst.	❑	**Lösung 141**
In St. Petersburg. Das Museum ist in einem während des 18. und 19. Jh. entstandenen Gebäudekomplex untergebracht, der vor allem eine der größten Gemäldegalerien beherbergt.	❑	**Lösung 142**
Arthur Schopenhauer (1788–1860). Der Wille, so der pessimistische Denker (z. B. Parerga und Paralipomena, 1851), sei die kreative Primärkraft, während die Idee an zweiter Stelle stehe.	❑	**Lösung 143**
Eine unerwünschte Person; i. d. R. ein Diplomat, der aus dem Gastland in sein Heimatland abgeschoben wird.	❑	**Lösung 144**

richtig

❑

7–9 richtig = 5 Pkte.
4–6 richtig = 3 Pkte.
1–3 richtig = 1 Pkte.
0 richtig = 0 Pkte.

Übertrag

Lösung 145　❏　Ein Heißluftballon, benannt nach den Brüdern Mongolfier, die 1783 erstmals einen Heißluftballon steigen ließen.

Lösung 146　❏　Tai Chi. Es dient als taoistische Konzentrationsübung. Mehrere Figuren werden dabei in einen fließenden Bewegungsablauf integriert, was Ähnlichkeiten mit dem Kung Fu hat.

Lösung 147　❏　Albanien. Erst 1990 wurde das Recht auf Religionsfreiheit wieder eingeführt. In Albanien sind etwa 70% der Bevölkerung Muslime, 20% griechisch-orthodoxe und 10% römisch-katholische Christen.

Lösung 148　❏　Für das Blättern (englisch: to browse) im Internet. Man kann damit das Internet nach Informationen durchsuchen. Gebräuchlich sind der Netscape Communicator und der Internet Explorer (von Microsoft).

Lösung 149　❏　Durch seine lustigen Streiche, die der Schalk des Volksbuches Dyl Ulenspiegel von 1515 auch noch mit Spott und Schadenfreude begleitet. Verfasser war Hermann Bote (um 1465– um 1520).

Lösung 150　❏　Am 24. und 25. Oktober 1917 nach russischem Kalender, nach dem westlichen am 6. und 7. November. Die Bolschewiki unter Lenin und Trotzki übernahmen die Macht.

Lösung 151　❏　In Bekenntnisse des Hochstaplers Felix Krull (1922/54) von Thomas Mann (1875–1955), der unvollendet geblieben ist. Felix Krull ist der Icherzähler, der mit feiner Ironie seinen kuriosen Lebensweg nacherzählt.

Lösung 152　❏　Peter der Große (1672–1725). 1712 verlegte die Zarenfamilie ihre Residenz von Moskau nach St. Petersburg. Die Stadt hieß von 1924–91 Leningrad.

Lösung 153　❏　In Rom; es war seit dem 6. Jh. v. Chr. das Zentrum des römischen Staates. Hier befinden sich die Heiligtümer und Tempel, Basiliken, der Versammlungsplatz und nicht zuletzt auch die Rednerbühne.

richtig

❏

7–9 richtig = 5 Pkte.
4–6 richtig = 3 Pkte.
1–3 richtig = 1 Pkte.
0 richtig = 0 Pkte.

Übertrag

Alessandro Volta (1745–1827). Die voltasche Säule war ein Vorläufer der heutigen Batterie. Sie konnte stationären Strom liefern. Dem Erfinder zu Ehren wird die Spannung in Volt gemessen.	❏ **Lösung 154**
Karl Marx (1818–83). Seine Religionskritik besagt, dass die Religion das Ziel erfüllt, die Menschen in Unwissenheit zu halten und ihr selbstständiges Denken zu verhindern.	❏ **Lösung 155**
Die Deutsche Luft Hansa A. G. (DLG). 1951 wurde sie liquidiert. 1953 ging daraus die Lufthansa hervor, die 1955 mit ihren Transatlantikflügen nach New York begann.	❏ **Lösung 156**
Vor ungefähr 15 Mrd. Jahren. Am Beginn stand mit großer Wahrscheinlichkeit der sog. Urknall, der die Materie in den Raum hinausschleuderte, wo sich später Galaxien, Sterne und Planeten bildeten.	❏ **Lösung 157**
Ein hervorragender Gelehrter bzw. Fachmann. In der Antike nannte man so den Chorführer im Drama.	❏ **Lösung 158**
Arminius (Hermann), der Anführer der Cherusker (9 n. Chr.). Die Römer wurden in einer dreitägigen Schlacht vernichtet. Ihr Feldherr Varus (um 46 v. Chr.–9 n. Chr.) beging Selbstmord.	❏ **Lösung 159**
Ein Arzt und Forscher, der zum Schöpfer eines Monsters wird, das er aus Leichenteilen zusammensetzt. Seine Hybris, wie Gott einen Menschen zu schaffen, muss er schließlich mit dem Leben bezahlen.	❏ **Lösung 160**
Seit 1919. Aus der ehemaligen Doppelmonarchie gingen neben Ungarn auch die Tschechoslowakei und Jugoslawien als Staaten hervor. Grundlage war der Friedensvertrag von St.-Germain.	❏ **Lösung 161**
Ein auf den frischen Putz einer Wand aufgetragenes Gemälde (italienisch „frisch"). Diese Maltechnik kannte man bereits in der Antike, aber erst um 1300 wurde sie in Italien vor allem durch Giotto vervollkommnet.	❏ **Lösung 162**

richtig   7–9 richtig = 5 Pkte.
❏   4–6 richtig = 3 Pkte.
             1–3 richtig = 1 Pkte.
              0 richtig = 0 Pkte.

Übertrag

Lösung 163 ❑ Die Blindenschrift. Braille (1809–52) war selbst seit seinem dritten Lebensjahr blind. Er machte sich die Erkenntnis zunutze, dass Blinde auf Papier geprägte Buchstaben ertasten können.

Lösung 164 ❑ Computerfreaks mit ausgezeichneten Fachkenntnissen. Mittlerweile bezeichnet er auch Personen, die oft illegal in fremde Computersysteme eindringen und erhebliche Schäden verursachen.

Lösung 165 ❑ In Nordindien von 1526 bis 1707. Bedeutende Herrscher waren Akbar, Sha–h Jaha–n, der das Ta–j Mahal errichtete, und Aurangzeb. Mogul-Schattenkaiser gab es noch bis 1857.

Lösung 166 ❑ Aborigines. Nur noch wenige von ihnen leben in traditionellen Gruppen, sodass die überlieferte Kultur der Aborigines vom Aussterben bedroht ist.

Lösung 167 ❑ Der Brite Malcolm Campbell (1885–1948), der bereits 1930 als erster Mensch 301,13 Meilen pro Stunde (etwa 484 km/h) fuhr. Auf dem Lago Maggiore brach er 1937 den Geschwindigkeitsrekord zu Wasser.

Lösung 168 ❑ In Homo Faber (1957); beschrieben wird das tragische Scheitern des Ingenieurs Walter Faber, eines Rationalisten, der sich deshalb vor dem Zufall und dem Schicksal sicher glaubt.

Lösung 169 ❑ Ein Bettelmönch (lat. mendicare „betteln"). Den Orden liegt das Armutsideal zugrunde; Beispiele sind die Franziskaner („Minderbrüder"), Dominikaner, Karmeliten und Augustiner.

Lösung 170 ❑ Der Höhlenmensch; ursprünglich bezeichnete man damit den Eiszeitmenschen, der angeblich in Höhlen gelebt hat.

Lösung 171 ❑ Für die indische Selbstverwaltung. Mit der Devise Satyagraha („Ergreifen der Wahrheit"), d. h. passivem Widerstand, trat er der Kolonialmacht Großbritannien entgegen.

richtig   7–9 richtig = 5 Pkte. | Übertrag |
❑   4–6 richtig = 3 Pkte.
           1–3 richtig = 1 Pkte.
            0 richtig = 0 Pkte.

Die Erschießung der Aufständischen am 3. Mai 1808 in Madrid. Der spanische Maler und Graphiker Goya (1746–1828) nahm in seinen Werken romantische und impressionistische Elemente vorweg.	❑	**Lösung 172**
Die mechanische Rechenmaschine, die einfache Grundrechnungen mit hoher Genauigkeit ausführen konnte. Babbage (1792–1871) fehlte das Geld, um seine Entwürfe alle zu realisieren.	❑	**Lösung 173**
Augustus (63 v. Chr.–14 n. Chr.). Gajus Octavius war ein Großneffe Caesars. 27 v. Chr. wurde ihm vom Senat der Titel Augustus (der Erhabene) verliehen.	❑	**Lösung 174**
Im Südpazifik. Der Archipel liegt etwa 1800 km nördlich von Neuseeland und umfasst in etwa 300 Inseln, von denen ca. 100 bewohnt sind. Das Klima der Fidschi-Inseln ist tropisch.	❑	**Lösung 175**
In der Komposition. Der Norweger Grieg (1843–1907) stand unter dem Einfluss der Romantik. Später fand er auch zu nordischen Motiven, etwa in der Musik zu Henrik Ibsens Peer Gynt (1876).	❑	**Lösung 176**
Prinz Eugen (1663–1736), der im österreichisch-türkischen Krieg (1716–18) wichtigste Feldherr des Kaisers, was ihm auch den Titel Reichsfeldmarschall einbrachte.	❑	**Lösung 177**
Ihre Kinder- und Hausmärchen (1812–15), die sie auf ihren Reisen sammelten. Hinzu kam ihr Deutsches Wörterbuch, das erst 1960 abgeschlossen werden konnte.	❑	**Lösung 178**
Bayer. Grundstoff bildet die weiße Milch der unreifen Schlafmohnkapsel. In Unkenntnis seiner suchterzeugenden Eigenschaft verwendete man es zunächst als Hustenmittel.	❑	**Lösung 179**
Der Laptop ist ein kleiner, tragbarer PC, der auf dem Schoß (englisch: lap) Platz findet. Mittlerweile erhielten sie durch die noch kleineren Notebooks Konkurrenz.	❑	**Lösung 180**

richtig
❑

7–9 richtig = 5 Pkte.
4–6 richtig = 3 Pkte.
1–3 richtig = 1 Pkte.
　0 richtig = 0 Pkte.

Übertrag

Lösung 181 ❏ Menetekel. Dieses Zeichen wurde dem letzten König des Neubabylonischen Reiches (bis 539 v. Chr.) zuteil. Der Prophet Daniel deutete die Worte als „gezählt, gewogen und zerteilt".

Lösung 182 ❏ Die Verträge von Rom vom 25. März 1957 zwischen Frankreich, Italien, der Bundesrepublik Deutschland und den Benelux-Staaten.

Lösung 183 ❏ Die Daguerreotypie, die 1837 von Jacques Louis Daguerre (1789–1851) entwickelt wurde. Joseph Nicéphore Nièpce (1765–1833) leistete allerdings bedeutende Vorarbeiten.

Lösung 184 ❏ Das gesetzliche Verbot der Herstellung und des Verkaufs von alkoholischen Getränken. Es führte zwischen 1920 und 1933 zu einem regen illegalen Handel und einer Zunahme der organisierten Kriminalität.

Lösung 185 ❏ Auf der Balkanhalbinsel in Südosteuropa. Über die Hälfte des Gebiets gehört zur griechischen Provinz Makedonien, der restliche Teil zur Republik Makedonien und Bulgarien.

Lösung 186 ❏ Das Sonett, das aus zwei vierzeiligen Versen (Quartetten) und zwei dreizeiligen Versen (Terzetten) besteht. Seine Hauptthemen sind Vergänglichkeit und Eitelkeit (z. B. Tränen des Vaterlands, 1636).

Lösung 187 ❏ Benito Mussolini (1883–1945) und seine „Schwarzhemden". Mit dem Marsch erzwang der Gründer der italienischen Faschisten die Berufung zum Ministerpräsidenten.

Lösung 188 ❏ Kriminal- und Detektivgeschichten wie Der Maltheser Falke (1930) und Der dünne Mann (1934), die mit Humphrey Bogart als Sam Spade und William Powell als Nick Charles verfilmt wurden.

Lösung 189 ❏ Die Franzosen, die sie 1722 zur Hauptstadt ihrer Kolonie Louisiana machten. 1803 wurde das Gebiet an die USA verkauft.

richtig

❏

7–9 richtig = 5 Pkte.
4–6 richtig = 3 Pkte.
1–3 richtig = 1 Pkte.
0 richtig = 0 Pkte.

Übertrag

Raymond Chandler (1888–1959). Seine Erzählungen sind „hard boiled novels", also hart realistische Romane. Legendär ist etwa The Big Sleep (1939), der 1946 mit Humphrey Bogart verfilmt wurde.	❏ **Lösung 190**
Von Samuel Morse (1791–1872), der den 1. Telegrafendienst 1844 eingerichtet hatte. Der Amerikaner hatte hierzu ein Relais zur Verbesserung der Schreibtelegrafen entwickelt.	❏ **Lösung 191**
Der Leibniz-Keks, der bereits 1898 in eine luftdichte, staubgeschützte Verpackung gehüllt wurde.	❏ **Lösung 192**
Anden. Die Gebirgskette erstreckt sich von Kap Hoorn bis beinahe nach Panama. Die Anden sind etwa 7500 km lang, 200 bis 700 km breit und haben eine durchschnittliche Höhe von etwa 3500 m.	❏ **Lösung 193**
Die Präsenz Gottes in der jüdischen Lithurgie. Das Entzünden der Kerzen ist Bestandteil des Chanukka- oder Lichterfests. Die Menora steht auch symbolisch für den Tempel.	❏ **Lösung 194**
Alexander der Große (356–323 v. Chr.), König der Makedonen. Einem Orakel zufolge sollte der über Asien herrschen, dem es gelang, den sagenhaften Knoten in Kleinasien (Gordion) zu lösen.	❏ **Lösung 195**
Eine grafische Benutzeroberfläche. Er simuliert durch Symbole (Icons) einen Schreibtisch und dessen Ablagen. Dahinter verbergen sich Menüs und Dateiordner.	❏ **Lösung 196**
Peter Handke (*1942), dessen Themen immer wieder um die Darstellung der Entfremdung des Einzelnen und seiner Umwelt kreisen. Er verfasst auch Romane, Erzählungen und Essays.	❏ **Lösung 197**
„Götterwind". Mit Unterstützung eines schweren Seesturms im Jahre 1274 wurde die mongolische Invasionsarmee des Kublai Khan auf hoher See vernichtet. 1944/45 starben Tausende von japanischen Kamikaze-Piloten, indem sie ihr Flugzeug voll beladen mit Sprengstoff auf feindliche Kriegsschiffe lenkten.	❏ **Lösung 198**

richtig   7–9 richtig = 5 Pkte.
❏   4–6 richtig = 3 Pkte.
        1–3 richtig = 1 Pkte.
         0 richtig = 0 Pkte.

Übertrag

Lösung 199 ❑ Gegen Maria Theresia (1717–80). Sie erbte 1740 die habsburgischen Länder und erhob Anspruch auf die Kaiserkrone. Dies erkannte der Preußenkönig nicht an.

Lösung 200 ❑ Karl Friedrich Drais von Sauerbronn (1785–1851). Zunächst entwickelte er die nach ihm benannten Schienenfahrzeuge, dann den Vorläufer unseres modernen Fahrrads.

Lösung 201 ❑ Wilhelm Hauff (1802–27), von dem auch noch die Märchen Das kalte Herz und Das Wirtshaus im Spessart sehr bekannt sind. Daneben schrieb er den historischen Roman Lichtenstein (1826).

Lösung 202 ❑ Erstmals wurde Mitte der 80er-Jahre des 20. Jh. über der Antarktis ein drastischer Rückgang der Ozonschicht festgestellt.

Lösung 203 ❑ Melitta Bentz (1873–1950). Die Dresdnerin meldete 1908 ihr Patent an. Die ersten Filter stellte sie zusammen mit ihrem Mann Hugo und ihren beiden Söhnen per Hand her. Das Unternehmen expandierte schnell.

Lösung 204 ❑ Howard Carter (1873–1939). Tutenchamun wurde in Biban al-Muluk (Tal der Könige) bestattet. Es handelt sich um den kostbarsten und vollständigsten Grabfund Ägyptens.

Lösung 205 ❑ Das Buch der Wandlungen aus dem 12. Jh. v. Chr. Es ist das klassische Werk des Konfuzianismus und Taoismus. Als Orakelschrift und Weisheitsbuch hatte es über Jahrtausende hindurch eine große Bedeutung.

Lösung 206 ❑ Heinrich Heine (1797–1856). Seine Bedeutung liegt in der romantischen Lyrik (Buch der Lieder, 1827) und in den satirischen Versepen wie Deutschland, ein Wintermärchen (1844).

Lösung 207 ❑ Montanunion. Am 18. April 1951 von Frankreich, den Benelux-Staaten, der Bundesrepublik Deutschland und Italien gegründet.

richtig ❑

7–9 richtig = 5 Pkte.
4–6 richtig = 3 Pkte.
1–3 richtig = 1 Pkte.
0 richtig = 0 Pkte.

Übertrag

Wilhelm II. (1851–1941), Preußischer König und Deutscher Kaiser. Er dankte 1918, nach dem verlorenen Ersten Weltkrieg, ab und lebte bis zu seinem Tod in Holland.	❑ **Lösung 208**
Justus von Liebig (1803–73) entwickelte Verfahren zur Herstellung von Backpulver und auch von Fleischextrakt. Daneben revolutionierte er mit der Entwicklung des Phosphordüngers die Landwirtschaft.	❑ **Lösung 209**
Das moderne Mysterienspiel Jedermann (1911), ein „Spiel vom Sterben des reichen Mannes". Es ist neben dem Rosenkavalier (1911) Hofmannsthals (1874–1929) populärstes Werk.	❑ **Lösung 210**
Es ist eine riesige, bis zu 2000 km breite Bucht zwischen der antarktischen Halbinsel, Palmerland und Coatsland.	❑ **Lösung 211**
Ins Deutsche übersetzt „elektronische Post". E-Mails, Nachrichten in Form von Daten, die von einem Computer zu einem anderen verschickt werden, ersetzen mehr und mehr die Versendungsarten Brief und FAX.	❑ **Lösung 212**
1749 in Würzburg. Die Delinquentin hieß Maria Renata Singer. In Spanien fanden im Rahmen der Inquisition sogar noch 1781 Hinrichtungen statt.	❑ **Lösung 213**
Die abstrakte Malerei. Seine ersten gegenstandslosen Bilder entstanden 1910. Die Theorie der abstrakten Kunst legte er u. a. in seiner Abhandlung Über das Geistige in der Kunst (1912) dar.	❑ **Lösung 214**
Ein Modestil der 40er-Jahre von Christian Dior (1905–57). Er stellte eine Rückkehr zur Weiblichkeit dar, nachdem in den 20er- und 30er-Jahren die schlichte Sachlichkeit regiert hatte.	❑ **Lösung 215**
Moai, riesige Steinstatuen aus Tuffstein, deren Geheimnis nicht gelüftet werden konnte. Die Insel im Südpazifik ist ca. 1500 v. Chr. durch Ostpolinesier besiedelt worden. Um 1750 ging die Kultur unter.	❑ **Lösung 216**

richtig   7–9 richtig = 5 Pkte.   Übertrag
❑   4–6 richtig = 3 Pkte.
               1–3 richtig = 1 Pkte.
                 0 richtig = 0 Pkte.

Lösung 217   ❏   Mit Xanthippe, der Überlieferung nach eine schwierige und zänkische Frau, deren Name heute noch sprichwörtlich für diese Eigenschaften steht.

Lösung 218   ❏   Das Chloroform. Die Entdeckung gelang unabhängig voneinander drei verschiedenen Forschern: Eugène Soubeiran (1797–1858), Justus von Liebig (1803–73) und Samuel Guthrie (1782–1848).

Lösung 219   ❏   Eine satirisch übertriebene Darstellung (ital. „caricare") typischer Züge von Personen. Meister der Karikatur waren z. B. William Hogarth (1697–1764) und George Grosz (1893–1959).

Lösung 220   ❏   In Indianapolis. Auf der 4,2 km langen Rennstrecke müssen mehr als 200 Runden gefahren werden. Bei dem Hochgeschwindigkeitsrennen werden bis zu 386 km/h erreicht.

Lösung 221   ❏   Marokko. Der Begriff stammt aus dem Arabischen und ist die Bezeichnung für den Westen der arabisch-muslimischen Welt. Heute bilden Marokko, Algerien und Tunesien die eigentlichen Maghrebstaaten.

Lösung 222   ❏   Karl Martell (688/89–741). Der Eroberungszug der von Afrika nach Spanien eingedrungenen Araber kam dadurch zum Stehen. Unterstützt von langobardischen Soldaten brachte ihnen Karl Martell eine vernichtende Niederlage bei.

Lösung 223   ❏   Gottfried Keller (1819–90). Die Novelle ist Teil der Sammlung Die Leute von Seldwyla (1856–74). In ihnen sind Humor, Dorfidylle und Realismus miteinander gepaart.

Lösung 224   ❏   François Babeuf (1760–97), in dessen Manifest der Plebejer er sich für die Abschaffung des privaten Grundbesitzes und seine Aufteilung unter das Volk aussprach.

Lösung 225   ❏   Punk (von engl. miserabel, minderwertig). 1979 kam er aus England in die Bundesrepublik. Bald kommerzialisierte sich der Punk-Look, z. B. mit Lederjacken und Leggins und Modeschmuck.

richtig
❏

7–9 richtig = 5 Pkte.
4–6 richtig = 3 Pkte.
1–3 richtig = 1 Pkte.
0 richtig = 0 Pkte.

Übertrag

Das Dschungelbuch (1894/95), eine Tiergeschichte für Kinder, über die im 20. Jh. ein sehr populärer Walt-Disney-Zeichentrickfilm gedreht wurde.	❏ **Lösung 226**
Indigo. Davor konnte das Indigoblau nur aus bestimmten Arten der Indigopflanze hergestellt werden. BASF und Hoechst ermöglichten die technische Produktion.	❏ **Lösung 227**
Im amerikanischen Verteidigungsministerium, in den frühen 60er-Jahren. 1984 wurden die Technik und das bestehende Netzwerk privaten und wissenschaftlichen Zwecken zugänglich gemacht.	❏ **Lösung 228**
1914–1918. Ausgehend von einem europäischen Krieg, an dem die damaligen fünf Großmächte beteiligt waren, weitete sich der Krieg auf die Kolonien und später auf mehr als 30 Nationen aus.	❏ **Lösung 229**
Himmelskörper, der so stark zusammengedrängt ist, dass er sogar sein eigenes Licht gefangen hält. Es entsteht durch ein starkes Gravitationsfeld, etwa nach dem Tod eines Sterns.	❏ **Lösung 230**
Der Talmud (hebr. „Lehre") ist die Sammlung der Gesetze und religiösen Überlieferungen, die in nachbiblischer Zeit entstanden sind und Richtschnur des orthodoxen Judentums sind.	❏ **Lösung 231**
Die Reportage (Der rasende Reporter). Der tschechische Schriftsteller machte in den 20er-Jahren mit Berichten über die Lebens- und Arbeitsbedingungen von Industriearbeitern von sich Reden.	❏ **Lösung 232**
In Maastricht durch den europäischen Ministerrat. Die EU löste 1993 die seit 1957 bestehende Europäische Wirtschaftsgemeinschaft (EG) ab.	❏ **Lösung 233**
Friedrich Ebert (1871–1925), der Vorsitzende der SPD. Er wurde für zwei aufeinander folgende Amtsperioden gewählt. Sein Nachfolger wurde Paul von Hindenburg.	❏ **Lösung 234**

richtig
❏

7–9 richtig = 5 Pkte.
4–6 richtig = 3 Pkte.
1–3 richtig = 1 Pkte.
0 richtig = 0 Pkte.

Übertrag

Lösung 235 ❑ In der Malerei, der Grafik und Dichtung. Kokoschkas Bilder zeichnen sich durch Farbintensität aus; sie markieren den Übergang vom Jugendstil zum Expressionismus.

Lösung 236 ❑ In Boston (1773). Britische Kolonisten protestierten dabei gegen die Steuergesetzgebung des Mutterlandes. 1775 brach der Unabhängigkeitskrieg aus.

Lösung 237 ❑ Über die Entstehung der Arten durch natürliche Auslese (1859). Darwin (1809–82) verbannte damit die biblische Schöpfungslehre ins Reich der Märchen. Prinzip der Evolution sei der Existenzkampf.

Lösung 238 ❑ Die „Neue Deutsche Welle", die 1981–83 Höhepunkte mit Musikgruppen wie Ideal, Extrabreit, Nena und Trio feierte.

Lösung 239 ❑ Einen Sternausbruch, der heftig genug ist, die Helligkeit des Sterns für kurze Zeit dramatisch zu vergrößern, und doch so milde, dass ein funktionierender Stern zurückbleibt.

Lösung 240 ❑ Eine Grafikerin und Bildhauerin, die hauptsächlich durch ihre sozialkritischen Radierungen, Lithografien und Holzschnitte Berühmtheit erlangte (Ein Weberaufstand, 1894–98).

Lösung 241 ❑ Prähistorische Felsmalereien. Mit der Radiokarbonmethode konnten die rund 930 Tierdarstellungen zwischen ca. 12.380–11.620 v. Chr. datiert werden. Neben Lascaux in Frankreich ist Altamira das bedeutendste Beispiel paläolithischer Kunst in Europa.

Lösung 242 ❑ Das Gebot in alten Kulturen, besonders geheiligte Personen, Tiere, Pflanzen usw. zu meiden. Das Wort ist erst seit dem 19. Jh. bekannt und kommt aus dem Polynesischem, vermutlich „geheiligt, unberührbar" heißt.

Lösung 243 ❑ Shogun. Die Shogune, von denen es in der japanischen Geschichte insgesamt 15 gab. Der Tenno behielt in dieser Zeit zwar formal seinen Kaisertitel, hatte jedoch keine wirkliche Macht. Der erste Shogun war Yoritomo, der letzte Yoshinobu.

richtig
❑

7–9 richtig = 5 Pkte.
4–6 richtig = 3 Pkte.
1–3 richtig = 1 Pkte.
0 richtig = 0 Pkte.

Übertrag

Die CD-ROM, die Informationen präsentiert, bei der Grafik, Text, Ton und Animationen miteinander eingesetzt werden. Immer wichtiger wird Multimedia im Online-Bereich (Internet).	❑	**Lösung 244**
Selma Lagerlöf (1858–1940). Die Lehrerin schrieb nicht nur Kinderbücher, sondern auch Legenden, Märchen und Erzählungen, die in ihrer värmländischen Heimat spielen.	❑	**Lösung 245**
Alexander Graham Bell (1847–1922). Er stellte 1876 das erste praktikable Telefon vor. Das von Philipp Reis (1834–74) 1861 vorgestellte Telefon wies noch erhebliche Mängel auf.	❑	**Lösung 246**
In Freetown an der Küste Westafrikas, wo später die britische Kolonie Sierra Leone gegründet wurde. 1847 entstand mit Liberia die erste Republik für rückgeführte Sklaven.	❑	**Lösung 247**
Der Andromedanebel; er gehört zu einem Sternbild auf der nördlichen Himmelshalbkugel. Er ist 2,2 Mio. Lichtjahre von der Erde entfernt.	❑	**Lösung 248**
Marius Müller-Westernhagen (*1948). Er gilt als erfolgreichster deutscher Popstar der 90er-Jahre. Auch als Schauspieler konnte er sich in Theo gegen den Rest der Welt (1980) profilieren, was ihm den Ernst-Lubitsch-Preis einbrachte.	❑	**Lösung 249**
Das Bürgerliche Gesetzbuch (BGB), 1896 durch den Deutschen Reichstag erlassen. Es wurde Vorbild für das japanische, schweizerische und griechische Gesetzbuch.	❑	**Lösung 250**
In der Architektur, wo er den funktionalen, vom Kubismus ausgehenden „International Style" prägte. Berühmt, aber nicht typisch, ist die Notre-Dame-du-Haut in Ronchamps (1950–54).	❑	**Lösung 251**
Vasco da Gama (1469–1524). Mit vier Schiffen segelte der erst 30-Jährige über die ostafrikanische Hafenstadt Malindi mit einem arabischen Lotsen an die indische Küste bei Calicut (heute: Kozhikode).	❑	**Lösung 252**

richtig

❑

7–9 richtig = 5 Pkte.
4–6 richtig = 3 Pkte.
1–3 richtig = 1 Pkte.
0 richtig = 0 Pkte.

Übertrag

Lösung 253 ❏ In der chinesischen Philosophie. Yin verkörpert das Weibliche, Passive, Dunkle, Yang das Männliche, Aktive, Helle. Es fand Eingang in den Taoismus.

Lösung 254 ❏ John Boyd Dunlop (1840–1921), der zunächst pneumatische Reifen für Fahrräder baute. Er erfand den Luftreifen eigentlich zum zweiten Mal, denn es lag bereits ein Patent von W. Thompson (1846) vor.

Lösung 255 ❏ In England, wo die fünfzeilige Gedichtform seit 1820 nachweisbar ist. Benannt ist sie nach der irischen Stadt Limerick. Es handelt sich um sog. „Nonsens-Verse" humorvoll-ironischen Inhalts.

Lösung 256 ❏ Steindruck (zu Griechisch lithos „Stein" und graphein „schreiben"). Das 1798 erfundene Verfahren arbeitet mit einer Druckform aus Kalkschiefer. Toulouse-Lautrec war ein Meister der Kunstlithografie.

Lösung 257 ❏ Cassiopeia, nahe dem nördlichen Himmelspol. Es wird aus 5 Sternen gebildet. 1572 beobachtete Tycho Brahe in dem Sternbild eine Supernova.

Lösung 258 ❏ 1789 mit dem Sturm auf die Bastille. Vorausgegangen war die Konstituierung der Nationalversammlung aus dem Zusammentreten des Dritten Standes im sog. Ballhausschwur.

Lösung 259 ❏ Den Ecu. Die Umtauschkurse der EU-Währungen wurden gleichzeitig festgesetzt.

Lösung 260 ❏ Pippi Langstrumpf (1907); ähnlich große Erfolge hatten auch Meisterdetektiv Kalle Blomquist (1946–53), Karlsson vom Dach (1955–68) und Michel aus Lönneberga (1963 ff.).

Lösung 261 ❏ Diskette. Die heute üblichen 3,5 Zoll HD-Disketten haben eine Speicherkapazität von 1,44 Megabyte (MB). HiFD-Laufwerke (ebenfalls 3,5 Zoll) kommen sogar auf 200 MB.

richtig ❏ 7–9 richtig = 5 Pkte.
4–6 richtig = 3 Pkte.
1–3 richtig = 1 Pkte.
0 richtig = 0 Pkte.

Übertrag

1989. Tausende Raver feierten mit Techno-Rhythmen den Umzug, der in den folgenden Jahren Millionen Jugendliche aus der ganzen Welt anzog.

❏   **Lösung 262**

Wilhelm II. (1851–1941), der mit martialischen Tönen das deutsche Expeditionskorps verabschiedete, das sich an der Niederschlagung des Boxeraufstandes in China beteiligte.

❏   **Lösung 263**

Der französische Flugpionier Clément Ader (1841–1925). Mit seinem Dampfflugzeug „Éole III" gelang ihm ein 300-Meter-Flug.

❏   **Lösung 264**

In der Höhle von Lascaux im französischen Departement Dordogne. Die etwa 1500 eingravierten und über 600 gemalten Darstellungen sind 15.000–17.000 Jahre alt.

❏   **Lösung 265**

Ein Wind, der im Indischen Ozean im jahreszeitlichen Wechsel seine Richtung ändert. Der Sommermonsun von April bis Oktober wird von starken Regenfällen begleitet.

❏   **Lösung 266**

Konfuzius (551–479 v. Chr.), der eine Tugendlehre schuf. Idealtyp ist der „chün-tzu", der sittlich Edle. Die Schriften des Konfuzianismus waren für jeden gebildeten Chinesen Pflichtlektüre.

❏   **Lösung 267**

Jack London (1876–1916), dessen Leben als Abenteurer, Landstreicher, Seefahrer und Goldschürfer von einem ähnlichen Existenzkampf wie das seiner Romanhelden gezeichnet war.

❏   **Lösung 268**

In den Bill of Rights 1791, die bereits in den Verfassungen von Virginia und Massachusetts verankert waren. Die Rights of Man entstammen der Feder Thomas Paines (1737–1809).

❏   **Lösung 269**

Al Capone (1899–1947), der 1929 in Chicago eine rivalisierende Gang ausschaltete und danach die Stadt allein beherrschte. Dabei starben 7 Menschen.

❏   **Lösung 270**

richtig
❏

7–9 richtig = 5 Pkte.
4–6 richtig = 3 Pkte.
1–3 richtig = 1 Pkte.
0 richtig = 0 Pkte.

Übertrag

Lösung 271 ❑ Alle Formen der Gedichte, d. h. der gebundenen Rede (Vers, Reim, Metrum, Silbenzählung, Strophenform), aber auch der ungebundenen Rede (freie Rhythmen).

Lösung 272 ❑ Rudolf von Virchow (1821–1902), der sich auch als Hygieniker, Sozialreformer und Politiker einen Namen machte. Seine Cellularpathologie wies nach, dass Krankheiten aus abnormen Zellveränderungen entstehen können.

Lösung 273 ❑ Über das Frankenreich. 507 vereinte er alle Franken westlich des Rheins und begann mit der Expansion seines Königreichs. Nach seinem Tod begannen seine Söhne, die Herrschaft über das Land östlich des Rheins auszudehnen.

Lösung 274 ❑ 1744 in Schottland. 1764 wurde das Golfspiel einheitlich auf 14 Runden festgelegt. Eine Vorform des Golf gab es bereits im 15. Jh., 1457 jedoch hatte das schottische Parlament das Golfspiel verboten.

Lösung 275 ❑ Antarktis. Im Gegensatz zum ozeanischen Nordpol wird der Südpol von einer wuchtigen und gebirgigen Landmasse bedeckt, die größtenteils unter kilometerdickem Eis begraben liegt.

Lösung 276 ❑ Die Bildröhre. Sie beruht auf dem Prinzip einer Kathodenstrahlröhre (auch Braunsche Röhre). In ihr können elektrische Schwingungen auf einem Bildschirm sichtbar gemacht werden.

Lösung 277 ❑ Dem Surrealismus. Magritte (1898–1967) zeigt Wirklichkeitsausschnitte, in der ungewöhnliche Gegenstände kombiniert oder die Größenverhältnisse verändert sind; z. B. La clef de songes (1927).

Lösung 278 ❑ Großbritannien und Frankreich, die damit auf die Aufrüstung der deutschen Kriegsflotte und Deutschlands Engagement in den Kolonien antworteten.

Lösung 279 ❑ Auf seiner rechten Seite, in der sog. „Löwenlage", nach Norden gewandt. Der Kopf ist auf den rechten Arm gestützt. In Japan nennt man diese Buddha-Darstellungen nehanzu oder parinirvana.

richtig
❑
7–9 richtig = 5 Pkte.
4–6 richtig = 3 Pkte.
1–3 richtig = 1 Pkte.
0 richtig = 0 Pkte.

Übertrag

Der Manierismus (etwa von 1520 bis 1600). Die Formen verlassen die Klarheit der Renaissance und wenden sich verspielterer Gestaltung zu. Vertreter waren u. a. Tizian, Tintoretto und El Greco.

❏ **Lösung 280**

Auf Kaiser Joseph II. (1741–90), Sohn und Nachfolger Maria Theresias, der im Gegensatz zu seiner Mutter ein Verfechter des aufgeklärten Absolutismus in Österreich war.

❏ **Lösung 281**

Die Spektralanalyse. Gustav Kirchhoff (1824–87) und Robert Bunsen (1811–99) leiteten damit eine neue Ära in der Astronomie ein, in der besonders Kirchhoff weitere Entdeckungen machte.

❏ **Lösung 282**

Eine Taktlosigkeit, also ein Verhalten, womit man jemanden vor den Kopf stößt. Im Französischen heißt „faux pas" „Fehltritt" bzw. „falscher Schritt".

❏ **Lösung 283**

Auf dem Potsdamer Platz in Berlin, der seit 1945 ein verlassenes Areal im Zentrum der Stadt war. Großkonzerne wie Daimler-Benz und Sony errichteten hier ihre europäischen Hauptstandorte.

❏ **Lösung 284**

Im Südpolargebiet. Sie bewohnen das gesamte nördliche Eismeer bis zur Hudson-Bay auf dem nordamerikanischen Kontinent.

❏ **Lösung 285**

Ein sprachliches Bild (Übertragung), bei dem ein Wort aus dem eigentlichen Bedeutungszusammenhang auf einen anderen übertragen wird; dann etwa, wenn man mit „Wüstenschiff" ein Kamel bezeichnet.

❏ **Lösung 286**

Ein Militärbündnis, das 1907 zwischen Frankreich und England einerseits und Russland andererseits gegen Deutschland zustande kam.

❏ **Lösung 287**

Moby Dick; der Titel des Romans ist Moby Dick oder Der weiße Wal (1851). Melville (1819–1891), der selbst zur See gefahren ist, schildert darin den vergeblichen Kampf des Kapitäns Ahab gegen den Wal.

❏ **Lösung 288**

richtig

❏

7–9 richtig = 5 Pkte.
4–6 richtig = 3 Pkte.
1–3 richtig = 1 Pkte.
0 richtig = 0 Pkte.

Übertrag

Lösung 289 ❑ Der Homo erectus (lat. aufrecht gehender Mensch), der vor rund 2–1,5 Mio. Jahren erstmals auf Java, im heutigen Deutschland und Ungarn sowie in Afrika auftrat. Als jüngste Gattung dieser Art gilt der Peking-Mensch.

Lösung 290 ❑ Johanna von Orleans (1412–31), die Schutzpatronin und Nationalheldin Frankreichs. Sie wurde als Ketzerin verbrannt. Ihr Tag ist der 30. Mai.

Lösung 291 ❑ Der deutsche Lehrer und Physiker Johann Philipp Reis (1834–74). Das erste elektromagnetische Telefon baute 1872 der Amerikaner Alexander Graham Bell.

Lösung 292 ❑ Digitales Nachrichtennetz (Integrated Services Digital Network). Es ist ein 1989 in Deutschland eingeführtes Universalnetz zur Übertragung von Daten, Sprache, Text oder Bildern.

Lösung 293 ❑ In der Bildhauerei. Seine Skulpturen beziehen Anleihen von der Kunst der Naturvölker und zeichnen sich durch äußerste Formreduktion aus (z. B. „Liegende", 1938, und „Krieger und Schild", 1951).

Lösung 294 ❑ Die astronomische Sommersonnenwende fällt ungefähr auf den 21. Juni. Auf der nördlichen Halbkugel finden an diesem Datum der längste Tag und die kürzeste Nacht statt.

Lösung 295 ❑ Amazonen (von griechisch „brustlos"). Die Sage berichtet, dass sie sich die rechte Brust herausgeschnitten haben, um besser mit Pfeil und Bogen umzugehen. Männer brauchten sie lediglich zur Zeugung der Kinder.

Lösung 296 ❑ Gegen das revolutionäre Frankreich. Die Erste Koalition, bestehend aus Österreich und Preußen, wurde 1793 durch die französische Revolutionsarmee geschlagen.

Lösung 297 ❑ Heiner Müller (1929–1995), der seit 1972 am Berliner Ensemble tätig war; er trat mit eigenwilligen Bearbeitungen etwa Kleists oder Shakespeares hervor („Philoktet", 1965; „Ödipus, Tyrann", 1967).

richtig   7–9 richtig = 5 Pkte.
❑   4–6 richtig = 3 Pkte.
           1–3 richtig = 1 Pkte.
             0 richtig = 0 Pkte.

| Übertrag |

Medresen. Es gibt sie seit Ende des 11. Jh. entweder als Arkadenhof- oder Kuppel-hofmedresen. Hier lehrt man islamische Theologie und Recht.

❑   **Lösung 298**

Edvard Munch (1863–1944), in dessen Werk auch Einflüsse von Symbolismus und Jugendstil zum Ausdruck kommen. Themen seiner Arbeiten sind z. B. die Lebensangst, seelische Not und Einsamkeit.

❑   **Lösung 299**

Ökologie. Haeckel (1834–1919) entwickelte das „biogenetische Grundgesetz", wonach die individuelle Entwicklung eines Lebewesens im Wesentlichen nur die kurze Wiederholung der Stammesgeschichte ist.

❑   **Lösung 300**

Im Deutschen Reich, das eine Verfassungsreform durchführte. Die Matrosen der Hochseeflotte meuterten und Kaiser Wilhelm II. dankte am 9. November ab; die Revolution war in vollem Gang.

❑   **Lösung 301**

Von Äthiopien. Als es 1962 zur Bildung eines äthiopischen Staates kam, wurde Eritrea eine Provinz. Dies führte bis 1993 zu einem lang andauernden Bürgerkrieg.

❑   **Lösung 302**

Der Soziologe und Ökonom Max Weber (1864–1920). In seinem berühmten Werk erklärt er den Einfluss von Religion und Ethik auf den Kapitalismus.

❑   **Lösung 303**

Der Offizier Freiherr von Münchhausen (1720–97), der aus seinem abenteuerlichen Leben fantastische Geschichten erzählte, die später u. a. von Gottfried August Bürger erweitert wurden.

❑   **Lösung 304**

Schönheit, die sogar Aphrodite in ihren Bann zog. Seine Mutter war Myrrha, die von den Göttern in einen Myrrhenstrauch verwandelt wurde. Adonis starb auf der Jagd durch einen wilden Eber.

❑   **Lösung 305**

Frankreich unter Napoleon Bonaparte (1769–1821). Er erhielt dafür 15 Mio. US-Dollar. Mit der Erwerbung verdoppelte sich das Staatsgebiet der USA.

❑   **Lösung 306**

richtig

❑

7–9 richtig = 5 Pkte.
4–6 richtig = 3 Pkte.
1–3 richtig = 1 Pkte.
  0 richtig = 0 Pkte.

Übertrag

Lösung 307 ❑ Die naive Malerei, die sich keiner Stilrichtung verpflichtet fühlt. Vertreter sind z. B. Grandma Moses und Henri Rousseau.

Lösung 308 ❑ In Deutschland. In England heißt das Gerät „portable (telefone)" oder „mobile (phone)". In Deutschland wurde dagegen Mobilfunktelefon mit „Handy" (englisch „handlich") wiedergegeben.

Lösung 309 ❑ Die Vererbungsgesetze. Mendel (1822–84) untersuchte u. a. die Kreuzung von Erbsen und entdeckte dabei die „mendelschen Gesetze". Seine Entdeckungen hatten großen Einfluss auf die Landwirtschaft.

Lösung 310 ❑ In Hannover. Die erste Weltausstellung in Deutschland, die unter dem Titel Mensch-Natur-Techik stand, lockte nicht ganz so viel Menschen an wie erwartet.

Lösung 311 ❑ Eine linksradikale Gruppierung, die im Januar 1919 durch einen Aufstand die Macht übernehmen wollte. Er wurde durch ein Freikorps blutig niedergeschlagen.

Lösung 312 ❑ Bab el-Mandeb (arabisch „Tor der Wehklage"), 26 km breit, zwischen der Südküste der arabischen Halbinsel und der Nordküste des Horns von Afrika.

Lösung 313 ❑ Der Naturalismus von 1870 bis 1900. In Frankreich entstanden (Émile Zola), hinterließ er besonders in der deutschen Literatur ein reiches Werk (Gerhart Hauptmann, Johannes Schlaaf u. a.).

Lösung 314 ❑ Neuschwanstein, das zwischen 1868 und 1886 im neuromantischen Stil erbaut wurde. Die ersten Pläne stammten von dem Theatermaler Christian Jank.

Lösung 315 ❑ Rudolf Steiner (1861–1925), der eine ganzheitliche Erkenntnislehre entwickelte. In Stuttgart gründete er 1919 mit Unterstützung der Zigarettenfabrik Waldorf-Astoria die erste Waldorf-Schule.

richtig

❑

7–9 richtig = 5 Pkte.
4–6 richtig = 3 Pkte.
1–3 richtig = 1 Pkte.
0 richtig = 0 Pkte.

Übertrag

Ambrosia, eine Art Brotspeise, die ihnen ewige Jugend und Unsterblichkeit verlieh. Dazu tranken sie Nektar. ❏ **Lösung 316**

Venus von Willendorf, eine 11,5 cm große Frauenstatuette, die vor etwa 25.000 Jahren entstand. Sie wurde in Willendorf bei Krems gefunden. Ursprünglich war sie wohl ein Fruchtbarkeitssymbol der Cromagnon-Kultur. ❏ **Lösung 317**

Carl Linde (1842–1934). Der Kühlschrank funktioniert durch Gasverdichtung. Das verdichtete Gas wird gekühlt und dann wieder ausgedehnt. Durch die Wiederholung dieses Kreislaufs entsteht der gewünschte Kühleffekt. ❏ **Lösung 318**

Franz II. (1768–1835), der 1806 die Kaiserkrone niederlegte. Er hatte 1804 bereits den Titel des Kaisers von Österreich angenommen und war damit Napoleons Kaiserkrönung zuvorgekommen. ❏ **Lösung 319**

Zum Arabischen Meer. Der Golf von Aden ist der etwa 885 km lange westliche Arm des Arabischen Meeres. Er endet vor Djibouti am Horn von Afrika. ❏ **Lösung 320**

Eine kürzere Erzählung in Prosa; weitere Merkmale sind: der geradlinige Erzählaufbau, mit einer „unerhörten Begebenheit" (Goethe) im Kern. Deutsche Vertreter sind z. B. Kleist, Keller und Heyse. ❏ **Lösung 321**

Nach China, wo er 1275 in Peking anlangte. Den Hof des Kublai Khan (1259–1294) hatten bereits sein Vater Niccoló, der Kaufmann war, und sein Onkel Mafio besucht. Marco Polo blieb zwei Jahrzehnte im Dienst des Mongolenherrschers. ❏ **Lösung 322**

Mit der Tierparabel Farm der Tiere (1945), wobei Orwell (1903–50) das diktatorische Herrschaftssystem Stalins vor Augen hatte. In 1984 (1949) entwarf er das Bild eines totalitären Überwachungsstaates. ❏ **Lösung 323**

Die erste Seite (Startseite) eines Internetanbieters. Die Homepage dient zur „Begrüßung" des Benutzers und informiert ihn über den Inhalt der gesamten Webseite. ❏ **Lösung 324**

richtig

❑

7–9 richtig = 5 Pkte.
4–6 richtig = 3 Pkte.
1–3 richtig = 1 Pkte.
0 richtig = 0 Pkte.

Übertrag

Lösung 325 ❏ Restaurationspolitik. Metternich (1773–1859) war bis zur Revolution von 1848 Staatskanzler in Österreich und vertrat das monarchische Prinzip.

Lösung 326 ❏ Sein und Zeit (1927). Heidegger begreift das menschliche Dasein als ein In-der-Welt-Sein, aus dem der Mensch seine Bestimmung finden oder auch verfehlen könne.

Lösung 327 ❏ Nikolaus August Otto (1832–92), der den nach ihm benannten Ottomotor erfand. Bei diesem Motor wird das Kraftstoff-Luft-Gemisch im Verbrennungsraum durch Zündkerzen von außen gezündet.

Lösung 328 ❏ Fußball. 1801 wurden die Regeln einheitlich festgelegt. 1857 entstand in Sheffield der erste Fußballverein der Welt.

Lösung 329 ❏ Amor, der Liebesgott, ein Sohn der Venus. Er ist die römische Entsprechung des griechischen Liebesgottes Eros. Amor verliebte sich in Psyche und entführte sie in einen Feenpalast.

Lösung 330 ❏ In der westlichen und zentralen Sahara. Nach Schätzungen gibt es heute etwa drei Mio. Tuareg. Staatliche Grenzen erschweren immer mehr die traditionelle Nomadenwirtschaft.

Lösung 331 ❏ In der Vatikanstadt in Rom; die Peterskirche (1506–1626) ist die Hauptkirche des Papstes. Die Ausstattung übernahmen u. a. Michelangelo, von dem die Kuppel stammt, und Bernini.

Lösung 332 ❏ In München. Die radikale Linke versuchte damit nach der Ermordung Kurt Eisners (USPD), die Novemberrevolution von 1918 zu retten. München wurde daraufhin gewaltsam von Reichstruppen erobert.

Lösung 333 ❏ Mit der wissenschaftlichen Erforschung der Sprachen und Literaturen. Der Name bedeutet im Griechischen soviel wie „liebende Zuwendung zum Wort".

richtig
❏

7–9 richtig = 5 Pkte.
4–6 richtig = 3 Pkte.
1–3 richtig = 1 Pkte.
0 richtig = 0 Pkte.

Übertrag

Das Deutsche Reich, das damit den harten Bedingungen der Alliierten nach dem Ersten Weltkrieg zustimmen musste. Österreich schloss Frieden im Vertrag von St.-Germain.	❏	**Lösung 334**
Das Europäische Parlament. Sitzungsort ist neben Straßburg auch Brüssel. Die Volksvertretung der EU-Mitgliedsstaaten kontrolliert u. a. die Europäische Kommission.	❏	**Lösung 335**
Gemälde. Im antiken Griechenland diente die Pinakothek zur Aufbewahrung von Weihgeschenktafeln. In der Renaissance wurde der Begriff für Gemäldesammlungen verwendet.	❏	**Lösung 336**
Robert Koch (1843–1910). Die Infektionskrankheit verursachte noch Mitte des 19. Jh. jeden vierten Todesfall. 1883 isolierte Koch den Cholera-Bazillus.	❏	**Lösung 337**
Von der Uniform des Lützowschen Freikorps in den Befreiungskriegen, die 1818 die national-liberalen Deutschen Burschenschaften bei ihrer Gründung in Jena als Bundesfarben übernahmen.	❏	**Lösung 338**
Ecuador. Der südamerikanische Staat war aber bereits Mitglied von 1973 bis 1992. Heute gehören der Organisation Erdölexportierender Länder 12 Staaten an.	❏	**Lösung 339**
Einen Querverweis zu einer anderen Seite einer Datei, zu einer anderen Seite der Homepage oder auch zu Websites anderer Anbieter im Internet. Auf ihnen beruhen die Online-Multimedia.	❏	**Lösung 340**
Anekdote. Sie stellt schlaglichtartig den Charakter der Person, einer historischen Persönlichkeit oder einer Begebenheit dar. Deutsche Anekdotendichter sind z. B. Johann Peter Hebel und Heinrich von Kleist.	❏	**Lösung 341**
Der Franzose Jean-Paul Sartre (1905–80). Zentraler Gedanke seiner Philosophie ist das Paradox „Der Mensch ist zur Freiheit verdammt." Bekannt wurde auch seine Lebensgefährtin Simone de Beauvoir.	❏	**Lösung 342**

richtig

❏

7–9 richtig = 5 Pkte.
4–6 richtig = 3 Pkte.
1–3 richtig = 1 Pkte.
  0 richtig = 0 Pkte.

Übertrag

Lösung 343 ❏ Die Skulptur wird aus einem Rohmaterial wie z. B. Marmor durch Behauen von außen nach innen erarbeitet. Die Plastik entsteht aus formbaren Materialien wie Ton, Gips, Wachs oder Porzellan.

Lösung 344 ❏ In Carnac. Hier türmen sich fast 3000 Menhire (Granitmonolithe), Dolmen (Grabekammern) und Grabhügel in elf parallelen Reihen angeordnet auf. Es ist eine ca. 2000 Jahre alte keltische Kultstätte.

Lösung 345 ❏ Seit Ende des 14. Jh., als die ersten Brustbilder von Monarchen (etwa König Johann der Gute von Frankreich) entstanden. Wegweisend war u. a. Jan van Eyck (um 1390–1441).

Lösung 346 ❏ Mit sexuellen Abnormitäten. Der Nervenarzt Richard von Krafft-Ebing (1840–1902) arbeitete auf dem Gebiet der Sexualpsychopathologie und Kriminalpsychologie.

Lösung 347 ❏ Mit dem Titel des Majordomus (Hausmeier). In dem höchsten Hofamt veineinigten sie immer mehr Kompetenzen. Die Merowinger führten bis zu ihrer Absetzung 751 nur noch ein Schattenkönig-Dasein.

Lösung 348 ❏ Westwinde, die in einer Höhe von etwa 10 bis 20 km vorwiegend über den Tropen und den Mittelbreiten auftreten. Sie erreichen Windgeschwindigkeiten von bis zu 550 km/h.

Lösung 349 ❏ In Madrid, 1785 erbaut, seit 1819 Museum. Der Prado ist eine der ältesten Gemäldegalerien der Welt (u. a. El Greco, Velàzquez, Goya, Rubens, Tizian).

Lösung 350 ❏ Die 48er-Revolution, die ihr Vorbild in der Februarrevolution in Frankreich hatte. Die soziale und politische Unzufriedenheit entlud sich in zahlreichen Aufständen und Unruhen.

Lösung 351 ❏ Einen knappen, aber sehr treffenden Satz, der eine Lebensweisheit oder eine besondere Einsicht vermittelt („Gedankensplitter"). Beispiele etwa bei Lichtenberg, Goethe, Schopenhauer und Nietzsche.

richtig
❏
7–9 richtig = 5 Pkte.
4–6 richtig = 3 Pkte.
1–3 richtig = 1 Pkte.
0 richtig = 0 Pkte.

Übertrag

Der ibisköpfige Thot. Er ist Mondgott und Schutzpatron der Wissenschaften sowie der göttliche Schreiber. Thot verkündet im Totenreich die Entscheidung des Seelengerichts. In der Gestalt des Pavians überwacht er die Seelenwaage.	❏	**Lösung 352**
Erzählende Dichtung; im engeren Sinne alle nicht durch Metrum, Reim u. a. Mittel der gebundenen Sprache hervorgebrachte Literatur, also z. B. Romane und Kurzgeschichten.	❏	**Lösung 353**
Heinrich Rudolph Hertz (1857–94). Die von ihm entdeckten elektrischen Wellen werden nach ihm „hertzsche Wellen" oder „Radiowellen" genannt. Deren Frequenzen werden in „Hertz" gemessen.	❏	**Lösung 354**
Mit dem Vertrag von Rapallo. Die Alliierten dagegen verlangten von Deutschland nach dem Ersten Weltkrieg 132 Milliarden Goldmark.	❏	**Lösung 355**
Die Programmgestaltung durch den Zuschauer. Über einen Rückkanal (z. B. eine Telefonleitung) kann er Fernsehprogramme, Videofilme, Computerspiele oder andere Serviceleistungen abrufen.	❏	**Lösung 356**
Der Treibhauseffekt. Auf der Konferenz einigten sich 160 Staaten auf einen Kompromiss zur Verminderung der Treibhausgasemissionen.	❏	**Lösung 357**
Der Hochrenaissance, zu deren Vollendung er neben Michelangelo u. a. entscheidend beitrug. Bedeutende Gemälde sind u. a. die „Sixtinische Madonna" und die „Verklärung Christi".	❏	**Lösung 358**
Frankreich, zusammen mit belgischen Truppen. Als Vorwand diente der Rückstand Deutschlands bei den Reparationszahlungen. Der passive Widerstand führte zur Inflation.	❏	**Lösung 359**
Marcel Reich-Ranicki (*1920), der die Literaturbeilagen der Wochenzeitung „Die Zeit" und der „Frankfurter Allgemeinen Zeitung" leitete.	❏	**Lösung 360**

**Gesamtpunktzahl
Allgemeinbildung:**   /200

verifizieren

Auswertung

Gratulation! Wenn Sie wirklich alle Übungen in der vorgegebenen Zeit angegangen sind, haben Sie jedenfalls schon viel Ausdauer bewiesen. Hier also nun zur Auswertung Ihrer Ergebnisse.

über 1810 Punkte

Ein grandioses Ergebnis! Schwächen scheinen Sie nicht zu haben, ihre analytischen Fähigkeiten, ihre Abstraktionsfähigkeit und Ihr Gedächtnis sind schlicht phänomenal. Aber denken Sie daran: Wer rastet, der rostet, und das gilt natürlich auch für Ihre Intelligenz.

1557–1810 Punkte

Hervorragend! Ihr Ergebnis ist weit über dem Durchschnitt. Sie sind entweder in allen Bereichen sehr gut oder Sie haben eine kleine Schwäche bei ansonsten herausragenden Fähigkeiten. Aufschluss darüber wird Ihnen Ihre individuelle Punkteverteilung geben. Arbeiten Sie an Ihren Schwächen, und Sie werden bald zu den Besten gehören.

1303–1556 Punkte

Gut! Ihre Leistungen sind überdurchschnittlich, und mit etwas Übung werden Sie sich mit Bestimmtheit auch noch steigern können. Bleiben Sie am Ball, und machen Sie von Ihren intellektuellen Fähigkeiten Gebrauch.

1049–1302 Punkte

Ihr Punktwert liegt im guten Durchschnitt und lässt Ihnen gewiss noch Spielraum für Verbesserungen, wenn Sie mit Intelligenztraining weiter machen.

795–1048 Punkte

Ihre geistigen Fähigkeiten sind durchaus ausreichend. Vielleicht waren Sie auch teilweise unkonzentriert oder einfach nur müde. Auf jeden Fall können Sie mit den geeigneten Übungen sicher noch Fortschritte machen.

unter 795 Punkte

Ihr Ergebnis ist eindeutig unterdurchschnittlich. Hatten Sie einen schlechten Tag oder haben Sie sich verrechnet?